VIVAVOCE

Fabio Modugno

FRATELLASTRI

Come ho scoperto di essere il figlio di Domenico Modugno

MONDADORI

librimondadori.it

Fratellastri
di Fabio Modugno
Collezione Vivavoce

ISBN 978-88-04-73132-0

I edizione settembre 2021

Fratellastri

Per Gaia, la mia Musa, la mia gioia,
la mia vita e il mio respiro

Ma proprio, a volte, nel momento in cui tutto ci sembra perduto giunge l'avvertimento che può salvarci; abbiamo bussato a tutte le porte che non danno su niente e la sola attraverso la quale si può entrare, e che avremmo cercato invano per cento anni, l'urtiamo senza saperlo, e si apre.

MARCEL PROUST, *Il tempo ritrovato**

* Marcel Proust, *Alla ricerca del tempo perduto*, VII. *Il tempo ritrovato*, trad. it. Giorgio Caproni, Einaudi, Torino 1982.

1

Roma, 10 agosto 2001, ore 14.30.

Nel silenzio agostano, un grosso orologio da muro, scandendo i suoi *tic tac* come fossero martellate, mi costrinse a guardarlo. Era da quando ero sveglio che evitavo di farlo, che evitavo di osservare lo scorrere delle ore, di tutto quel tempo che stava passando senza notizie; né di mia madre, né di Marcello.

Possibile… neanche dei banali auguri di compleanno? Adesso, certo, è facile per chiunque dire che avrei dovuto capire che c'era qualcosa che non andava, allora no. Dopo aver ricevuto l'ok da entrambi e l'incoraggiamento a portare a termine la corsa, non capivo come mai una volta tagliato il traguardo non fossero lì a festeggiare. Per come la vedevo non c'era motivo… appunto, per come la vedevo io, un orbo.

Squillò il cellulare… finalmente era Marcello. Il cuore mi balzò in gola.

«Marci, era ora. Pensavo…»

Mi interruppe. «Ci sei?»

«Sì.»

«Bene. Sono dietro casa, posso passare?»

«Certo, vieni, ti aspetto.»

Eccoci al dunque. A quel punto tante volte immaginato. A quel "dunque" sperato e temuto. Come un chirurgo che, dovendo estrarre un proiettile a pochi millimetri dal cuore di un paziente, si domandi se toglierlo possa fare più danni che lasciarlo lì. Ora, tra pochi minuti, mi sarei ritrovato in sala operatoria e il cuore dal quale si sarebbe tentato di estrarre il proiettile era il mio.

Certo, anche ammesso il buon esito dell'operazione, sarebbe stato sbagliato considerarlo l'arrivo, la fine; tuttavia era chiaro che un'accelerazione iperbolica degli eventi stava portando la storia a un punto cruciale, di svolta. Si potevano avere dubbi su questo?

Era difficile contenere l'emozione. Dopo aver passato tredici anni in uno spazio indefinito, lugubre ma rassicurante come la cella di un ergastolano; dopo aver osservato la vita reale scorrermi accanto con l'indifferenza di un "fine pena mai"... colpo di scena! La grazia! Meritata, immeritata, per giustizia, per caso, per culo. Non importa, non era più importante il "come", ora era il "cosa" che mi faceva tremare le gambe.

Cosa stava per succedere? Come sarebbe andata da quel momento in poi? Sfrattato senza preavviso dalla mia cella mi vedevo costretto a guardare in faccia la realtà, ma quali garanzie avevo che la realtà, da cui fino a quel momento non avevo avuto ancora un segnale, avesse voglia di guardare la mia di faccia e le sue imbarazzanti novità? E il segnale era arrivato. Come un regalo (d'altronde era il mio compleanno) che avevo sperato di ricevere ma che non avevo dato per scontato. Era un regalo che richiedeva un bel po' di coraggio ed ero felice che Marcello l'avesse trovato e stesse venendo da me.

Be'? Dove cazzo era finito? Erano passati venti minuti (percepiti come un'ora), aveva detto che era qui dietro casa... casa di chi? Il 10 agosto a quell'ora in venti minuti si poteva attraversare tutta Roma. Pensai: doveva fare benzina... ha finito i sigari... voleva bere un caffè e si è fermato al bar perché sa che qui non c'è, io non lo bevo... il parcheggio? Ma quale parcheggio... è il 10 agosto! Boh... *beep*, il citofono... oh, ci siamo. Chi è di scena.

2

Una mattina di settembre del 1987. Ospedale militare del Celio, piazza Celimontana, Roma.

A settembre, a Roma, per fortuna c'è quasi sempre il sole, e il sole, si sa, addolcisce tutte le cose, anche il fatto di trovarsi intrappolato da una settimana in un ospedale militare a soli tre giorni dal congedo. Più che addolcire, il sole, in quel lontano settembre, l'Italia la stava squagliando. Il termometro superava ovunque i 30 gradi. Chi poteva (quasi tutti, non c'era ancora la crisi) aveva prolungato le vacanze continuando a ballare *La Bamba* sulle spiagge, lasciando le città semideserte. Il Celio invece era affollato e non era facile trovare una panchina ombreggiata, appartata e che non fosse rotta, dove poter dare inizio ai riti della giornata. Un'altra lunga, immobile, calda e noiosa giornata.

I riti erano questi: una canna, scrupolosa lettura del giornale, un salto al bar per una pizzetta con la mortadella, altra panchina, altra canna, libro (*La nube purpurea* di M.P. Shiel), poi un rientro in corsia per un riposino (riposino è un eufemismo per definire un galleggiamento ipnotico da hashish). Al risveglio: panchina, libro, canna, tramonto. Infine, l'orrida cena portatrice di sonni inquieti e claustrofobici, da recluso, da militare. In tempi di leva obbligatoria la maggior parte dei giovani costretti a buttare in maniera tanto insulsa un anno di vita se la viveva così: autosedato, contando i giorni all'alba.

Le strutture del Celio non erano male: una serie di padiglioni fine Ottocento primi Novecento con decorazioni in stile liberty collegati tra loro da una rete di corridoi sospesi all'esterno, un'architettura molto all'avanguardia per l'epoca. Intorno era circondato da un ampio giardino con pini, querce e altri alberi secolari. Il tutto fatiscente e decadente come solo noi italiani (romani in special modo) sappiamo ridurre le nostre bellezze. Quella mattina, però, la luce di una giornata davvero luminosa sembrava restituirgli gran parte del suo originario splendore: avevo trovato la panchina giusta.

Nel 1987 il mondo era ancora "scollegato" (niente internet, telefonini...). Questo significava che il tempo che un essere umano passava in un luogo sconosciuto senza il conforto e la vicinanza di amici o parenti si chiamava "solitudine". Questa particolare condizione umana, che oggi vediamo solo nei film, quando si tratta di rapimenti o torture psicologiche, ai tempi era molto diffusa e i poveri militari di leva ne sapevano qualcosa. Va però anche detto che questo antico fenomeno dai risvolti senz'altro negativi, come spesso accade quando si tratta di esseri umani in crisi, ne innescava un altro, utile e positivo, l'istinto di sopravvivenza.

Il povero derelitto (il solitario), esasperato da un impellente bisogno di comunicare, si lanciava nell'arduo tentativo di aggregarsi, di fare conoscenza e cosa ancora più sorprendente, lo faceva parlando e non attraverso un profilo Facebook. E non l'avresti mai detto, eppure alla fine quei ragazzi, che spesso parlavano solo il loro dialetto, riuscivano a raccontarsi storie, ansie e paure e a volte trovavano un appiglio, un amico. Eroi!

Io però con loro non avevo niente a che fare. Per diversi motivi. Tanto per cominciare, la maggior parte dei ragazzi che quella mattina bivaccava sulle traballanti panchine dell'ospedale era di età compresa tra i 18 e i 21 anni, mentre io ne avevo appena compiuti 25. A quell'età, cinque-sei anni di differenza fanno molto. Per questo motivo sin dall'inizio della leva avevo sempre fatto gruppo da solo o con i rari coetanei che avevo incrociato. In più, allora, il livello medio d'istruzione delle patrie truppe andava di rado oltre la scuola dell'obbligo. Ma intendiamoci, ciò non rispettava affatto il livello culturale dei giovani italiani in quegli anni, era solo perché la borghesia istruita e la classe dirigente del paese si guardavano bene dal far perdere un prezioso anno ai loro rampolli. Mobilitandosi compatti alla ricerca di salvifiche intercessioni di alti prelati o graduati compiacenti riuscivano a far riformare i loro "cagionevoli" ragazzi; cagionevoli sì, ma destinati un giorno a prendere in mano le redini del paese.

Io pure ero un privilegiato e avrei dovuto avere i miei "santi in paradiso", ma qualcosa era andato storto. Finita l'Accademia d'arte drammatica Silvio D'Amico, all'età di 24 anni, invece di usufruire di una raccomandazione e di una bella riforma, ero partito militare. Dopo un mese al CAR (Centro addestramento reclute) di Savona, una spinta più affidabile della precedente mi aveva per fortuna riportato a Roma al distretto militare. Lì era andata sempre meglio. Con la scusa del lavoro, potevo lasciare il distretto quando mi pareva, e riuscii addirittura a girare una fiction in Marocco. Con 2-3 giorni di ricovero all'ospedale militare ottenevo una licenza che durava dai 15 ai 30 giorni; anche se l'ospedale era un incubo, ne valeva la pena. Ed era questo il motivo per cui mi trovavo al Celio, per l'ultima e conclusiva fase del calvario. Come aveva detto il mio sponsor: "bisogna chiudere la pratica". Il tutto si era tradotto per me in un ricovero più lungo (10 giorni) con una serie di esami necessari per "mettere a posto le carte" e collocare l'ultimo tassello per un felice "Congedo Illimitato".

Tirai fuori una canna già rollata. Preferivo prepararle prima. Anche se l'ambiente lo tollerava, cercavo comunque di evitare la platealità. La differenza di età mi dava una sorta di autorevolezza e non volevo sputtanarmela con un gesto così da "pischello".

Accensione! Primo tiro, secondo tiro. La vasodilatazione indotta dal sole e dal THC cominciò a fare effetto, il corpo rilassandosi aderì alla panchina, annunciando un caldo sodalizio di ore. Quel giorno la lettura del giornale fu breve, non riuscivo a concentrarmi. Ero in fibrillazione per l'imminente congedo. Il futuro era pieno di aspettative ma allo stesso tempo vincolato dal riaffiorare di una serie di pensieri e di tensioni messi in stand by alla mia partenza, congelati. Quel sole di settembre troppo caldo li stava scongelando.

Come il 90 per cento dei coetanei, vivevo ancora con i miei. Il rientro in famiglia avrebbe portato al pettine molti nodi, in special modo quelli con mio padre. Nella storia del nostro rapporto, il mio "dovere di figlio" credevo di averlo fatto. Certo non era sempre filato tutto liscio, comunque avevo conseguito la maturità classica, ero entrato all'Accademia d'arte drammatica, avevo fondato una compagnia teatrale e iniziavo anche ad avere una certa indipendenza economica, per quanto incerta. Da parte sua sembrava che tutto questo non fosse mai sufficiente per dare in cambio, non dico amore, ma almeno un po' di affetto paterno. Così i traguardi raggiunti sin da piccolo, ciò con cui all'inizio pensavo di renderlo orgoglioso, si erano poi rivelati solo utile merce di scambio per ottenere la contropartita economica che mi aveva permesso la comoda vita di un ragazzo dei Parioli.

Nulla insomma era riuscito a stemperare la sua rabbia, il disprezzo, quello che gli leggevo negli occhi ogni volta che posava il suo sguardo su di me o ancora peggio, quando vi "posava" le mani. In passato, nel suo *modus operandi* il ricorso alla violenza era stato il metodo più sbrigativo per risolvere i nostri contrasti: urla, schiaffi, calci, pugni... finché un bel giorno la mia crescita non l'aveva costretto a pensarci due volte prima di metterla sul piano fisico, visto che ero diventato più grosso di lui.

Tra noi da quel momento solo un muto disprezzo. Lunghi silenzi interrotti al più da comunicazioni di servizio: "Torni a cena, non torni?". Era meglio che fare a botte, non c'è dubbio. Ma quegli anni maneschi non erano trascorsi senza conseguenze: ero diventato anch'io un violento.

A 25 anni per fortuna la mia fase "rissaiola" poteva considerarsi in piena parabola discendente, le botte prese da mio padre le avevo ormai ridate a sufficienza e non mi appiccicavo più con nessuno da anni. Ma purtroppo la rabbia non era ancora esaurita. Infatti, solo due settimane prima, durante una licenza, mentre guidavo per andare alle prove con due colleghi della mia compagnia teatrale, un'auto ci aveva tagliato la strada facendoci rischiare un brutto incidente. Nonostante gli amici in macchina avessero cercato di farmi ragionare, avevo inseguito l'auto e, dopo averla raggiunta e costretta a fermarsi con una manovra alla "Starsky & Hutch", avevo estratto il conducente e lo avevo preso a pugni finché, con fatica, mi era stato tolto dalle mani dai miei amici aiutati da alcuni passanti inorriditi.

Una scena agghiacciante. Non è tutto: una volta separati, mi ero reso conto che il ragazzo che avevo appena aggredito, non bene ma lo conoscevo. Mi vergognai molto, anche nei giorni successivi. Certo lui la "cazzata" l'aveva fatta, ma la mia reazione era stata barbara e spropositata. Se quell'episodio fosse avvenuto anni prima non sarei stato tanto lì a rimuginarci, ma adesso, dopo anni di onorata non violenza, dopo che avevo o almeno credevo di aver sublimato con il teatro e le soddisfazioni professionali la turbolenta e rabbiosa adolescenza, che significato potevo dare a questo episodio di bestialità?

Il livello di stress accumulato per il lavoro o per la permanenza sotto le armi non era sufficiente a giustificarlo. Mi era venuto un dubbio: vuoi vedere che la mia aggressività non era stata sempre e solo una conseguenza e una reazione a quella di mio padre? Vuoi vedere che anche se lui non avesse accelerato il processo, la violenza si sarebbe comunque manifestata in me, come un comportamento specifico, dovuto alla genetica? Il cucciolo di pitbull è pur sempre un pitbull... prima o poi azzanna.

Il pensiero di un'affinità con mio padre mi sconcertava.

Dal momento in cui ero diventato abbastanza grande da giudicarlo, ne avevo fatto quasi un punto d'onore il differenziarmi da lui.

A lui piaceva il calcio, io lo detestavo. Lui era grasso, io ero magro. Lui catrame, io sabbia. Lui urlava, io non parlavo. Lui aveva sempre caldo, io sempre freddo. Lui guardava la televisione, io no. Lui odiava mia madre, io no.

Già, mia madre: Maurizia. Anche lei rientrava nelle mie riflessioni. Ma erano dei pensieri a parte, come d'altronde lo era stata sempre lei nella mia vita. Ammiravo mia madre, al di là di ciò che un giorno avrei compreso con l'analisi: grande ballerina nello spettacolo e nella vita. Così come sfiorava senza toccarlo il palcoscenico con armoniose e sorprendenti giravolte, in egual modo si era sempre mossa nella vita. La sua presenza nella nostra famiglia (mio padre Romano, mia sorella Rossella, la nonna paterna Pia, la nonna materna Primavera e me) era stata sempre di tipo occasionale, un intervallo, più o meno lungo, tra una tournée e l'altra prima e tra un lavoro e l'altro a Milano poi.

Sin da piccolo i suoi gioiosi arrivi interrompevano una routine cupa e rancorosa, fatta di odio tra me e mio padre, di un rapporto meno teso ma non idilliaco tra mio padre e mia sorella, di una dinamica feroce tra mio padre e sua madre Pia con insulti, bestemmie e urla agghiaccianti e, infine, di un odio, al limite del grottesco, di mia nonna paterna verso noi nipoti. Nonna Primavera, invece, era un'altra storia: abitava a Trieste, sua città natale nonché di mia madre. Era la nonna buona e il suo nome, tanto evocativo e che adoravo, completava la sua aura positiva. Se mia madre per me era una fata, lei era la fata madre. Veniva da noi due o tre mesi l'anno, e le sue visite coincidevano con i periodi di sosta della figlia. Quando c'erano tutte e due per me era il periodo più sereno dell'anno. Aveva un buon rapporto con mia madre a quei tempi, pessimo con mio padre, adorava noi nipoti e detestava con veemenza l'altra nonna, Pia (detta Ar-Pia), con cui spesso e volentieri avvenivano affilati scambi di battute.

Sembrava che nulla potesse toccare mia madre, con il suo costante entusiasmo e dinamismo, con il suo sorriso contagioso e la voglia di scherzare di una ragazzina. Come in una fiaba, dove con la bacchetta magica la fata inonda di porporina tutte le cose rendendole splendenti, così mia madre, inondando la casa con le sue valigie, la riempiva di luce. E per un po' tutto brillava. Poi ripartiva, finito lo "spettacolo" della sua vita, tornava alla sua vera vita, quella dello spettacolo.

Come darle torto, pensavo. Era oscura, allora per me, la ragione per la quale mia madre avesse sposato un uomo tanto più vecchio di lei, vent'anni di differenza, tanto diverso nel carattere, non così attraente, iracondo e volgare. E che non lo amasse ne ero certo. Aveva avuto degli amanti (uno l'aveva addirittura presentato a me e mia sorella). Non sapevo se ne avesse ancora, tuttavia il suo tradimento non aveva incoraggiato nessun tipo di empatia nei confronti di Romano, anzi io e mia sorella ne avevamo goduto, neanche fosse stato un comune gesto di ribellione. Detto questo, se mia madre era così fortunata da fare un lavoro che la costringeva ad allontanarsi spesso e il più possibile da quell'uomo, non potevo certo avercela con lei, piuttosto la invidiavo dandole la mia solidarietà. Mi rendo conto solo ora della mia disperazione. Ciò che le stavo dando non era solidarietà, era la mia parte più sensibile. Speravo che partendo l'avrebbe portata via con sé facendomi vivere ancora una volta l'illusione di fuggire insieme a lei.

Din din din la scampanellata della suora annunciò il pranzo. Il giardino del Celio cominciò a svuotarsi, il pranzo del "milite malato" era servito a letto, in corsia, alle 11.30 precise. Fame già ne avevo, ma non ero proprio interessato a quella sorta di agglomerato materico che lì veniva chiamato cibo. Mancava poco all'appuntamento quotidiano con la pizzetta del bar, che chissà come aveva pure lei un'aria malaticcia; avrei comunque risolto così il pranzo anche quel giorno. Tra l'altro quello sarebbe stato il momento ideale per un blitz al bar. Ancora però la pigrizia vinceva sulla fame.

Il sole era sempre più caldo e il flusso traboccante di pensieri toglieva energia al corpo, inchiodandolo alla panchina.

Mi accesi un'altra canna. Mezz'ora dopo arrivai al bar dell'ospedale militare annebbiato e famelico. L'abbondanza di hashish e la mancanza di cibo cominciavano a farsi sentire. Era chiaro che a quel punto avevo perso il momento magico e il bar era stracolmo di ragazzi bramosi di caffè e di gettoni, per telefonare a famiglie in ansia e a fidanzate disperate. Dopo un quarto d'ora ero di nuovo sbracato sulla "mia panchina". Anch'io avevo in tasca il mio mucchietto di gettoni, c'erano già le prime schede telefoniche, ma erano pochi i telefoni nuovi dove usarle, al Celio poi... ma li usavo raramente, ero di Roma e l'ospedale era a Roma, non avevo familiari preoccupati e soprattutto non avevo una fidanzata.

Questo non vuol dire che l'argomento donne non fosse totemico nella mia vita, ma all'epoca ne avevo una mia personale visione. Pur considerando le donne e il desiderio per loro uno dei principali motivi per cui valesse la pena vivere, pur anteponendo il piacere della seduzione a qualsiasi altra cosa (ahimè a volte anche all'amicizia), era ancora lungi da me l'idea di considerarle delle "compagne di vita", anche se per brevi tratti. Erano un divertimento, il più bello e intrigante di tutti. Avevo avuto delle storie quasi importanti, intendo poco oltre l'anno, ma per quanto intense e passionali, non avevano potuto fare a meno di consumarsi e spegnersi come candele, esposte al vento di un'altra storia, di un'altra donna. Non ero interessato all'altra metà della proverbiale mela per ricongiungermi con lei nel paradiso perduto; io, la mela, me la volevo solo mangiare. Arance, susine, albicocche, pesche... a essere sinceri, la macedonia di relazioni che avevo in quel periodo mi rendeva a tal punto sazio da considerare la permanenza forzata in ospedale una sfortunata ma utile opportunità per rimettere ordine pratico, ma soprattutto mentale, nella mappa dei miei desideri. L'irraggiungibilità aiutava.

Il cruccio principale del momento era questo: a chi annunciare il mio ritorno alla vita civile? Con quale dei miei dolci frutti avrei festeggiato la fine della leva? Dovevo fare attenzione. C'era il rischio che la prescelta considerasse l'episodio un salto di qualità del rapporto, un passo in avanti, magari verso una regolarizzazione, un segnale di consolidamento... un'esclusiva! Non biasimavo il bisogno di sicurezza delle ragazze, ed era innato in me l'istinto di protezione verso di loro, ma condividere oltre ai piaceri anche i sentimenti e le emozioni era tutta un'altra storia.

In più, non mi fidavo delle donne. Ero convinto che tutti i loro amorevoli sforzi per arrivare all'esclusività di un rapporto fossero solo un subdolo mezzo per prenderne il controllo, controllo che una volta ottenuto sarebbe servito loro per ingannare e tradire. Allora tanto valeva farlo prima io. Perciò, ogni volta che una storiella diventava una "storia", era mia premura minarla nelle fondamenta con una buona dose di tradimento che, anche se non veniva smascherato, non si rivelava mai un buon concime per il futuro legame. C'era chi credeva che "chiodo scaccia chiodo" fosse un buon rimedio per una storia andata male, io preferivo affidarmi a un altro sistema di tipo più preventivo: "Dove pianti un chiodo, piantane subito un altro. Così se il primo non regge...". Comunque, dopo dieci giorni di astinenza all'ospedale militare, una cosa mi era chiara: i miei ormoni esigevano un risarcimento.

Una decisione andava presa. Non potei fare a meno di tornare col pensiero ai piacevoli momenti passati con ognuna di loro. Uno slide-show d'immagini porno invase i miei pensieri procurandomi un'inopportuna eccitazione.

Basta, avevo deciso: di non decidere! Ma sì, perché dovevo scegliere io? Meglio lasciare al destino. Non restava che chiamare casa, parlare con Kidàn la ragazza etiope che lavorava da noi come collaboratrice domestica, interpretare i suoi vaticini e scoprire quale delle "mie" ragazze si era rivelata più ansiosa e bramosa di vedermi.

Kidàn rispose subito. Dopo il consueto iter di riconoscimento e di saluti (sì, perché spesso quando le dicevo "ciao

Kidàn, sono Fabio" lei mi rispondeva "Fabio non c'è, partito militare") posi la fatidica domanda: «Ha chiamato qualcuno?». Lei: «Sì, ragazza». Bene, le mie previsioni erano giuste, ora bisognava passare alla fase B, l'identificazione della ragazza: «Hai scritto il nome sulla lavagnetta?». La lavagnetta era il perno attorno al quale ruotava buona parte della gestione di casa Camilli ed era collocata accanto al telefono (fisso), ai tempi ancora totem indiscusso della famiglia. Con gessetti sempre bianchi vi erano annotati gli orari della sveglia di tutta la famiglia, tutti diversi per la gioia di Kidàn, le comunicazioni urgenti e le telefonate con nomi e cognomi e numeri di telefono se necessario. Il respiro silenzioso di Kidàn, alla ricerca dell'appunto sulla lavagna si prolungava, poi «Ecco ecco... il signor...» «Ma come... signor, Kidàn... mi hai appena detto che era una ragazza!» «Ah no... questo tua sorella. Ecco, questo tuo... signorina Cilvia... cognome non ho capito... ha detto se puoi chiamare... urgente». Cilvia...? Silvia! Il nome mi spiazzò. Non solo crollava il film delle fanciulle impazienti pronte a darmi il bentornato, in più mi cercava una ex.

Non avevo questioni in sospeso con lei, anzi, era una di quelle con cui era finita bene, eravamo rimasti amici, ma le nostre strade si erano comunque separate e quella telefonata mi lasciava perplesso. Forse Silvia aveva solo voglia di salutarmi e sentire come stavo, era una ragazza gentile e premurosa ma... urgente? No, ci doveva essere dell'altro. In casa, oltre a Kidàn, non c'era nessuno con cui parlare, la salutai e chiusi la telefonata. La mano in tasca giocherellava con un altro gettone, ero indeciso se chiamare subito Silvia. Era meglio riflettere prima di rispondere a quella telefonata misteriosa. Sì, Silvia era gentile ma cervellotica e contorta e anche se la nostra storia non aveva lasciato strascichi, il rapporto non era stato facile da interrompere. Interminabili serate e nottate di spiegazioni e consolazioni. Se il motivo della telefonata fosse stato un rigurgito di quel magma emotivo, mi sarebbe risultato insopportabile. L'ipotesi mi sembrava esagerata. Silvia aveva avuto altre storie dopo di me, lo sapevo per certo e ciò significava che non avevo lasciato un ricordo così indelebile.

Forse stavo diventando paranoico riguardo a quella telefonata. Ma sì, perché preoccuparsi di quello che voleva "Cilvia", magari era solo un numero di telefono o un indirizzo.

Se c'era una cosa che al Celio non mancava era il tempo per riflettere, e io ne approfittai. Mi era venuta voglia di camminare. L'ombra delle querce e dei cedri del Libano rendeva piacevole la passeggiata nel giardino nonostante la temperatura fosse salita confermando le previsioni di un'altra giornata rovente.

Dopo un paio di minuti arrivai a quella che chiamavo "la zona morta". Era una parte del giardino a ridosso dell'alto muro di cinta dell'ospedale. Meno bella ma ombrosa, aveva il pregio di essere una zona lontana da occhi indiscreti, adatta per rollare un'altra canna. Lì non c'erano panchine, o meglio c'erano solo scheletri di ghisa con qualche brandello di legno attaccato, macerie degli sfoghi di generazioni di militari incazzati. Il tronco di un pino abbattuto, abbandonato da tempo immemorabile, era diventato un ottimo sostituto delle panchine e in più la larghezza permetteva, volendo, di sdraiarcisi sopra. Avevo appena girato l'angolo del padiglione C, che rappresentava il virtuale confine della zona morta, quando, sul muro scrostato dove il mio occhio si era ormai abituato a leggere la scritta a caratteri cubitali QUANNO TE PASSA!? lo vidi: un segno del destino.

Pensai prima a un'allucinazione poi a uno scherzo. Eppure era vero, il muro non era più scrostato, la scritta era stata cancellata e al suo posto c'era un telefono a scheda nuovo di zecca. Sicuramente non funziona, pensai. Titubante mi avvicinai all'apparecchio e mi sentivo come il fesso che trova una banconota di grosso taglio per terra, ci si fionda e poi scopre che dietro c'è scritto FACSIMILE. Tirai fuori dal portafoglio una scheda telefonica nuova e la infilai. Portandomi la cornetta all'orecchio lo stupore arrivò al culmine:

c'era la linea! A quel punto, a chi altro avrei potuto telefonare? A Silvia. Anche il suono di attesa era nuovo, limpido e cristallino. Silvia rispose dopo pochi squilli.

«Ciao Silvia.»

«Fabio... dove sei? Hai finito il militare?»

«No, sono ancora al Celio... mancano tre giorni.»

«Ah... bene.»

«Che è successo? So che mi hai cercato... urgentemente.»

«Sì... sì... è che non pensavo fossi ancora lì... insomma, ti devo dire una cosa ma preferirei dirtela di persona quando hai un momento tranquillo...»

«Così mi spaventi, chi è morto?»

«No... no, niente del genere, non è così grave... cioè lo è, penso... voglio dire, non è morto nessuno anche se... ecco.»

«Silvia!?» Pausa.

«Va bene senti, io te lo dico e spero che non mi odierai per sempre per avertelo detto così.»

«Dimmi.»

«Allora, non so se lo sai, ma è un mesetto che mi vedo con Marcello Modugno.»

«Ah, non lo sapevo.»

Avevo conosciuto Marcello poco prima di partire per il militare. Dopo esserci incrociati per decine di volte nei soliti locali ed esserci scambiati, in una sorta di bon ton urbano, cordiali cenni di saluto, ci eravamo alla fine presentati. I nostri background familiari (scoprimmo che i nostri genitori si conoscevano) ci avevano fatto entrare subito in sintonia e da quel momento trascorremmo insieme non poche divertenti serate prima che io partissi.

Se l'urgenza di Silvia consisteva nel comunicarmi che andava a letto con lui, tralasciando l'indubbio aspetto di piccola vendetta trasversale, con la quale comunque non sarebbe riuscita a ferirmi... vabbè, mi ero preoccupato per niente.

«Silvietta, ti ringrazio di avermelo detto così non faccio gaffe, ma non c'era bisogno, non ci sono problemi e poi Marcello mi sta pure simpatico...»

«No, Fabio, non si tratta di questo... lo so che non te ne

frega niente con chi vado a letto... il fatto è un altro... l'altra sera è successa una cosa.»

«Cioè... cosa?»

«Vedi... dalla prima volta che ci siamo visti con Marcello, ho avuto sempre una strana sensazione... non dico facendo sesso, quello no, ma così all'improvviso quando lo guardavo, magari in controluce... rimanevo di sasso... allora mi dicevo... possibile che io sia ancora così innamorata da avere le visioni? E no, credimi non lo sono... lo saprei, no? Eppure, la sensazione era fortissima...»

«Che sensazione? Silvia, di che stai parlando? Non capisco un cazzo di quello che stai dicendo...»

«Che fossi tu!»

«Eeh!?»

«Sì... la sensazione che lui fosse te!»

Ecco fatto, pensai, l'ipotesi di residui di brace sotto la cenere riprendeva forma in maniera inquietante.

«Silvia, sei impazzita?»

«No, aspetta... lo sai anche tu che vi assomigliate, vero?»

Per spezzare una lancia nei confronti di Silvia, va detto che questo fatto della somiglianza tra me e Marcello era già venuto fuori in altre occasioni. Mi era capitato di essere scambiato anche per Massimo, il fratello di Marcello, e a loro era successo di essere scambiati per me. Dove volesse andare a parare Silvia con questa sottolineatura fisiognomica non riuscivo ancora a capirlo. Mi fece tenerezza.

«Silvietta... mi dispiace che dopo di me ti sia capitato uno che mi assomiglia. Lo capisco... non è la cosa ideale...»

«Nooo, non hai capito niente, smettila di pensare che ti ho chiamato perché mi manchi o cose del genere. Fammi parlare.»

Se da un lato la perentorietà di Silvia mi tranquillizzava, dall'altro non sapevo più cosa pensare.

«Va bene, parla.»

«Gliel'ho detto.»

«Cosa?»

«Che mi ricordava te.»

«Ma sei scema! Io mi sarei incazzato come una bestia.»

«Le prime volte rideva. Poi no... cioè non si è proprio incazzato, mi ha chiesto di smetterla.»

«Mi sembra il minimo... e quindi?»

«L'altra notte, dopo avermi detto la cazzata che sarebbe partito, si è presentato tardissimo a casa mia.»

«E allora?»

«Non lo volevo far entrare, ero incazzata. L'avevo invitato a cena e aveva raccontato tutta una storia... che doveva partire col fratello... e invece è andato chissà dove con qualche coglione di amico suo... e poi si presenta alle tre di notte?»

Al primo posto tra le rotture di coglioni che ti possono capitare con un'ex metterei la recriminazione tardiva sul passato rapporto, ma al secondo c'è senz'altro il tentativo di condivisione dei problemi dell'ex col suo nuovo fidanzato.

«Marcello non lo conosco bene ma da quello che ho capito... se hai intenzioni serie... insomma, ci andrei cauta, non so quanto abbia voglia di fare il fidanzato...»

«Ma quale fidanzato! Non ci penso proprio... uno che ti assomiglia poi... che sono masochista? Con Marcello è capitato, ci divertiamo... ma lo so benissimo che non si va da nessuna parte.»

«Silvia, io posso stare al telefono anche tutto il pomeriggio, sempre meglio che vagare per l'ospedale, ma mi dici quale era la cosa urgente che volevi dirmi?»

«Se mi fai finire di parlare. Allora, come ti ho detto, ero incazzata... poi mi è passata, abbiamo fatto l'amore... dopo, mentre fumavamo mi rimonta la rabbia... perché lui continuava a sparare cazzate su quello che aveva fatto prima... e così a un certo punto, non perché fosse proprio vero, ma più per farlo incazzare, gli ho detto che dal modo in cui fumava mi ricordava tanto te.»

«Merda, di nuovo!»

«Be'... ti ho detto che volevo farlo incazzare, solo che... non sai che è successo.»

«Cioè?»

«Ha cominciato a girare per casa agitatissimo, straparlando sulla madre, i fratelli, il padre, non capivo una parola e intanto ripeteva "Non lo devi dire che assomiglio a Fabio... non lo devi dire... non lo devi dire a nessuno!". Ma a chi dovrei dirlo? Gli ho detto, datti una calmata... si può sapere che ti è preso? Scherzavo, ho detto, che problema hai? E lui... "Fabio è il mio fratellastro!" Così ha urlato.»

«Eeh!?»

Ora, quello che riporto da questo momento in poi non è l'esatto dialogo che avvenne tra me e Silvia. Un secondo dopo la frase choc "Fabio è il mio fratellastro", così come in un film quando l'esploratore inesperto mette il piede in fallo facendo scattare il meccanismo di una trappola mortale, nella mia testa si mise in moto una serie di rumorosi ingranaggi (mortali, forse?), con un tale clangore da rendere inudibili le successive parole di Silvia. Comunque, pressappoco dovrebbe essere andata così:

«Ma che cazzo dici!?»

«Te lo giuro, Fabio.»

«Ma che cazzo dici... Marcello ti avrebbe detto che siamo fratelli?»

«Sì, sì... è per questo che vi assomigliate!»

«Ma che cazzo stai dicendo...» (Lo so, risultano abbastanza monotone le mie risposte, ma secondo me non è che riuscissi a dire molto altro.)

«Mi ha detto che suo padre e tua madre hanno avuto una storia... credo che abbiano lavorato insieme... no?»

La domanda costrinse il mio cervello a una parziale riconnessione.

«Sì... mi pare di sì... *Rinaldo in campo*... ma non mi ricordo quando è stato...»

«Be', sarà stato poco prima che nascessi tu...»

«Ma che cazzo dici... ti rendi conto di quello che mi stai dicendo?»

«Sì, Fabio, me ne rendo conto e spero che non mi odierai per sempre per avertelo detto così... Marcello mi odierà sicuro, mi ha fatto giurare e spergiurare che non lo avrei detto a nessuno e tantomeno a te... di dirlo ad altri non ci penso proprio, ma noi siamo troppo amici e non dirtelo mi pesava troppo sulla coscienza... ho fatto male?»

Non sapevo proprio cosa pensare o cosa rispondere, ma la rassicurai.

«No... no, non hai fatto male... anche se... ora sono senza parole...»

Ci fu un silenzio prolungato, ma solo nella conversazione perché nella mia testa il rumore degli ingranaggi persisteva.

«Fabio... ci sei?»

«Sì... diciamo.»

«Cosa posso fare?»

«Mi sembra che tu abbia già fatto tanto... credimi non lo dico con risentimento.»

«Davvero?»

«Davvero.»

«Appena esci mi chiami? Così ne parliamo meglio... se ti va.»

«Sì... lo farò.»

«Ti abbraccio forte e... vabbè, non ti chiedo ancora scusa.»

«Non ce n'è bisogno... ti abbraccio anch'io... ci sentiamo presto.»

«Comunque... lo sai che gli assomigli un sacco?»

«A Marcello? Ancora?»

«Ma no, Fabio. A Domenico Modugno!»

Chissà perché ero convinto che interrompendo la telefonata il rumore nella mia testa sarebbe cessato. Ero convinto che il telefono, così com'era apparso sarebbe svanito, e il cinguettio di un passerotto mi avrebbe risvegliato sulla mia bella panchina, dove mi ero assopito all'ennesima canna e dalla quale in verità non mi ero mai mosso. Purtroppo no. Il telefono era ancora lì, solitario e inquietante, come un portale lasciato aperto su un distorto e sconosciuto mondo parallelo. Ripresi a camminare e mi inoltrai nella "zona morta". Intanto il rumore nella mia testa stava cambiando, non più un frastuono meccanico ma i versi di un branco di scimmie urlanti. Come un automa arrivai a sedermi sul grosso tronco di pino.

In quegli anni la mia vita era un "cubo di Rubik". Diverse realtà, come le facce colorate del cubo, scomposte in piccoli pezzi e mischiate tra loro, e io fino ad allora incapace di ricomporle. Qualcuno mi stava dando le istruzioni? Non riuscivo ad avere pensieri razionali. Anzi, non riuscivo ad avere pensieri. Solo immagini confuse proiettate dalla mia mente sconvolta sulle crepe del muro di cinta. Un sovraccarico di sensazioni aveva fatto scattare il mio salvavita emotivo. Nessuno stato d'animo, né un sentimento predominante, ero come spento. Una piccola parte di me tentava ancora di aggrapparsi all'ipotesi dello scherzo di pessimo gusto, ma c'era qualcosa che m'impediva di dar credito a quella possibilità: la sensazione opposta di essere davanti alla prima cosa vera della mia vita.

Il sole si stava abbassando e i suoi raggi filtrati dalle chiome degli alberi proiettavano sul giardino arzigogolati giochi di alternanza tra luce e ombra, in linea con la natura dei miei pensieri. Certo, per il momento erano più le ombre, anzi i bui, e gli sprazzi luminosi erano soltanto lampi di accecante luce stroboscopica. Se fossi stato un giovane del ventunesimo secolo, mi sarei precipitato su internet per cercare le foto di Modugno, del mio ipotetico padre e le avrei confrontate con le mie sul cellulare, poi avrei cercato le date di *Rinaldo in campo* per confrontarle con quelle della mia nascita, poi avrei chiamato i miei amici, poi... Ma niente di tutto questo era possibile. Potevo solo ripescare alla rinfusa nella memoria quelle immagini note, tipiche, icone classiche del mito della canzone italiana: lui con le braccia allargate mentre canta *Volare* a Sanremo, lui con una chitarra a tracolla, la copertina di un disco oppure un vago ricordo di lui ospite in qualche varietà del sabato sera. Mi ricordavo anche che era stato male, immagini di lui sulla sedia a rotelle. Sapevo che si era ripreso e che si era messo a fare politica con i radicali, mi piacevano a quei tempi i radicali. Ma per quanto mi sforzassi di trovare familiarità con quel viso e con quelle immagini, qualcosa come un muro spesso e impenetrabile mi impediva di considerarla realtà. Io il figlio di Domenico Modugno? Di una specie di supereroe? Certo, come no. Allora tanto valeva, che ne so, di Batman? Diabolik? Topolino?

Il tempo scorreva mio malgrado. Il suono della campanella annunciò che erano già le 17.30, l'ora di cena. Il ricordo di quello stesso suono all'ora di pranzo poche ore prima, sembrò ora qualcosa di molto più lontano nel tempo, come un ricordo d'infanzia o di un'altra persona. Qualcosa dentro di me stava cambiando, anche le più banali percezioni si stavano amplificando. Stavo sviluppando i superpoteri? Ma sì, certo, la consapevolezza li aveva attivati e tra breve sarei volato via...

Dopo un quarto d'ora ero ancora lì, nella "zona morta" in stato catatonico e mi fu chiara una cosa: loro erano supereroi, io no.

Umano e inquieto, pensai di rollare una canna. Non ne avevo voglia, ma ero sicuro che applicarmi a qualcosa di manuale, avrebbe aiutato. Poi magari avrei dato solo un paio di tiri. Il rituale della canna sembrò tranquillizzarmi, anche se non riuscivo a mettere in pausa la parte destra del cervello, qualcosa non funzionava. Le scimmie urlanti! Quel fastidiosissimo sottofondo che mi perseguitava dalla fine della telefonata invadendo ogni mio spazio mentale, era ancora lì. Cosa c'entrava il berciare di quegli animali come sottolineatura di un momento tanto delicato? Non potendoli più ignorare... mi misi in ascolto. Sarebbe stato meglio non farlo. Ammetto che non lo capii subito, ma dopo un po' mi fu chiaro: quelle urla non erano un bestiale richiamo della giungla, ma una sguaiatissima e irriverente risata. Il mio inconscio stava ridendo di me.

Qualcosa mi toccò la schiena facendomi trasalire. Un rassicurante ma straziante miagolio chiarì la situazione alle mie spalle. Una gatta di tre colori, insospettita e attratta da quella strana simbiosi uomo-tronco, si strusciava sulla mia schiena in cerca di un segno vitale e, perché no, di cibo e carezze. Le continue testatine e strusciate della gatta mi costrinsero a occuparmi di lei. Cibo non ne avevo, ma la accarezzai senza farmi pregare. Occuparmi di quell'esserino e della sua dinamica affettiva così primordiale ebbe il potere di calmarmi. Per capirci, era come essere passati da Kafka ai cartigli dei Baci Perugina.

«Hai fame, gattuzza?»

«Miao» disse.

Anch'io dovevo mangiare qualcosa. Il bar dell'ospedale stava chiudendo e la scelta fu rapida e obbligata. Volevo tornare al tronco a condividere il mio schifoso panino con "Gattuzza" (l'avevo battezzata così) ma uscito dal bar scoprii che mi aveva seguito fin lì. Dividemmo il panino seduti su un muretto davanti alla malandata serranda del bar chiuso.

Dopo aver passato il pomeriggio nell'epicentro di un terremoto esistenziale, dopo essere stato travolto dal successivo tsunami emotivo e dopo aver affrontato le scimmie e le loro risa insultanti, solo di una cosa a quel punto ero certo: ero stanco. Una stanchezza profonda, mai provata prima. Vuoto, come una casa svuotata troppo in fretta buttando tutti i mobili e gli oggetti dalla finestra, anche i più fragili. Salutai con un'ultima grattatina sul muso Gattuzza che, distratta da un geco, era già pronta a immergersi negli svaghi notturni del giardino.

Un crepuscolo a strisce viola e blu cobalto faceva da sfondo alle prime stelle della notte mentre come foglia morta mi lasciavo sospingere da un vento tiepido verso il mio destino. Il giardino ormai era deserto, le ultime sigarette venivano consumate all'entrata dei padiglioni dai militari più restii al rientro. Salito in camerata, caracollai sul letto. Le luci erano ancora accese e un chiacchiericcio generale aleggiava rimbombando. Il mio corpo "liquido" si versò sul letto impregnando le ruvide fibre della biancheria militare. In un attimo persi la percezione di me. Com'era prevedibile, la stanchezza fisica aveva solo rallentato la fabbrica di mostri che la mia mente scioccata aveva il diritto di creare. Non perdo tempo a riassumere il palinsesto notturno degli incubi.

3

L'odore del latte bollito e del caffè bruciato mi fece riaprire gli occhi quando la camerata aveva già ripreso vita e le suore stavano servendo la colazione. Mi sembrava di aver dormito dieci minuti, avevo una gran fame e pregai la suora di lasciarmi doppia razione di pane. Divorata la colazione, mi sentivo meglio; fuori stava nascendo il sole e qualunque cosa fosse successa, il giorno dopo avrei finito il militare e sarei uscito da lì, poi chissà. Non era una vera e propria ventata di ottimismo, sentivo ancora che un'orda di pensieri era appostata ai margini della mia coscienza come gli indiani a Little Bighorn, e gli indiani si sa, attaccano all'alba.

Dovevo cercare la panchina giusta. La ricerca fu breve, la stessa del giorno prima mi riaccolse benevola. Continuavo a ripetermi come in un mantra che il peggio era passato, la botta era arrivata e io ero ancora vivo! Solo ora mi rendo conto, invece, quanto fossi simile a un uomo investito da un camion, che dopo un attimo di svenimento, riuscendo a riaprire gli occhi gioisce rendendosi conto di essere vivo. La sua mente è viva! Ma il poveretto non gioirebbe tanto se sapesse che, purtroppo, si è rotto tutto il resto e che quella mente così viva potrebbe diventare per sempre la sua prigione.

Non avevo molto tempo, a metà mattinata avevo l'ultima visita medica. Sentivo dentro di me qualcosa di rotto, anzi di dolorosamente lacerato. Il filo grossolano delle mie informazioni non era sufficiente a riparare lo strappo. Dovevo parlare con qualcuno. Le dirompenti novità delle ultime ore, senza uno sfogo di decompressione rischiavano di diventare quanto prima paranoia.

Le poche forze accumulate con la colazione stavano già svanendo, lasciando il posto a torpore e indolenzimento tipici da notte in bianco. Mi bruciavano gli occhi. Da superorganizzato qual ero tirai fuori il collirio e dopo averlo messo con gesto rapido, chiusi gli occhi per qualche istante dando tempo al liquido di fare effetto. Riaprendo gli occhi pensai che mi si fosse di colpo abbassata la vista, la luce era cambiata, erano sparite le ombre. Tutto era avvolto da un grigio omogeneo, cupo. Inizio delle paranoie? No, si stava solo annuvolando. Più che una nuvola, il sole stava scomparendo dietro una saracinesca nera. Una massa plumbea e compatta l'aveva inseguito sin dall'alba. Ora l'aveva raggiunto e coprendolo, sarebbe stata presto l'indiscussa e torva dominatrice del cielo. Un profondo brontolio confermò l'arrivo di un temporale. I temporali estivi, si sa, sono forti e passano presto, ma il colore di quella nuvola simile al petrolio, faceva temere qualcosa di più serio di un'inzuppata estiva. Non m'interessava. Non avrei permesso certo a un temporale di interrompere le mie elucubrazioni.

Sapevo bene chi fosse l'unica persona all'altezza di un mio sfogo: Fabio, il mio migliore amico. Omonimo e coetaneo, l'amicizia con Fabio affondava le radici ai tempi dell'infanzia e delle vacanze insieme a Castiglioncello, poi era proseguita nella stessa classe del liceo classico e da lì per strade diverse ma sempre parallele (io Accademia d'arte drammatica, lui Architettura), si era trasformata in un sodalizio fraterno che ancora oggi resiste. Il fatto che non l'avessi ancora chiamato la diceva lunga su quale fosse il mio stato d'animo. Non riuscivo ad aprire un canale esterno di comunicazione. Mi risultava improbabile qualsiasi tipo di conversazione:

"Ciao Fa'..."

"Oh Fa'... come va? Novità? Sei fuori?"

"No, domani. Ah, ti volevo dire che mi ha chiamato Silvia e mi ha detto che sono il figlio di Diabolik... ehm, scusa, di Domenico Modugno."

"Mmh... però, non credevo fossi riuscito a portarti droghe pesanti in ospedale."

Ecco. Fabio alla fine mi avrebbe creduto ma senza poter vedere dal vivo la sua reazione mi avrebbe privato di quel necessario riscontro nel reale di cui avevo tanto bisogno. Le sue parole da amico, comprensive e rassicuranti come sempre, sarebbero comunque rimaste insieme a quelle di Silvia nell'universo astratto di una linea telefonica. Di poco conforto per uno come me ancora isolato e prigioniero su un altro pianeta.

Una goccia di pioggia grande come una pigna mi cadde in testa. Giusto il tempo di una rapida panoramica sul giardino per individuare il luogo più vicino dove ripararmi e il diluvio cominciò. Ero già troppo stanco per mettermi a correre. Nonostante le gocce cadessero già a secchiate, trotterellai fino al portico del padiglione A.

Il padiglione A, dove erano collocati gli uffici amministrativi dell'ospedale, aveva un portico già di norma molto affollato e la pioggia lo stava trasformando in una bolgia. Diversi ragazzi vi avevano già trovato rifugio e altri stavano arrivando correndo per sfuggire al diluvio.

Iniziai a ripensare a Silvia e a come sarebbe stata la nostra conversazione se io non fossi stato intrappolato lì. Sarebbe avvenuta di persona, in un luogo ameno e protetto scelto da Silvia per mettermi a mio agio, avremmo fumato e infine, con delicatezza, avrebbe introdotto l'argomento e svelato l'arcano... bene e poi? Come avrei fatto a tornare a casa, a sedermi a tavola e a guardare in faccia i miei? Come avrei fatto ad affrontare una conversazione, anche la più banale come quella di una cena in famiglia? Li avrei fissati con lo sguardo assente e loro, perplessi, avrebbero fissato me? Con molte probabilità avrei tentato di fuggire, balbettando qualche improbabile scusa, sempre che prima, i miei fragili argini emotivi, cedendo di schianto, non mi avessero provocato un attacco di panico.

Capii una cosa: anche se zuppo, stritolato sotto un portico da un'umanità di cui non sentivo alcun bisogno, frastornato da una Babele d'imprecazioni dialettali, l'ospedale militare, per assurdo, era il posto migliore dove stare in quel momento.

Un fiume di pioggia, trascinando con sé foglie, rami e chissà cos'altro, aveva già otturato tutti gli scarichi fognari del giardino. Si stava allagando anche sotto il portico. Avevo le scarpe già a mollo, era arrivato il momento di andarsene da lì. Mancavano ancora un paio d'ore alla visita. Decisi di tornarmene in branda.

Indossati indumenti asciutti, mi sdraiai. Il letto, tortura notturna, si rivelò ora un ventre materno dove tornare, traumatizzato da una nascita prematura. La coscienza di me stesso, sbriciolandosi stava lasciando un vuoto d'identità che ancora oggi faccio fatica a colmare. Provai a leggere *La nube purpurea*, la storia di un uomo, ultimo essere vivente rimasto sulla terra.

Fino ad allora la lettura del romanzo, seppure meraviglioso, mi era sembrata a volte poco consona alla mia situazione; come dire, ridondante rispetto a quello che stavo vivendo. Provare a combattere la solitudine leggendo di una solitudine ancora più grande non aveva funzionato granché. Ma adesso da una nuova angolazione, per non dire ancora da un nuovo me, la storia di quell'uomo lontano da regole o convenzioni, libero delle sue emozioni, libero di perdersi e ritrovarsi all'infinito, accendeva in me un nuovo interesse e anche una certa invidia. Non lessi molto, giusto il tempo che ci mise il sonno a riscuotere il suo debito, una decina di minuti, poi mi addormentai. Non mi ero ancora fatto canne, non ne avevo sentito il minimo bisogno: d'altronde, quando la realtà supera la fantasia...

Mi risvegliai di soprassalto, è probabile da un incubo perché il cuore mi rimbalzava nel petto così forte da far male, ero madido di sudore e l'aria caldissima e pesante faceva fatica a entrarmi nei polmoni. Come a ogni risveglio guardai l'orologio sul comodino. Merda! Mancavano cinque minuti alla visita audiometrica! Saltare una visita programmata in un sistema arcaico e iperburocratizzato come un ospedale militare, poteva voler dire bloccare il processo creando uno stallo nel percorso del mio congedo, con risultati rischiosi e imprevedibili. Indossata l'ultima maglietta pulita mi catapultai verso il padiglione H.

Per fortuna aveva smesso di piovere e nell'aria più fresca c'era un buon odore di terra e pineta bagnata. Respirai a fondo.

Finita la visita, sentii l'esigenza di riprendere parte della mia routine: una canna e una pizzetta? Meglio il contrario.

Solita panchina, solita pizzetta e Coca-Cola. Se qualcuno mi aveva visto lì anche il giorno prima, mi avrebbe potuto scambiare per un'installazione. In realtà era solo un patetico tentativo di riavvolgere il nastro del tempo. Magari per tornare a quando la mia vita, per quanto incasinata, sembrava ancora una vita e non una commedia all'italiana. Insomma, per ricominciare dal momento in cui tutto aveva iniziato a sgretolarsi. È vero che in parte avevo rivalutato la mia permanenza coatta all'ospedale, per lo spazio protetto fisico e mentale che mi concedeva, ma era chiara anche un'altra cosa: non ne stavo approfittando. Da lì a poche ore sarei uscito e una strategia era ancora lontana dal venirmi in mente.

Un'anima troppo scossa impediva alla parte razionale di riaccendersi. Il cubo di Rubik, anche con le istruzioni, era ancora troppo difficile per me e presentava aspetti inquietanti. La nuova versione monocroma delle "facce" della mia vita avrebbe smascherato miserie e meschinità che quelle stesse facce, nel patchwork precedente di colori, erano riuscite a nascondere o a far passare per altro. Non mi sentivo pronto a guardarle negli occhi. Non potevo farcela a sostenere nello sguardo la loro (se mai ce ne fosse stata) e la mia di vergogna. Non ero pronto a recriminare... e tantomeno a perdonare. Tutte parole ancora troppo grandi per il mio cuore e per la mia bocca.

Quel pomeriggio fumai tutto l'hashish che avevo evitato il giorno prima. Annacquai le mie angosce fino a farle galleggiare. Ho pochi ricordi di quel frammento di giornata. Il tempo corse veloce trascinandomi dietro di sé.

L'alba. Quando mi svegliò la voce della suora che annunciava l'inizio della messa delle 6.30, per alcuni secondi non capii dove fossi. Ma non fu una totale delusione il ritorno alla realtà. La seconda cosa che la suora disse fu: «Camilli, sgombera il comodino che oggi ti dimettono». L'orario di dimissione cominciava dalle 10. In realtà dipendeva tutto dal tempo che si impiegava a farsi firmare una serie di documenti in diversi uffici dell'ospedale. Questa volta, trattandosi delle "ultime firme" la procedura richiedeva qualche passaggio in più.

A bordo di un invisibile tapis-roulant che mi trasportava verso la libertà, andavo di stanza in stanza per quelle firme che scoglionati graduati apponevano distratti. Era chiaro e anche normale che non gliene fregasse niente a nessuno che stessi andando via. Non dico il picchetto d'onore e la fanfara, però chissà perché, sentivo di pretendere da loro (lo Stato? Le Forze Armate?) un gesto significativo di commiato: che so, un grazie?

Grazie Fabio di non aver sparato a quella carogna di tenente, grazie Fabio di non averci sputato in faccia i bocconcini per cani spacciati per rancio, grazie di aver imparato a fare la cosa più inutile del mondo cioè smontare e rimontare un fucile (chi non ne ha fatto tesoro?), insomma grazie Fabio per aver buttato da noi un anno della tua vita!

Già, comunque ora il problema era un altro: avrei buttato via solo un anno o anche tutto il resto della mia vita? Di dirmi grazie, al corpulento e malmostoso tenente colonnello che vergò l'ultimo foglio per la mia libertà, non gli passò neanche per l'anticamera del cervello. Mi accontentai dei documenti e il tapis-roulant si rimise in moto per l'ultimo tratto. Tutto avrei potuto immaginare tranne il fatto che sarei arrivato a quel traguardo, la fine del militare, in quello stato d'animo.

Era dal primo giorno che sognavo l'ultimo quando, tornato borghese, avrei ripreso il pieno controllo della mia vita, con l'unico fastidio di dover rimuovere il più in fretta possibile quell'anno disgraziato. Solo due giorni prima pianificavo la mia trionfante *rentrée* nel mondo pensando che il mondo non vedesse l'ora di rifare l'amore con me. E ora invece mi sentivo dilaniato, come in una crudele tortura medievale: da un lato il desiderio di libertà e dall'altro quello quasi inconfessabile di tornare a perdermi nei miei pensieri, all'infinito, sulla mia cara panchina, ultima non replicabile oasi di tranquillità della mia vita. Ma indietro non si torna. Non restava che percorrere le ultime decine di metri che mi separavano dal monumentale ingresso del Celio, e poi, Roma.

Mi voltai per un ultimo sguardo d'insieme e con sorpresa, vicino a una delle colonne liberty di ghisa dei ballatoi, vidi Gattuzza. La chiamai e lei, memore del cibo rimediato due giorni prima, con una corsetta arrivò subito speranzosa. Anche se delusa di non trovare cibo la gatta fu affettuosa, solite testatine e fusa generose, poi mi scortò all'uscita. Avrei voluto dirle "Un giorno ci rivedremo", ma non me la sentii di mentirle. L'imprevista sosta con la gatta aveva solo rimandato di qualche minuto l'inevitabile, alla fine ero fuori.

L'amore per la mia città e per la libertà mi provocò un forte rilascio di endorfine, una felicità intensa. Per un attimo dimenticai tutti i miei casini sentendo il bisogno di una semplice e immediata gratificazione: non vedevo l'ora di rimettere il culo sul mio Vespone TS blu. Non lo riconobbi subito, tutto impolverato tra la miriade di moto e motorini parcheggiati fuori dall'ospedale, era lì da dieci giorni. Il motore tenuto sempre come un gioiellino si avviò al primo colpo. Era pericoloso ma bello non avere il casco, sentire il vento in faccia e tra i capelli, sfrecciando in quel settembre ancora così caldo in una città semideserta.

Non ci avrei messo molto ad arrivare a casa, e la strategia? Non avrei potuto ignorare quello che ora sapevo e neppure le ferite ancora sanguinanti. Ma il vento era caldo e il suo soffio sembrava ora asciugare quelle ferite. Ne attenuava il dolore e un nuovo strato di pelle si stava già riformando. Questa volta più spesso e duro. Certo, qualcosa sarebbe cambiato e lo sapevo, quello che non potevo sapere ancora era la portata di quel cambiamento. Il Vespone scivolava veloce sull'asfalto, Roma, la meravigliosa Roma, mi sorrideva di nuovo, tutto poteva succedere; o forse, era già successo.

4

Le ruote del Vespone inghiottivano veloci l'asfalto disconnesso delle strade di Roma, mentre io inghiottivo la sua bellezza e un'aria bollente dall'odore di sanpietrino. Colosseo, Fori imperiali, piazza Venezia. Quasi non c'era gusto a bruciare i semafori senza un po' di brivido. Cercando di non pensare al punto di arrivo ma contento di allontanarmi da quello di partenza, mi godevo il viaggio. Non c'era stato un vero e proprio distacco fisico dalla città, se non all'inizio durante il CAR, ma l'aria che si respira da uomo libero è tutta un'altra cosa.

Con la coda dell'occhio scorgevo i cartelli CHIUSO PER FERIE che sfilavano rapidi sulle serrande ancora abbassate dei negozi, molte per essere fine settembre. Porta Pinciana, via Pinciana. Una leggera e piacevole variazione di temperatura, l'ombra di Villa Borghese al mio fianco. Paisiello, Bertoloni, piazza Pitagora. Pochi minuti e sarei arrivato. Mancava l'ultimo breve tratto di strada in discesa, spartito in maniera ridicola fra tre noti matematici: Siacci, Antonelli e Domenico Chelini. Quest'ultimo, Chelini, nei suoi ultimi cinquecento metri di competenza, al numero 5 accoglieva casa dei miei. Il breve e spensierato tragitto era finito, la meta non si poteva più ignorare.

Erano le 11 del mattino. Chi avrei trovato in casa? Kidàn sicuro. Mia madre? A breve sarebbe ripartita per Milano e poteva essere lì a far valigie. Mio padre no, a quell'ora era al teatro Sistina a interpretare il suo ruolo di burbero e integerrimo ufficio stampa. La presenza di mia madre avrebbe di norma comportato per pranzo anche quella di mia sorella, anche se da qualche anno non viveva più con noi. Ma, buon per lei, sapevo che era ancora in vacanza a Castiglioncello.

Alberto, il nostro austero e strano portiere, mi rivolse un saluto laconico come se ci fossimo visti dieci minuti prima. Un ultimo respiro sul pianerottolo per prendere coraggio e dopo aver aperto le numerose serrature, sempre chiuse anche di giorno con noi dentro per alleviare la paranoia dei ladri di mia madre, ero a casa.

Se chiudo gli occhi, anche a distanza di tanti anni, l'odore di quella casa è ancora integro nei miei ricordi. Un misto di legno, tappeti, carta da parati, naftalina, nazionali senza filtro e Paco Rabanne di mio padre. A volte un retrogusto di esotico, derivante da qualche cibo etnico di Kidàn. A meno che, come in quel momento, la presenza di mia madre non soverchiasse tutto con l'abbondanza del suo Coco Chanel.

Per la prima volta trovai quel profumo nauseabondo e un po' stucchevole. L'alone della sua presenza era così forte che richiusa e serrata la porta ero convinto che girandomi me la sarei trovata davanti.

No, la casa era immersa nel silenzio più totale. L'appartamento era buio e fresco. Fresco, perché era un piano rialzato con mura molto spesse e sotto di esso c'erano le cantine, e buio in conseguenza di una regola del "bunker" (come chiamavo casa mia). Oltre l'inchiavardata diurna, se qualcuno lasciava una stanza per più di un quarto d'ora doveva abbassare la serranda della finestra anche in pieno giorno. La regola era entrata in vigore dopo che un tizio, qualche anno prima, aveva tentato di introdursi dalla finestra di camera di mia nonna mentre noi pranzavamo dall'altra parte della casa.

Il buio non lasciava dubbi, in casa non c'era nessuno. Possibile?

Andai a riprendere possesso della mia camera. Un tempo condivisa con mia sorella, ne ero rimasto l'unico occupante da anni, ed era una stanza molto piccola rispetto a una casa di duecentocinquanta metri quadri. Tra l'altro avendo un'intera parete-armadio era oggetto di continue invasioni da parte di tutti i membri della famiglia. Per questo motivo da qualche anno avevo rivendicato un altro spazio della casa. Mi ero appropriato del "salotto buono".

Prima di invaderlo, nei miei ricordi di venticinquenne, c'erano stati pochissimi eventi in cui quello spazio era stato usato per il suo scopo originario, quello di ricevere ospiti. A parte un paio di Natali, gli unici passati a casa nostra, e le foto del rinfresco della prima comunione a testimoniare un uso in passato, col tempo quel salotto era diventato un'emblematica metafora della nostra famiglia. Una famiglia chiusa, come quella stanza. Non si poteva rischiare che qualcuno una volta entrato si accorgesse delle sue insane dinamiche o ancora peggio della sofferenza di qualche anima tormentata e intrappolata al suo interno.

Ma qualcuno ogni tanto se ne accorgeva. Ripenso a Marilia.

Era una ragazza che dava ripetizioni di latino a me e mia sorella tanti anni prima quando avevamo lei 15 e io 13 anni. Marilia avrà avuto all'incirca vent'anni, non molto alta, con un leggero accento del Sud (Calabria?). Capelli ricci e lunghi, di quelli indomabili, in contrasto con il viso dall'espressione pacata, quasi dolce, dove un paio d'occhiali troppo grandi completavano l'immagine donandole un alone di serietà da ragazza impegnata, che voleva farsi da sé. Le lezioni ci venivano impartite in sala da pranzo a porte chiuse, separatamente. Durante quell'oretta mio padre era solito entrare a un certo punto, per salutare Marilia e informarsi sui nostri progressi. Piombava nella stanza senza preavviso e senza bussare. In realtà il mio orecchio sempre vigile e allenato a percepire ogni suo movimento in casa, anche quando non lo vedevo e con le porte chiuse, mi annunciava il suo arrivo in anticipo, dal momento in cui imboccava il corridoio. Cominciavo a tendermi, ad agitarmi, cambiando spesso postura sulla sedia e un leggero tremore contagiava anche la mia grafia se in quel momento stavo scrivendo. Il tutto completato da rapidi e allarmati sguardi verso la porta. A Marilia, ragazza intelligente e sensibile ma, soprattutto, psicologa disoccupata che sbarcava il lunario impartendo ripetizioni di latino, tutto questo non era sfuggito. Così, quando un giorno mio padre entrando con più veemenza del solito in sala da pranzo mi aveva fatto per istinto alzare un braccio sulla testa come in previsione di un'aggressione fisica, la ragazza trasalì ed elaborò un piano.

Introdusse nelle nostre lezioni brevi momenti più colloquiali in cui, in maniera discreta, mi faceva domande sulla mia famiglia. Un giorno, dopo il consueto blitz di controllo di mio padre, Marilia aveva tirato fuori con aria furtiva dalla borsa un voluminoso blocco di fogli, un test psicologico per l'infanzia. Me lo propose come un gioco, ma non ero stupido e avevo capito dove volesse andare a parare. Qualcuno si era accorto del mio disagio senza che io glielo avessi comunicato e stava tentando di aiutarmi. Mi sembrò un piccolo miracolo, uno squarcio di sensibilità in un mondo che consideravo senza rimedio sordo e cieco alle mie pene. Ma devo confessare che non avevo nessuna fiducia che quella piccola e volenterosa ragazza potesse davvero avere i mezzi e la forza per affrontare un grosso mastino incazzato come Romano.

Però quella breve bolla di attenzione mi rendeva felice. Feci il test volentieri, soprattutto perché si evitò il latino. La settimana successiva, quando tornò, Marilia aveva la faccia seria. Vedevo sbucare il test dalla sua borsa ma lei non accennava a parlarne. Iniziò la lezione come se niente fosse, ma questa volta era lei a lanciare occhiate ansiose verso la porta.

Arrivò il momento fatidico. Mio padre piombò nella stanza con il solito atteggiamento gioviale ma autoritario. Sentivo che stava per succedere qualcosa, ma cosa? Marilia fece completare a mio padre il suo rituale di convenevoli poi, sorprendendomi con un tono professionale che strideva con il suo giovane aspetto, gli chiese se poteva parlargli a quattr'occhi.

Lui, stupito, ma ancora convinto si trattasse di qualche aspetto economico-organizzativo (i suoi preferiti), acconsentì invitandomi a lasciare la stanza e richiudendosi la porta alle spalle. Sapevo cosa stava per succedere. Quella fragile e ingenua creatura si era chiusa nella grotta con l'orco. Quanto coraggio bisognava avere per fare una cosa del genere? E perché lo stava facendo? Per me? Pensai che per la prima volta nella vita avrei assistito a un vero atto di eroismo. Ero spaventato ma traboccante di aspettative.

Non seppi mai cosa disse Marilia a Romano o cosa lui le rispose. So che il risultato fu abbastanza deludente. Dopo una quindicina di minuti di discussione dai toni che per quanto soffocati si capivano accesi, la porta si aprì e una stralunata ma compita Marilia uscì dalla stanza seguita da mio padre visibilmente contrariato. La ragazza, già con le sue cose in mano, si congedò in modo garbato da mio padre e poi da me con un sorriso tirato e malinconico augurandomi buona fortuna (forse la considerava a quel punto la mia unica chance). Una volta uscita, mio padre comunicò che Marilia aveva trovato per sua fortuna un impiego fisso e che non sarebbe più stata la nostra insegnante di ripetizione. Dopo di che, come se niente fosse, salutò e andò al lavoro. Di Marilia e del suo test non se ne seppe più nulla. Gli anticorpi avevano fatto il loro sporco lavoro. Espulsa l'intrusa la casa poteva richiudere le sue invalicabili porte sui suoi insani segreti.

E dunque un bel giorno avevo "aperto" il salotto e lo avevo annesso ai miei territori. Ora, alzata la pesante persiana del finestrone a tre ante, la luce bianca del giorno rimbalzando dai posacenere di cristallo al legno lucido delle chitarre per finire nell'oro e nel rosso delle tappezzerie, ridiede vita alla stanza rendendola iridescente. Lo presi come un bentornato.

Dopo aver rianimato il salotto, decisi di fare un giro per casa. Uscendo dalla stanza illuminata il buio della casa risultò ancora più impenetrabile. Accesi le luci. Sulla lavagna niente, pulita. L'accumulo compulsivo di mia madre, ma un po' di tutta la famiglia di vestiti e cose, aveva fatto materializzare due nuovi armadi nel corridoio che rendevano quasi angusto il passaggio.

Era un appartamento molto pieno. Pieno di mobili, tappeti, quadri, soprammobili, tantissimi posacenere (cinque su sei di noi erano fumatori), tende e contro tende. In origine era la casa dei miei nonni paterni. L'arredamento ereditato da Camillo e Pia Camilli, già pesante di per sé, fatto di inginocchiatoi, mobili da sacrestia del Cinquecento e lampadari in ferro battuto, non avendo usufruito in seguito di idee più evolute, negli anni si era trasformato in un accumulo di oggetti, belli e brutti, che senza scalzare i precedenti avevano finito per trasformare una casa di duecentocinquanta metri quadri in un luogo dall'aspetto discutibile e dove ci si muoveva a stento.

Entrai nello studio. Le funzioni di questa stanza negli anni erano state molteplici, ma quella che definirei più singolare e degna di nota, era quella di essere stata per quasi tutta la mia infanzia, la stanza di mia madre durante le sue permanenze a Roma. Le ragioni per cui mia madre non dormiva con mio padre dopo che non lo vedeva da mesi, oggi sono chiare e fanno parte dello scheletro di questa storia, ma ai tempi, per rispondere alle domande indiscrete di noi bambini sul perché mamma e papà non dormissero insieme, ci fu detto che era una questione di orari di sveglia, di differenti ritmi di sonno. Inculcandoci così un concetto per loro fondamentale: il sonno era sacro e andava rispettato e tutelato a ogni costo. Anche a costo di un matrimonio.

Mia madre per anni aveva detestato dormire nello studio, in un letto singolo, costretta a lasciare a mio padre la stanza padronale col lettone, ma aveva fatto buon viso a cattivo gioco aspettando il giorno in cui si era potuta appropriare di una stanza vera e propria, per l'esattezza quella di nonna Pia. Adiacente allo studio ma già protetta oltre la porta della zona notte, era la seconda stanza da letto più grande della casa. Dopo averla bramata per anni, cinque anni prima, alla morte di Pia, se ne era con gioia impossessata.

Una gelida notte di gennaio tornando a casa tardi trovai un bigliettino sul comodino: "È morta nonna. Baci, mamma". Erano giorni che si trovava in ospedale e le speranze di vita per l'ottantasettenne e coriacea Pia si erano ridotte al lumicino. Ero stato proprio io, visto che mio padre aveva accampato una scusa, ad accompagnare Pia all'ospedale dopo un ennesimo malore. Cosciente e ancora in grado di muoversi, si era seduta accanto a me in macchina, poi mentre uscivamo dal cancello, dando un ultimo sguardo alla casa dove aveva trascorso la maggior parte della sua vita, disse: «Qui non tornerò più».

Il suo tono, così malinconico, un'improvvisa e profonda tristezza nei suoi occhi e quella profezia così amara mi costrinsero a vedere per la prima volta quella donna, così temuta e odiata per tanti anni, non come una robotica entità maligna ma come un essere umano. Un essere umano che aveva paura di morire. Era una cosa che non avevo mai visto prima. Sdrammatizzai dicendo cose del tipo: «Ma figurati, nonna... sarà una sciocchezza... come al solito, tra due giorni stai a casa». Ma non avevo fatto in tempo a registrare le sue parole e fui preso in contropiede da un sentimento umano nei suoi confronti che mi riempì il cuore di tristezza. Rimanemmo in silenzio per tutto il tragitto. La affidai agli infermieri rassicurandola che sarei tornato presto per riportarla a casa. Ma non ci credevo più tanto nemmeno io.

Una settimana dopo, alle 3 di notte, seduto nella mia stanza con quel biglietto in mano, il cerchio si chiudeva. Aveva avuto ragione lei. Non sarebbe più tornata.

La mattina dopo verso le 11 mi svegliai per un certo trambusto. Trovai la porta della zona notte chiusa, un segnale, raro, che in casa c'erano degli estranei. Dallo studio giungevano delle voci sconosciute e quelle di mia sorella e mia madre. Le raggiunsi poco dopo trovandole in compagnia di due distinti signori che, per aspetto e modi, non ebbi difficoltà a riconoscere come impresari di pompe funebri.

Le loro austere e compite figure contrastavano con un'insolita luminosità della casa. Tutte le persiane erano alzate, molte finestre erano aperte e un'aria fredda attraversava le ampie stanze. Un'atmosfera da pulizie di Pasqua, nonostante fosse gennaio. Gli educatissimi signori dell'impresa funebre si stavano congedando ma mia madre, briosa, insistette per presentarmeli ostentando un incongruo atteggiamento da ballo in maschera. I due, mantenendo l'aplomb di chi è abituato a gestire chissà quale stranezza post mortem, mi porsero le mie prime condoglianze. Usciti i becchini mia madre ci disse che mio padre, in quel momento a Milano, causa il prolungarsi di alcuni impegni di lavoro, non sarebbe potuto tornare per il funerale di sua madre. Aveva delegato a lei ogni incombenza in merito. Mentre lo diceva mia madre era euforica e aveva una luce folle negli occhi. Ebbi paura che volesse buttare mia nonna in un cassonetto. E in effetti, poco ci mancò. Un quarto d'ora dopo, mia madre stappò una bottiglia di champagne coinvolgendo me e Rossella, stupefatti, in un brindisi surreale. Poi ci fece sedere con lei al tavolo dello studio impaziente di mostrarci sul catalogo delle pompe funebri quale bara avesse scelto per mia nonna.

Sembrava una ragazzina che stava per fare uno scherzo molto divertente. Con studiata suspense iniziò a sfogliare il catalogo partendo dai modelli di lusso. Ogni volta che girava pagina verso modelli sempre più economici si concedeva una risatina, un sorso di champagne e un sempre più divertito: «Non è questa...». Finché, come nel finale di una barzelletta macabra, indicò sulla pagina una scatola di zinco: «Questa!». Un parallelepipedo anonimo, lucido e non celebrativo. Da fossa comune. Sempre più divertita mostrò il prezzo, facendoci notare che costava meno dell'ultimo paio di scarpe che si era comprata. Perfetta.

Non si preoccupò neanche della chiesa: troppo complicato, la camera ardente dell'ospedale sarebbe andata benissimo.

Il funerale fu uno dei momenti più grotteschi che io ricordi. In una stanzetta di pochi metri quadri io, mia madre, mia sorella e Kidàn, davanti alla scatola di zinco, assistemmo a una funzione funebre del tutto incredibile. Con discreto ritardo sull'orario stabilito si presentò un sacerdote anziano e all'apparenza normale.

Pochi minuti dopo aver cominciato a ufficiare il rito funebre, ci accorgemmo stupefatti che il prete era ubriaco. Andando avanti, il suo farfugliare diventò sempre più esilarante. A completare la scena, dall'inizio della funzione Kidàn aveva cominciato a intonare una particolare nenia funebre fatta di trilli e gorgheggi. Il mix risultò irresistibile. Un film dei Monty Python. La prima a cedere fu, come è ovvio, mia madre, facendosi sfuggire delle piccole ma intrattenibili risatine. Mia sorella, che non vedeva l'ora di farsi contagiare, la seguì a ruota e in breve sghignazzando furono costrette a uscire. Giusto il tempo di domandarmi perché mai sarei dovuto rimanere lì proprio io e le seguii. Restarono Kidàn e le sue nenie.

Finita la funzione, la scatola con Pia fu mollata alle pompe funebri che si occuparono di tumularla presso l'Arciconfraternita dei Trapassati al cimitero del Verano. Non che non fosse in linea con tutto il resto non accompagnare il feretro alla tumulazione, ma c'era anche un altro motivo per cui mia madre preferiva non frequentare quel cimitero: la scaramanzia. La sua cara suocera Pia come regalo di matrimonio per suo figlio Romano e la sua giovanissima moglie Maurizia aveva pensato bene, quando era stato il momento, a due bei posti al cimitero accanto a quello che aveva prenotato per sé. Un regalo che mia madre aveva preso come una vera e propria iettatura e che non aveva certo contribuito a far cominciare nel modo migliore il rapporto con la suocera.

Non si saprà mai se mia nonna avesse scelto quel regalo (tra l'altro costoso) come dichiarazione di guerra nei confronti di quella che lei, con tono dispregiativo, avrebbe sempre definito "solo una ballerina". Comunque, anche se giocoforza le sarebbe toccato trascorrere l'eternità con lei, per il momento, mia madre, al Verano, Pia ce la mandava da sola.

Quella sera stessa occupò la sua stanza. Non so che cosa raccontò a mio padre su come si era svolto il tutto, ma non ci furono ripercussioni. Quando tornò da Milano, Romano non disse nulla, né andò al cimitero. E di Pia da quel giorno non se ne parlò più.

Completai il giro delle stanze senza notare nulla che suggerisse il motivo di quel deserto in casa. Mi ero preparato ad affrontare la realtà e al contrario mi ritrovavo ancora tra i fantasmi.

Il rumore di una chiave nella toppa, qualcuno stava rientrando. Era Kidàn, accaldata e imprecante, con un sacchetto in mano. Kidàn era una donna di una certa età, non sarei stato in grado di stabilire quale. Con inspiegabile vezzo, se glielo domandavo nicchiava cambiando argomento. Mai vestita neanche un giorno all'occidentale, era iconograficamente senza ombra di dubbio una donna etiope: treccine afro a disegnare la testa, tatuaggi sulla fronte, henné sulle mani e vestita sempre di bianco. Già da più di un decennio con noi, come si dice, ne aveva "viste e passate tante", ma nonostante tutto era riuscita a diventare il fulcro domestico fondamentale e insostituibile della famiglia, ruolo che ha poi mantenuto a vita. Causa decenni di lavori domestici usuranti, da un po' di tempo Kidàn zoppicava.

Non si era accorta della mia presenza e quando la raggiunsi in cucina sobbalzò per lo spavento. Un classico, aveva il sobbalzo facile. Dopo un affettuoso bentornato, Kidàn mi diede qualche informazione. Mio padre era a una conferenza stampa, il che spostava l'inderogabile orario del pranzo, dalle consuete 13.30 alle 14.00. «Tua madre ballare tutto giorno» come sintetizzava Kidàn, intendendo che era in sala prove e non sarebbe tornata per pranzo. Per quanto la riguardava: «Io tornata mercato... becille macelaio glio chiesto manzo dato pollo». Bene. Oppure no.

Mi sentivo come uno a cui fosse stato rimandato un esame, un misto di contentezza per la possibilità di un ultimo ripasso e di delusione per aver sprecato quel picco adrenalinico pronto al confronto. Due ore e poi un *tête à tête* con mio padre. Ricominciai a vagare per casa finché in camera di mia madre non fui attratto da una foto del matrimonio dei miei.

Avevo visto quella foto tante volte, si può dire che facesse parte della tappezzeria di camera di mamma. Nella foto c'erano Romano e Maurizia in abiti nuziali, sorridenti e abbracciati. La cosa che mi aveva colpito di quella foto dalla prima volta che l'avevo vista era il taglio di capelli da maschio di mia madre. Sembrava un ragazzino scappato di casa. Una via di mezzo tra Giovanna d'Arco e uno scugnizzo. Da sempre i capelli di mia madre per me e per tutti erano uno degli elementi che caratterizzavano la sua bellezza. Perché aveva voluto mortificare così la sua immagine? Perché imprimerla per sempre su delle foto che avrebbero (in teoria) dovuto testimoniare uno dei momenti più felici della sua vita?

Non c'era una sua immagine precedente né posteriore tra le foto di famiglia che replicasse quello scempio. Mah. Questa volta però mi resi conto che non ero davanti a quella foto a stupirmi per l'ennesima volta del delirante look nuziale di mia madre, non ero lì per lei, ero lì per lui. Avevo sempre guardato quella foto con sguardo selettivo, escludendo la parte sinistra, quella con Romano. Non m'interessava? Avevo paura di guardarlo negli occhi anche solo in foto? Forse tutte e due. Ora però lo stavo fissando. Sentivo un coraggio nuovo e mi stavo confrontando a brutto muso con... la sua foto. Eroico, non c'è che dire. Patetico, più che altro, anche perché Romano nella foto continuava a sorridere per niente intimorito.

«Che fai camera tua madre?» Questa volta fu Kidàn a farmi spaventare e a farmi fare un bel salto. Tra le tante mansioni di Kidàn c'era anche quella non ufficiale di guardiana dei territori. Non istruita ma intelligente, Kidàn aveva presto intuito buona parte del non detto della nostra famiglia. Aveva capito che più che un nucleo eravamo delle singole fortezze autosufficienti, preoccupate soprattutto di difendersi le une dalle altre attraverso delle regole ferree, indispensabili al funzionamento di una convivenza altrimenti impossibile. Insomma, la stanza di ognuno era off-limits per gli altri. La scusa per i suoi interventi era sempre la stessa: qualsiasi cosa tu stessi cercando in quella camera, visto che non era la tua, lei la poteva cercare meglio. Kidàn anche senza stella sul petto, come sceriffo sapeva farsi rispettare.

Alle 13.45 Romano, alla guida del suo vespino 50 arancione, varcò la soglia del cancello annunciandosi con la sua tipica sgassata prima di spegnere il motore.

E ora? Che dovevo fare? Tutte le teorie, le strategie o anche il più piccolo pensiero razionale si stavano mischiando mentre una dispercezione spazio-temporale, paralizzandomi, m'inchiodava a una delle poltrone bordeaux del salotto.

Penso che sia nato lì un mio successivo incubo ricorrente: dover andare in scena senza sapere le battute.

Avevo pochi secondi per coniugare paura, aggressività, curiosità e diplomazia, nel tentativo di trovare un equilibrio emotivo sufficiente ad affrontare mio padre, ma soprattutto per riportare il mio battito cardiaco a un livello sopportabile.

Contavo a memoria i suoi passi dal parcheggio alla porta di casa, ormai ero sicuro che mi avrebbe trovato su quella poltrona. Una statua di sale incapace di proferire parola. Pronto per il ricovero in una struttura specializzata.

Meno tre, due, uno… chiave nella serratura…

Mi alzai dalla poltrona e gli andai incontro.

I saluti e l'argomento fine leva si esaurirono giusto nel tempo che impiegò Romano a compiere i suoi abituali riti da rientro a casa. Io lo seguivo rispondendo alle sue domande con pochissimi commenti aggiuntivi. Comunque a quell'ora, tarda per il suo consueto orario di nutrimento, a mio padre premevano soprattutto due cose: mangiare e poi fare il suo sacro riposino. Il pranzo noi due soli era diventato un classico da quando mia sorella Rossella non viveva più lì, Pia era morta e mia madre era per la maggior parte del tempo a Milano.

L'abbigliamento di Romano, considerato a dir poco informale, con il rifiuto sistematico della cravatta e la camicia aperta fino all'ombelico con pelo strabordante anche d'inverno, in casa diventava primordiale. La sua divisa era il pigiama: per carità, su misura e di ottima fattura, ma comunque logoro, retaggio di una cura della propria immagine che la pancia di Romano rivelava appartenere ormai al passato.

In più, nella versione estiva e nei momenti d'intensa calura come quei giorni, egli si concedeva un'ulteriore piccola deroga al suo rigido dress code: il mezzo pigiama, ossia solo la parte di sotto. Questo, tra l'altro, è uno dei motivi per cui da bambino e poi da adolescente ero restio a invitare amici. Avevo dovuto rendermi conto, con grande imbarazzo, che la loro presenza non riusciva a modificare di un "calzino" l'abbigliamento di mio padre. Eppure, sembrerà strano, (e a me sembra impossibile), pare che un tempo Romano fosse stato uno fico, niente meno che un *tombeur de femmes*.

Non parlava mai di sé o del suo passato con me e devo dire che da parte mia non avevo mai mostrato nessun interesse sull'argomento. Non c'erano mai state serate di "ricordi e racconti davanti al caminetto". Quello che sapevo, lo avevo appreso per la maggior parte da conversazioni in mia presenza con altri o da mia sorella che si era mostrata sempre più curiosa.

Un ragazzo brillante: precoce ingegnere edile ma subito annoiato dalla vita di cantiere, aveva avuto il coraggio di cambiare del tutto scenario diventando giornalista sportivo, specializzato in corse di cavalli. Nell'ambiente giornalistico aveva conosciuto Pietro Garinei e Sandro Giovannini che lo avevano coinvolto nel loro nascente sodalizio artistico e nel progetto del teatro Sistina, di cui divenne capo ufficio stampa a vita. Testimone e partecipe della dolce vita romana, la leggenda narra che in una delle sue folli notti fosse riuscito, addirittura, a combinare qualcosa con Brigitte Bardot. Sarà...

A guardarlo in quel momento a 68 anni con indosso quei pantaloni sdruciti del pigiama a righe, il pancione teso e la pelle cotta dal sole sembrava solo un evaso dai lavori forzati. Romano, già molto scuro di pelle, non pago, stimolava la produzione di melanina anche d'inverno con costanti lampade solari casalinghe. Va detto, per chi non ha la mia età, che le lampade di allora non avevano niente a che fare con quelle di oggi. Erano oggetti insani grandi come stufette che emanavano potentissimi e caldissimi raggi ultravioletti. L'esposizione consigliata partiva da un minuto iniziale fino ad arrivare a un massimo di quindici. Mio padre se ne sparava trenta minuti quasi tutti i giorni. Dopo il sole bruciante di quell'estate, si poteva dire che avesse cambiato nazionalità.

Entrai in sala da pranzo dove Romano mi aveva preceduto. Lo trovai già intento a servirsi famelico dal vassoio di pasta che gli porgeva Kidàn. La sua corpulenta silhouette in controluce per il finestrone alle sue spalle mi fece pensare a un buco nero. La televisione era accesa come sempre sulle notizie e come sempre mio padre ne era rapito. Soprattutto da quelle sportive. Se a tavola ci fosse stata mia sorella ci sarebbe stata la possibilità di un dibattito, magari ispirato da qualche notizia e dallo spirito battagliero e polemico di Rossella, ma io e mio padre approfittavamo tacitamente di quel sottofondo per eliminare il fastidio di cercare altri argomenti di conversazione, una volta esauriti quelli pratici. Mi ripeté in buona parte quello che mi aveva già detto Kidàn e io narrai qualche altro insignificante aneddoto del militare. Il pranzo proseguì silenzioso. Un pranzo come tanti altri.

Non era quello che volevo? Che avevo sperato? Passare indenne lo scoglio del rientro in famiglia? E non era proprio ciò che stava avvenendo? Tutto normale. Eppure, non c'era niente di normale. Facevo fatica a ingoiare ogni boccone. Come se insieme alla pasta stessi cercando di mandare giù anche qualcos'altro, qualcosa che non ne voleva proprio sapere di lasciarsi inghiottire. E in bocca non avevo il sapore del sugo di Kidàn, ma un sapore diverso, aspro e ferroso: quello della sconfitta. Alla mia età non ero certo nuovo a quel sapore ma in quel momento risultò incongruo. Non era successo niente, non c'erano stati scontri, come poteva esserci una sconfitta? La mia, poi?

Mio padre, intanto, incamerava cibo e notizie non curandosi di me che, all'apparenza, facevo altrettanto. Trangugiato il suo pasto fino al dolce con straordinaria velocità, si alzò. Non aveva nessuna importanza per lui che io non avessi ancora finito di mangiare, le sue tabelle di marcia non conoscevano galatei. «Ti ritrovo?», intendendo alla fine della sua catalessi digestiva. «Non lo so.» Non mi chiese se sarei tornato per cena dandolo per scontato, non avevo ancora visto mia madre.

Lo guardavo allontanarsi dalla sala da pranzo trascinando le pantofole e grattandosi la pancia. Aveva capito o no che l'avevo risparmiato? Aveva almeno intuito, tremando, la presenza di una pistola carica nella mia mano sotto il tavolo? Lo sapeva che mi sarebbe bastato un solo colpo di quel calibro per ribaltare dalla sedia lui e il suo gelato alla fragola? *Pam!* "Scusa papà... si dice che non sia figlio tuo ma di Domenico Modugno... ti risulta?" *Pam... Pam!* "Romano, mi passeresti i fagiolini? Ops... volevo dire papà... vabbè visto che non sei mio padre è lo stesso." Be', ho preferito non arrivare a tanto, ma cazzo! Come poteva non aver udito quello che il mio mutismo aveva gridato con tanta forza? Come aveva fatto a non leggere sul mio volto da statua di cera la minaccia così chiara? La risposta più eloquente ai miei dubbi era Romano che, incurante, si allontanava sbadigliando.

Allora mi alzai di scatto dalla sedia, mi affacciai alla porta della stanza e fermando mio padre che era arrivato a metà del corridoio gridai:

«Ehi, sacco di lardo... per questa volta ti è andata bene. Ma sappi che se t'incontrerò ancora sulla mia strada ti ucciderò.»

E lui: «E come farò a sapere che sono sulla tua strada?».

E io: «Sentirai lo sparo».

Non è vero. Non andò così. Kidàn, fedele alle sue traiettorie, iniziò a sparecchiare e quando ebbe finito abbassò per metà la serranda raccomandandomi di completarne la chiusura prima di lasciare la stanza. Spensi il televisore e nella penombra calò il silenzio. Anche Kidàn andò a riposare, approfittando dell'assenza di mia madre che, non facendo riposini, spesso nel dopo pranzo la coinvolgeva in maniacali riorganizzazioni degli spazi.

La domanda era questa: con chi si sarebbe schierato il pubblico? Dalla parte del panzone che ignaro aveva sfiorato le pallottole uscendo indenne da un incontro col destino o da quella del ragazzo che nascondendosi dietro una magnanimità di facciata non aveva avuto le palle per sparare? Fastidiosa persistenza in bocca del sapore ferroso. Una lama di luce sgattaiolando tra le listarelle della persiana mise in risalto uno sbaffo di polvere sulla cornice di un quadro appeso al muro di fronte a me: una marina di Messina. Probabile retaggio del ramo siculo di mia madre. Un olio, dei primi del Novecento, raffigurante il felice ritorno di barche all'alba dopo una notte di pesca abbondante. Più di una volta mi ero estraniato in quell'immagine durante i momenti meno edificanti dei nostri pranzi: l'ideale durante le sfuriate di mio padre con sua madre o durante qualche sterile discussione politica tra mio padre e mia sorella.

Nel quadro s'intuiva la visione ottimistica dell'autore. Uomini stanchi ma soddisfatti, che tornavano a casa allo sbiadire delle stelle, carichi di pesce. Per la prima volta mi risultò nauseante e stolida l'ingenuità di quel messaggio di vita e speranza. Quella era Messina, no? E quella poteva benissimo essere l'alba del 28 dicembre 1908! Da lì a pochi minuti un devastante terremoto con conseguente tsunami l'avrebbe spazzata via insieme a gran parte della costa nordorientale della Sicilia. Possibile che quell'imbecille di pittore non si fosse reso conto di quanto sarebbe stato sciocco e inutile immortalare l'apparente tranquillità e scorrevolezza della vita? L'"onda anomala" che ti manda a gambe all'aria, capita a tutti... no? No, con il tempo ho capito che no, non capita a tutti.

Mi chiusi in salotto a fumare. Dopo qualche accordo di chitarra, in preda alla smania, decisi di uscire a farmi un giro. A settembre, alle due e mezzo del pomeriggio e con quel caldo non avrei avuto molte mete, ma dovevo scappare dal bunker.

5

Ero fuori.

Il sangue si scalda e circola più rapido, il cuore aumenta i battiti, la vespa la velocità. Luce accecante che nasconde la desolazione della città e dell'anima. Aria tangibile, umida e avvolgente come un mantello bagnato. Ancora più veloce, il vento nasconde il rumore del motore e dei pensieri che esplodono. Fuoco, rovine, cumuli di macerie. Mani sporche e ferite che annaspano tra i sassi e la polvere per uscirne, per tornare di nuovo a respirare.

Ho detto che le mete non erano molte, ma in realtà ne avevo solo una: Villa Balestra. Per essere più preciso, il parchetto della villa. Poche centinaia di metri quadri sui Monti Parioli affacciati su piazzale delle Belle Arti. Questo fatiscente giardino nel cuore dei Parioli, seppur senza nessuna attrattiva di tipo botanico paesaggistico, è da sempre luogo di ritrovo e di svago dei giovani pariolini. Pariolini, già.

Aggettivo ambiguo. Oltre, come è ovvio, la sua accezione territoriale a indicare gli abitanti di uno specifico quartiere di Roma nord, i Parioli, quest'aggettivo viene spesso usato per connotare una categoria di persone ricche, fighette, superficiali e fancazziste. Ai Parioli, come d'altronde nelle zone residenziali altoborghesi di tutte le città, è facile incontrare personaggi che corrispondono a questa definizione, ma è troppo semplicistico.

L'incolto parchetto ai tempi ne era la prova. Alla Villa, come la chiamavamo, potevi trovare di tutto: eroinomani che scroccavano sigarette a noti chirurghi, ricchi diventati rapinatori per noia, baccalaureati cocainomani, diplomatici diseredati dediti allo spaccio e frotte di passeggini costosi come Ferrari spinti da multietniche tate.

Negli anni Ottanta le giovani generazioni benestanti, anche se non tormentate da particolari paure sul futuro, avevano comunque il loro bel da fare con genitori spesso assenti, anaffettivi e narcisisti. Uomini e donne concentrati solo su se stessi, su un presente scintillante e un domani che sembrava promettere loro qualsiasi cosa. Ragazzi orfani del trapassato Sessantotto che vedevano nel rifiuto dei loro destini, pianificati dalla nascita, l'unico atto di ribellione possibile. Alla ricerca di antagonisti credibili, accumulavano rabbia, scagliata poi con forza centripeta contro i propri familiari e i loro ipocriti schemi sociali. Bambini cresciuti dalle tate, dalle nonne e dalla solitudine. "Affetti placebo", a volte salvifici ma la maggior parte delle volte inutili o insufficienti a dare equilibrio a ragazzi di fatto abbandonati a se stessi.

Era finito da tempo il periodo in cui potevo passare a Villa a qualsiasi ora e trovare qualcuno. Non era più il luogo dove potevo scappare a leccarmi le ferite sicuro di essere consolato. Ma detto ciò, quel parco rimaneva comunque la miglior alternativa a casa.

La Villa. Brulla, incolta con i suoi pini alti e smilzi come aculei residui sulla schiena di un vecchio istrice. Arsa e assetata dopo un'estate di fuoco. Gialla, come l'oro del prato bruciato e ispido. Così poco accogliente, con la sua scarsa ombra e le rare panchine. Deserta. Decadente come una vecchia tomba. Bellissima.

Ai primi passi sullo scarso ghiaino del parco, il caldo feroce e la desolazione stavano per farmi rivalutare l'opportunità di quella passeggiata. Poi, un colpo di fortuna! Leonardo era aperto. Leonardo è il bar di Villa Balestra, o meglio è il proprietario del bar di Villa Balestra da noi identificato da sempre solo con il suo nome. Questo perché negli anni (si può dire che ci ha visto crescere) Leonardo era diventato una specie d'amico. Dico una specie, perché a volte a compromettere il decennale rapporto con lui s'intrometteva il fattore commerciale.

In quegli anni la ricca borghesia era solita tenere un conto aperto presso i commercianti. La fiducia nell'economia e nella solvenza del prossimo era all'apice. Di conseguenza, i giovani pariolini, imitando i genitori, non disdegnavano di lasciare i loro "buffetti" in giro e da Leonardo era un classico. Finché qualcuno non pagava. Faceva il furbo? Non riusciva a gestire le ondivaghe finanze giovanili? Fatto sta che ogni tanto Leonardo era costretto ad aggirarsi tra le panchine avvolte dal fumo delle canne per "pizzicare" i suoi debitori.

Il nostro occhio allenato riconosceva la figura di Leonardo anche al buio e dalla panchina più lontana e la maggior parte delle volte al suo arrivo eravamo già volati via come uno stormo di uccelli all'avvicinarsi di un grosso cane maldestro. Ma ogni tanto, sarà stata la fattanza o distratti da una ridarola di gruppo, ci facevamo sorprendere e con scenette tra il comico e l'imbarazzante non di rado Leonardo riusciva a recuperare i suoi crediti.

A me non era mai successo per due motivi: il primo, mio padre aveva sempre criticato la dinamica del mettere in conto vietandone l'uso a tutta la famiglia. E il secondo è che Romano girava con più soldi in tasca di un narcotrafficante e non aveva problemi a pagare in contanti quasi ogni merce.

Va detta una cosa in difesa degli amici morosi. Il bar di Villa Balestra era ed è uno dei posti più cari di Roma. Con la scusa della qualità dei prodotti (reale), l'originalità del luogo e approfittando del fatto che per trovare un altro bar bisogna uscire dalla villa e fare chilometri, vende i suoi prodotti a prezzi così alti da essere ridicoli, o meglio, vergognosamente "pariolini". Noi frequentatori abituali, con necessari accorgimenti del tipo non sedersi mai ai tavoli o evitare determinati prodotti, riuscivamo, si fa per dire, a contenere la spesa. All'ignaro avventore, invece, che incosciente e felice portava la sua ragazza a prendere un frullato facendosi rapire dal tramonto nell'ameno baretto, come si dice a Roma, Leonardo "staccava le 'recchie". Un tramonto indimenticabile.

Bene. Con Leonardo aperto, la mia presenza a Villa poteva avere un senso. Scartai l'ipotesi di una canna, temevo che il caldo mi potesse provocare un calo di pressione facendomi finire faccia avanti nella ghiaia. Meglio una semplice sigaretta. Poi un costosissimo frullato.

Sul lato opposto al bar di Leonardo, nella parte bassa della Villa, c'è una zona scoscesa e più incolta, l'unica ombreggiata. Da lì si vede er Cuppolone. Da diversi anni, in conseguenza dell'inarrestabile "furia animalista", è stata recintata e trasformata in un'area cani... che dire. Nel 1987 era ancora il posto migliore dove fumare in pace. Seduto a terra sull'unico spelacchiato fazzoletto d'erba sfuggito all'incandescenza dell'estate, ascoltavo stupito il potente frinire di un'unica disperata cicala guardando il fumo della sigaretta che sostava immobile nell'aria.

Che ci facevo lì? Sarebbero bastati un telefono e la mia agenda per riconnettermi al mondo, non avevo bisogno di andare in cerca di sopravvissuti.

Amici, lavoro, amanti... c'era tutta la mia vita in attesa fuori dal cancello di Villa Balestra. Di prepotenza mi tornò in mente Silvia e stralci della nostra conversazione.

Soppesavo le sue parole. Pur senza provare un vero risentimento verso di lei, mi era rimasta la spiacevole sensazione fisica che ricevere la sua rivelazione fosse stato come essere colpito da una grossa pietra sulla testa. Ora sentivo il peso di quella pietra nella mia mano e non sapevo cosa farne. Come poteva essere così pesante una pietra che entrava in una mano? La sua massa imprevista mi piegava il braccio impedendomi di fare l'unica cosa che avrebbe avuto un senso: tirarla sulla testa di qualcun altro.

L'idea di attraversare l'infuocato giardino per un frullato di Leonardo stava perdendo forza, temevo l'obbligo di una conversazione con lui. La cicala stremata si era fermata, o forse era morta, come i miei pensieri. Nel silenzio, ora totale, se fosse caduto a terra un ago di pino avrebbe fatto un rumore assordante. Il tempo stava rallentando come un vecchio giocattolo meccanico che esaurisce la carica, sembrava in procinto di fermarsi.

Guardai l'orologio. Cazzo! Si era fermato davvero. Era ancora troppo presto per tornare a casa. Ero "scappato" per evitare un secondo incontro con mio padre al risveglio dal riposino. Visto com'era andato il primo o meglio, come *non* era andato, preferivo conservare le energie per il secondo match a cena.

Un banale ma saggio proverbio popolare dice: non c'è peggior cieco di chi non vuol vedere o peggior sordo di chi non vuol sentire. Mi permetto di aggiungervi una postilla: non c'è peggior scemo di chi non vuol pensare. Mio padre, mio padre, mio padre... ero così preoccupato da lui da non riuscire a mettere a fuoco il vero problema. Nonostante i 38 gradi, c'era un grosso iceberg che si avvicinava danzando sulle acque: mia madre. L'inevitabile rotta di collisione con lei rendeva il mio navigare a vista incosciente e rischioso.

Con Romano c'era sempre stata la guerra. Prima mazzate e poi indifferenza, ma sempre e comunque guerra. Pensare invece di riportare mia madre sulla terra per sottoporla a critiche e recriminazioni, prevedeva un tipo di comportamento per me nuovo e a dir poco sconosciuto.

L'avevo sempre assolta. A 13 anni seguendola in bicicletta con il mio amico Alessandro, avevo scoperto i suoi tradimenti. Appostati con un binocolo, a debita distanza, spiavamo gli incontri di mia madre con il suo amante in un parcheggio.

Vista la goffaggine di noi ragazzini, si accorse presto di essere spiata. Affrontò la questione senza imbarazzo e con sublime nonchalance mise a parte anche mia sorella del segreto. Presentò la questione come un evento inevitabile. Giustificò il suo comportamento come quello di una fanciulla indifesa prigioniera di un mostro (una personalissima rilettura de *La Bella e la Bestia*). Poco tempo dopo, mio padre era fuori per lavoro, durante una cena con altri amici presentò a me e a mia sorella un suo collega: era lui, il suo amante. Un tipo simpatico, un ballerino. Sapeva fare degli incredibili giochi di prestigio. Ricordo che fui tentato di chiedergli se ne conoscesse uno per far sparire Romano. La mancanza di empatia di noi figli con Romano aveva fatto sì che ogni sgarbo di mia madre nei suoi confronti ci trovasse sempre compiaciuti o come minimo indifferenti. Quella sera prima di addormentarci con Rossella commentammo a lungo quell'incontro, eccitati.

E ora mi sarei dovuto presentare da lei come colui che aveva smascherato il suo doloso fallimento come moglie e madre? Sarebbe stato un bel cambiamento, non c'è che dire. Eppure, chissà perché ero ancora convinto che l'incontro con mia madre, in fondo, non nascondesse delle vere insidie. M'illudevo che la confidenza del nostro rapporto amicale lasciasse ancora un canale di comunicazione intimo. A dire il vero, le modalità di quel rapporto le aveva stabilite lei sin dall'inizio, e solo a fini strategici. Per nulla interessata a conversazioni con noi figli su argomenti domestici che so, tipo la scuola o i nostri amichetti, preferiva trattarci da amici narrando storie intime della sua vita "oltre noi". Perché dunque non avremmo dovuto ridere insieme di questa novità? Questo gradito e imprevisto elemento mortificante nella storia di Romano sarebbe potuto diventare il clou del nostro dileggio verso di lui. Un magnifico scherzo architettato insieme ai danni del nostro aguzzino. Insomma, con lei si trattava solo di trovare il momento giusto e tutto si sarebbe chiarito, magari ridendoci su.

La villa si stava rianimando, un signore anziano e una coppia di ragazzi erano stati trascinati lì dall'impellenza dei loro cani. Era giunto il momento del frullato.

L'assenza del vespino di Romano nel parcheggio mi confermò che avevo calcolato bene i tempi. Kidàn, con rinnovata lena dopo il riposo, stava stirando. Il resto della casa era come lo avevo lasciato: buio e silenzioso.

Arrivò dalla sala prove trafelata, felice e ansimante. Le

andai incontro. Quando mi vide mia madre s'illuminò e allargò le braccia: «Il mio bambino!».

Ci abbracciammo e lei schioccò diversi baci. Abbracciandola, sentii la tonicità e il calore del suo corpo appena allenato. Una coreografa più in forma del suo corpo di ballo. Unica nota stonata, dall'ultima volta che l'avevo vista, aveva cambiato il colore dei capelli. Aveva ceduto al classico schiarimento da cinquantenne (aveva 48 anni), mossa preventiva all'infittimento di capelli bianchi. In più aveva un taglio che oggi definirei in modo un po' dispregiativo anni Ottanta.

Ora so quanto la bellezza di mia madre sia stata uno dei veicoli principali del mio amore per lei. Per nutrire un rapporto di cui non potevo fare a meno, in mancanza della "polpa", sgranocchiavo la "buccia". Riconoscendo alla sua mitica immagine un potere inesistente. Credevo fosse la luna, un satellite luminoso e affascinante. In realtà era una pietra arida e fredda, bella da guardare solo da lontano.

L'energia di mia madre si propagò in casa come un improvviso ripristino di corrente e tutto sembrò rianimarsi come in un vecchio luna park abbandonato. Feci anche a lei un piccolo resoconto sul militare mentre si preparava per la doccia. Continuai a chiacchierare seguendola in bagno. Il bagno di mia madre era minuscolo e con la doccia, quello di mio padre e mia nonna enorme e con la vasca ma nonostante questo noi figli usavamo quello di mia madre. L'altro, soprattutto per la presenza di mia nonna, ci faceva schifo. Maurizia non aveva mai avuto inibizioni a mostrarsi nuda a noi figli e altrettanto noi con lei, perciò continuammo la conversazione io seduto sul bidet e lei sotto l'acqua. Faceva battute e rideva alle mie. Mi disse qualcosa sul suo lavoro, sempre in chiave ironica e poi manifestò un po' della sua tipica ansia da partenza. Quando finì la doccia uscii dal bagno, le pratiche di asciugatura e le routine di bellezza richiedevano spazio.

«Ah... siete qui.» Uscendo dal bagno incontrai mio padre appena rientrato. La sua presenza, scontata ma in anticipo sulla tabella di marcia, mi infastidì. Lo squillo del telefono mi diede un ottimo e rapido pretesto per evitare un altro inutile scambio di parole con lui. Arrivò a rispondere prima Kidàn.

Non potevo più continuare a ignorarlo, il mondo stava bussando alla mia porta: era Fabio, il mio amico del cuore. Mi aspettavo quella telefonata. Fabio era l'unico con cui avessi mantenuto un contatto costante durante tutta la leva e conosceva il giorno del mio "rilascio". L'orario no. Aveva di sicuro aspettato tutto il giorno un mio segnale e non avendolo ricevuto, lo stava dando lui. Senza dubbio non gli era sfuggita la mancanza di notizie degli ultimi giorni e conoscendolo era preoccupato e anche incazzato. Infatti.

«Ma dove diavolo...»

«Ma perché cazzo...»

«Si può sapere che fine...»

Inventai un guasto alle linee telefoniche del Celio.

«Meno male...»

«Avevo temuto...»

«'Sta SIP di merda.»

Poi cominciammo una conversazione normale in cui decidemmo che ci saremmo visti dopo cena. A Villa Balestra, ovviamente.

Ore 20, i Camilli vanno a tavola.

Se non avessi saputo che mia madre era in casa, vedendola avanzare per il corridoio avrei pensato all'apparizione di una creatura silvestre. Veniva verso la sala da pranzo avvolta da una serie di stoffe svolazzanti contenute da una vestaglia di seta slacciata che le faceva da mantello. Il tutto sulle tonalità del verde, soprattutto smeraldo come la maschera rinfrescante che aveva in viso, *ton sur ton* a completare la surreale apparizione. Faceva spavento. Romano, come un Troll al servizio della creatura, mezzo pigiamato, la seguiva a pochi passi. Mi accodai al Tolkieniano duo e ci accomodammo a tavola. Kidàn arrivò con la pasta e quasi le cascò dalle mani quando mia madre, con effetto studiato, voltò il viso di scatto verso di lei. Sobbalzando disse qualcosa d'incomprensibile in etiope (penso l'equivalente di "mortacci tua, che te sei messa in faccia") e si fece il segno della croce. Mia madre cominciò a ridere, ma cercando di non farlo per non rovinare la maschera di bellezza che si stava solidificando. Emetteva solo un suono acuto e prolungato. Anche a me venne da ridere mentre mio padre, che riusciva a resistere, lanciava sguardi di compatimento a Kidàn e di disapprovazione a me e mia madre. Dopo il momento ilare la conversazione tornò per qualche minuto sul militare, poi qualche accenno su Castiglioncello e le vacanze di mia sorella. Finiti gli argomenti comuni, mio padre cominciò a parlare con mia madre di lavoro e io a interpretare il mio ruolo preferito: il muto e assente spettatore.

Di norma non mi era difficile estraniarmi, facendo finta di guardare la tv sempre accesa, oppure soltanto pensando ai fatti miei, ma qualcosa non andava: continuavo, mio malgrado, a seguire la loro conversazione. Non tanto l'argomento, ma più i loro atteggiamenti, i toni, il linguaggio dei corpi. Non potendo fissarli, il mio sguardo continuò a muoversi tra il piatto e la televisione con naturale cadenza. Romano preciso e pedante come al solito, esponeva le sue teorie, Maurizia laconica e sbrigativa come sempre le confutava (o almeno credeva) e andava oltre. Niente di nuovo. Una delle tante conversazioni tra loro, inutili e senza senso. Eppure, fino a quel momento, un senso l'avevano avuto.

Quella inutile e sterile pantomima, interpretata da una coppia nella sostanza inesistente, al solo scopo di rappresentanza, seppur considerata da me la cosa più vicina al caos, era pur sempre il mio caos. Lo conoscevo, avevo imparato con fatica a muovermi nella sua oscurità. Ci avevo messo una vita a capire come schivare rottami e macerie dalle traiettorie impazzite e a volte mortali. Quel caos, avevo addirittura imparato a ignorarlo.

Ora qualcuno aveva acceso una luce, fredda, forte, implacabile. E il caos illuminato e svelato perdeva il suo fascino rivelandosi una realtà più semplice, lineare, però meschina e ignorante. Un presente e un passato fatti di bugie che facevano predire un futuro non difficile da immaginare. Paure, compromessi, anaffettivo egoismo. Ero seduto a tavola, ma mi sentivo il protagonista di *Arancia meccanica* con un marchingegno infernale che mi teneva spalancati gli occhi. La luce abbagliante non lasciava scampo, ero costretto a guardare "davvero". Forse per la prima volta.

Ignari delle mie riflessioni, Romano e Maurizia continuavano la loro conversazione. Appresi che l'indomani mia madre avrebbe passato tutto il giorno in sala prove e la sera avevano in programma una cena da amici. Il giorno dopo ancora, la mattina, mia madre sarebbe partita. Insomma, calcolando che di lì a breve si sarebbero imbambolati davanti ai rispettivi televisori con i rispettivi amari "digestivi" (subdolo aggettivo che ha provocato non poche cirrosi epatiche, non ultima quella di Romano), quelli si potevano considerare gli ultimi momenti "intimi" della coppia. Anch'io mi resi conto che non avrei avuto più occasione di parlare con mia madre. Due giorni dopo all'ora X, mia madre, radiosa, sarebbe montata su un taxi e... *au revoir*. Se ne riparlava a Natale.

Romano: «Esci?».

Io: «Sì». Conversazione chiusa.

Mia madre: «E dove vai, bimbo? Già ti lanci nelle follie della notte?».

Io, stando con fatica al gioco: «Eh... chissà. Intanto mi vedo con Fabio».

«Ah, carino Fabio, salutamelo... è bello che siete ancora tanto amici.»

Come da copione, si alzarono da tavola quasi in contemporanea e prelevate dal vassoio dei liquori le rispettive bocce si diressero alle loro differenti postazioni televisive.

Bene, il bilancio dell'incontro con mia madre era presto fatto. Tutto normale anche con lei. In pratica un altro totale fallimento, un altro "rimbalzo". Non mi ero creato false aspettative in proposito, va detto. La prevedibilità dei suoi comportamenti e l'automatico adattarsi dei miei era storia scritta già dall'incontro con mio padre. Di nuovo, avevo recitato il mio ruolo nella farsa con naturalezza. Avevamo detto tutti le nostre battute in maniera automatica, sì, ma fluida e credibile. Ora mi domandavo per quanto ancora sarei stato in grado di mantenere quella naturalezza, quanto ci avrei messo a diventare "stonato".

Ma il malessere provato in loro compagnia era più forte del disagio della possibile perdita di un personaggio. Non riuscivo a vedere come sarebbe andata avanti la mia vita. Come potevo immaginare un futuro se non capivo quale fosse il presente? Che cosa era quello che avevo davanti? Un muro. E dietro questo muro alto e con il filo spinato la nostra famiglia, un microcosmo meschino e cristallizzato abitato da sonnambuli. E io, all'improvviso sveglio.

6

Di nuovo in sella. In una città che stentava a rianimarsi.

Sdegnata dal latitante Ponentino, Roma, grata al sole per aver finalmente interrotto su di lei il diurno supplizio, si preparava a una serata calda ma respirabile. I pochi pallidi lavoratori romani, azzardando passi incerti sull'asfalto ancora bollente, cominciavano a far capolino dal loro rintanamento pomeridiano per godersi un lento e languidissimo crepuscolo.

Il tragitto da casa a Villa era molto breve e per quanto rallentassi l'andatura del Vespone, sarei stato lì in pochi minuti. Il mio amico Fabio, puntuale come me, era di sicuro già arrivato. Più mi avvicinavo e più non sarei mai voluto arrivare. Avrei voluto andare oltre...

Dall'inizio di via Ammannati riconobbi subito la nota sagoma dell'appariscente maggiolone cabrio arancione di Fabio. Ero affezionato a quella macchina. Qualche anno prima, quando Fabio aveva fatto il militare come ufficiale di cavalleria a Pinerolo, me la aveva affidata come una figlia per tutta la durata della sua leva.

In quel periodo giravo ancora con la Fiat 125 Special di mio padre, passata a me per i suoi ultimi rantolanti chilometri di vita; il maggiolone cabrio di Fabio... una svolta.

Il mio amico Fabio. Non era stato facile costruire il nostro rapporto. Non era cominciata come una vera e propria amicizia. Il contatto tra le nostre famiglie risaliva ad ancor prima che noi nascessimo. La madre di Fabio, Simonetta, andava a ripetizioni di matematica da Camillo Camilli, il padre di Romano. Poi la coincidenza dello stesso luogo di vacanze, Castiglioncello. I miei avevano scelto l'incantevole paesino toscano in provincia di Livorno, reso noto dalla pittura dei Macchiaioli e dai soggiorni di D'Annunzio, per il suo *côté* artistico teatral-cinematografico e per la presenza di molti dei loro amici: Marcello e Flora Mastroianni, Paolo Panelli e Bice Valori, Alberto Sordi, la poliedrica e intellettuale famiglia D'Amico e tanti altri che facevano di Castiglioncello uno dei luoghi più in voga e divertenti degli anni Sessanta e Settanta.

La famiglia di Fabio, invece, aveva scelto Castiglioncello su consiglio della famiglia Bulgari della quale Simonetta, esperta di gioielli, era stretta collaboratrice da anni. I Bulgari possedevano anch'essi una splendida villa nel paese. A Castiglioncello io e Fabio, sì ci incontravamo, ogni tanto ci frequentavamo, ma andavamo in lidi diversi, io al Miramare e lui all'Ausonia e questo poteva influire parecchio su una giovane amicizia. Tra i due bagni e relative bande di pischelli c'era una certa rivalità e chi familiarizzava troppo col nemico non era visto di buon occhio. Arrivati gli anni del liceo, il nostro fragile legame sembrava destinato al suo epilogo. Ero un anno avanti e l'entrata nel mondo dei ginnasiali prima di lui sembrava essere un allontanamento definitivo senza possibilità di ritorno.

Non andò così. Il mio approdo al quarto ginnasio non fu quello sperato, soprattutto dai miei genitori.

Nel 1975 a 13 anni, ormai colmo della gratuita violenza di mio padre, frustrato da anni d'inutili repressioni tra le mura domestiche, ero pronto a dare inizio all'attesa rivalsa nei confronti del mondo. Purtroppo il mondo, in quel momento, erano i miei compagni di scuola.

Finii dal preside per rissa due volte nel primo mese e poi svariate volte nel corso dell'anno. Nel primo quadrimestre accumulai un mese d'assenza andando a giocare a biliardo o rimanendo da sfacciato a giocare a flipper davanti a scuola. Per far ridere gli amici, al culmine dell'arroganza, salutavo, come se nulla fosse, i professori che entravano al bar per un cappuccino e che strabuzzando gli occhi increduli ricambiavano la bravata con sguardi carichi di minacce. Falsificavo firme, rubavo soldi ai miei e avevo messo su una discreta e redditizia ricettazione di pezzi di motorini. È naturale che per supportare il tutto erano necessarie una quantità di bugie e di cazzate a livello industriale.

Insomma, ero una furia. Furia sì, ma non capra, per cui nonostante il 7 in condotta fisso a ogni quadrimestre mi barcamenavo in quasi tutte le materie. A fine anno non potendomi bocciare *d'emblée*, mi rimandarono in maniera arbitraria a settembre nelle due materie in cui ero più debole, latino e matematica.

Era evidente, si trattava di una punizione alla mia condotta più che alla mia preparazione, un severo monito verso i miei atteggiamenti arroganti e strafottenti. Dunque, ci si aspettava da me una sorta di maturazione estiva che dimostrasse nell'esame a settembre, oltre a un approfondito recupero delle materie anche un nuovo atteggiamento, più propenso alla disciplina e alla didattica. La certezza di perdere un anno e l'aggressione, come minimo verbale ma con più probabilità fisica, da parte di mio padre in caso di fallimento erano senz'altro un incentivo molto forte per un ravvedimento.

"Infatti" quell'estate, dell'esame di recupero, me ne fottei completamente. Mi bocciarono.

LE SCENE DELLA REAZIONE DI ROMANO SONO STATE CENSURATE PER NON URTARE LA SENSIBILITÀ DEL LETTORE.

Il 1° ottobre 1976, primo giorno della mia seconda IV ginnasio, rimasi di stucco quando con l'aria sovreccitata e spaventata di un bambino lasciato solo dalla mamma per la prima volta, trovai in classe Fabio. In realtà c'era una logica. Abitavamo entrambi molto vicini a quel Liceo classico, il Mameli. I genitori di Fabio, come i miei, erano persone di sinistra che preferivano mandare i figli alla scuola pubblica. Era un bel po' che non ci frequentavamo e quell'estate a Castiglioncello non lo avevo proprio visto.

La prima cosa che notai fu quanto, come dire, non fosse cresciuto. Quel lungo anno appena passato aveva rappresentato per me l'entrata nel mondo scolastico "serio", anche se con tutte le conseguenze che abbiamo visto. Nel momento in cui, da ripetente, entravo nella IV A per la seconda volta, con tracotante sicurezza e una crescente aura di eroe negativo della scuola, il piccolo Fabio, con il suo sorriso fiducioso e stolido che sembrava dire solo "voglio imparare", mi sembrò un alieno, un puntino appena visibile collocato su un pianeta a distanza siderale.

Ma quel puntino si sbracciava esagitato proprio verso di me sorprendendo e incuriosendo anche gli altri compagni di classe per l'improbabile connessione.

Cosa mai potevano avere in comune un mezzo teppista con le frange sulla giacca di pelle e il sindaco di Bambocciopoli in bermuda e Lacoste? Niente, infatti. L'educazione m'impose però di accoglierlo. Ma non ci pensai neanche un attimo a sedermi al banco con lui.

Per due motivi, il primo: come ho detto la mia avviata carriera (cui purtroppo tenevo) di elemento pericoloso non poteva rischiare impedimenti accompagnandomi a un tale nerd. E l'altro perché, come un uccellino che si sporge dal nido, con il becco spalancato in attesa dei vermetti della conoscenza, il mio imberbe omonimo si era piazzato al primo banco.

Il contatto però era stabilito. E così non di rado, nella ricreazione o nei vuoti tra una lezione e l'altra, piuttosto che associarmi ai vacui discorsi calcistici o improvvisare le bravate da adolescenti che già mi erano costate un anno, preferivo una tranquilla chiacchierata con il mite Fabio.

Al principio fu solo uno scambio d'informazioni, alcune bizzarre, che ignoravamo pur conoscendoci da sempre. Fabio e Fabio, 1962 io, 1962 lui. 10 agosto io, 10 luglio lui. Leone ascendente Cancro io, Cancro ascendente Leone lui. Sciocchezze, lo so, ma per due adolescenti sempre alla ricerca di un senso, anche queste piccole profetiche coincidenze potevano diventare un ottimo sedimento per un'amicizia.

Parlava quasi solo lui. Una visione del mondo entusiasta e cristallina. Un mondo di affetti corrisposti che trasudava da tutti i suoi racconti familiari. Ascoltavo i suoi idilli domestici incredulo e scettico. E anche i miei commenti sarcastici e qualche squarcio della mia situazione in casa, meno idilliaca della sua, non erano mai in grado di intaccare la sua Disneyland emotiva.

Non ci misi molto a infastidirmi di tanto candore. Ascoltarlo mentre parlava di quel suo mondo buono, mi faceva sentire come un bambino di 10 anni con le mani sporche di fango davanti alla maglietta pulita dell'amichetto, appena stirata dalla mamma. E io a 10 anni, si sa, ero un bambino davvero dispettoso. Fino a quel giorno c'eravamo frequentati solo a scuola e le mie malefatte, seppur confermate da altri, per lui erano solo leggende.

Decisi di portarlo con me, di sporcargli quella cazzo di maglietta. Lo trascinai nel mio insulso "io contro tutti". Lo spinsi a rubare e quindi a mentire. Lo spronai a essere più aggressivo, a farsi dei nemici, perché senza non era nessuno. Volevo a tutti i costi che si convincesse di quante potenzialità e quanta forza in più avesse un cuore arido e sterile. Che la smettesse di inseguire stupidi sogni o ideologie e imparasse a sublimare come me il tutto in un unico e sensato profumo: quello del sangue.

Insomma, cercai di trasformarlo in me e a un certo punto pensai d'esserci riuscito. Poi, per fortuna, fu chiaro che non era così. Mentre ero convinto di trascinarmelo dietro nella mia sciocca vita da leone fatta tutta di mercoledì, lui al contrario sfruttava anche gli altri giorni della settimana, per crescere ed evolvere. Le assurde esperienze vissute al mio fianco, anche se aveva mostrato empatia nei momenti più drammatici, le aveva vissute da cronista di guerra. Senza mai dimenticare che quella guerra non era la sua. Il sangue degli altri non ebbe mai alcun fascino su di lui e il suo irrorò un cuore generoso e fertile. E per quanto riguarda i sogni che volevo distruggergli, di quei sogni ne aveva fatto la sua vita.

Ed eccolo lì Fabio, il mio migliore amico. Sprofondato nel suo maggiolone, distratto e rapito dalla musica di Jim Croce, nostro mito del momento. Secco e nodoso come un giovane ulivo. I capelli corti tagliati da poco. Aveva capito che portarli lunghi con una fascia alla Cochise non era una buona presentazione per un giovane architetto.

Il cuore a sorpresa cominciò ad aumentare i battiti. Eppure se c'era qualcuno con cui non temevo di confrontarmi... sì infatti, il cuore non correva per quello, aveva solo capito prima di me che da quel momento in poi tutto sarebbe diventato reale.

Il magma ribollente stava per trovare un cratere dal quale uscire. Una piccola sciara del fuoco, nulla di spettacolare, ma un evento che non sarebbe passato inosservato trasformandomi (ancora non lo sapevo) in qualcosa di pericoloso e imprevedibile, da tenere sempre sotto controllo.

Fabio, sul chi va là come un furetto, nonostante la musica, aveva sentito e riconosciuto il rumore della mia vespa. Balzò fuori dal maggiolone come una molla e mi venne incontro.

Baci, abbracci e pacche sulle spalle. Esuberante e generoso come sempre, Fabio mi investì di entusiasmo per il mio rientro. Come al solito parlava prima lui, non per prepotenza, solo perché il suo carattere lo esigeva. Anch'io questa volta avevo un'impellenza, e dopo qualche minuto di resoconti e commenti sugli ultimi mesi, lo interruppi. Senza troppi preamboli raccontai la telefonata con Silvia.

Sganciai la bomba.

Conoscendo la difficoltà di Fabio nel trattenersi davanti a un certo tipo di emozioni, avevo già immaginato la sua reazione plateale. Eccitata e sconcertata allo stesso tempo. Avrebbe imprecato, riso, rimbalzato come una palla matta tra le panchine della Villa e infine, una volta calmatosi, avrebbe voluto sapere in dettaglio ogni mia minima reazione. E invece.

Tenendo la testa leggermente inclinata da un lato cominciò ad annuire increspando la bocca in un sorriso sbilenco e il suo sguardo, era sì stupito, ma evitava di incrociare il mio. Non capii subito cosa stava succedendo. Sembrò un imprevisto guasto tecnico. Come quando, tornati a casa, si preme con fiducia l'interruttore della luce e si scopre che manca la corrente.

Perché Fabio non stava rimbalzando sulla panchina continuando quel ciondolamento della testa da cane finto sul lunotto posteriore di un'auto? La sua mimica, però, non era certo per me di difficile interpretazione. Dopo una breve e inconscia riluttanza, tornò la corrente. Era imbarazzato. E se era più imbarazzato che stupito alla notizia, voleva dire solo una cosa... Porca puttana, già lo sapeva!

Un secondo dopo la conferma. Smise di muovere la testa e guardandomi alla fine negli occhi: «Fabiolino...» ahia, quando cominciava con Fabiolino c'era sempre qualcosa che non andava, «Sono sconcertato... e posso immaginare quanto lo sia tu... ma... devo confessarti che... questa cosa l'avevo già sentita».

L'onda d'urto di quest'ultima frase quasi mi ribaltò.

No, un attimo. Come sarebbe a dire "questa cosa l'avevo già sentita?". L'avevo già sentita si dice di una barzelletta, di una musichetta...

Calma. Avevo troppa fiducia nella buona fede di Fabio per male interpretare quell'incauto commento e poi ormai erano giorni che la mia suscettibilità indossava il giubbotto antiproiettile. Ci mancava che cadessi sotto l'involontario fuoco amico. Intanto Villa Balestra si era messa a girare come una giostra di calcinculo fuori controllo e io, attaccato con la punta delle dita al seggiolino, cercavo di non essere sparato in orbita.

"Tu quoque, Fabio, frater mi!" pensai. Intanto lui aveva ripreso a ondeggiare la testa. Riuscii a dire: «In che senso?».

Pensavo che avrei dovuto rispondere a un'infinità di domande di Fabio e a sorpresa mi ritrovai a fargli io un interrogatorio.

"L'avevo già sentita", si riferiva a "voci" di Castiglioncello di anni prima. Supposizioni indistinte ma velenose di genitori convinti di non essere uditi da figli solo all'apparenza distratti. Un classico.

Ma certo, Castiglioncello. Quale miglior crogiolo per quel gustoso pettegolezzo. Anzi, di sicuro la scintilla era nata proprio al Miramare: un piccolissimo stabilimento balneare con una cinquantina di cabine su una colata di cemento tra gli scogli. Nell'agosto del 1962, tra titolari di cabine (come noi) e relativi ospiti, si concentrava il 70 per cento delle amicizie della mia famiglia. Magari quell'estate si mostrava tediosa e tirchia di buoni argomenti da ombrellone finché un bel giorno verso la metà del mese, la provvida comparsa della mia carrozzina tra le sdraio. Un po' di brio nella noia agostana.

Amica: «Che carino! È nato il 10, vero? Che bello, la notte delle stelle cadenti!».

Maurizia: «Eh già». Poi avrà pensato: "Sì sì, belle le stelle cadenti... finché non te ne arriva una in testa".

Altra amica: «È già nato?».

Maurizia: «Perché?».

Amica: «Scusa... non so perché ero convinta che dovesse nascere a settembre».

Maurizia: «No, di settembre siamo io e Romano... lui è un leoncino di agosto».

Amica: «Splendido segno... adoro i leoni». Poi, allontanandosi, piano a un'altra amica: «Ma scusa... agosto, luglio giugn... lei a dicembre non era in tournée?».

Amici vari: «Uh... che pelle chiara... è proprio biondo...».

«Mmh... strano, no?»

«Dice che assomiglia al suo povero fratello.»

«Lo so io a chi assomiglia...»

«A me l'hanno dato per certo...»

«Ma sì... lo sanno tutti» ecc., ecc...

La conversazione con Fabio fu lunga e articolata. Si giustificò a lungo per non aver avuto in passato il coraggio di parlarmene, ma non mi sentii di fargliene una colpa. Quando aveva sentito quelle voci eravamo dei ragazzini, non eravamo ancora in grado di affrontare certi argomenti.

Due cornacchie impegnate in un rumoroso battibecco sorvolarono la Villa. Fabio come al solito parlava più di me. Cercava di fare ciò che fino a quel momento non avevo fatto io, ricostruire. Con le poche informazioni in nostro possesso, però, ogni speculazione risultava vana.

Mentre lui continuava a cercare collegamenti, mi distrassi pensando a lui, Domenico Modugno.

Mi sforzai di sospendere per un attimo tutto ciò che sapevo di stereotipato su di lui. Chissà se anche Domenico, in una tiepida serata di settembre del 1962, non si era ritrovato da qualche parte a chiacchierare con un amico. Chissà se, raccontando dei suoi viaggi e dei suoi successi, non si era a un certo punto bloccato sopraffatto da una ventata di tristezza. Chissà se allora aveva avuto il coraggio di confessare a quell'amico la sua angoscia. Da pochi giorni era nato un bambino. Un bambino che non avrebbe conosciuto, che non avrebbe cresciuto, che non avrebbe amato e che non lo avrebbe amato mai. Suo figlio.

Considerati i suoi standard, la Villa si poteva ancora considerare deserta. Solo un piccolo ma costante flusso di avventori andava verso il bar di Leonardo, che immaginai lì ad aspettarli come un coccodrillo acquattato nell'unica pozza d'acqua dell'arida savana.

«E ora che facciamo?» mi riscosse Fabio. Il plurale della sua domanda mi confortò, attenuando la vertigine sull'abisso che quell'interrogativo spalancava.

«Non lo so.»

«E con i tuoi com'è andata?»

«Normale.»

«Hai fatto finta di niente.»

«Già.»

«Merda, non dev'essere stato facile.»

«Come prima.»

«Comunque... l'avevo già notato sai... ma ora... sei uguale a Domenico Modugno... te ne sei accorto?»

E daje. Questa, a quanto pareva, lapalissiana conclusione, uguale a quella di Silvia nella telefonata, anche se era solo la seconda volta (delle infinite successive) che la sentivo, mi disturbava. Nel momento in cui mi era stato suggerito che mio padre non era quello che credevo da sempre ma Modugno, per istinto avevo confrontato la mia fisionomia con la sua. E lo ammetto, le reali similitudini mi avevano almeno in parte rassicurato di non essere vittima di uno scherzo o di un delirio di Silvia. Eppure, l'accettazione come dato di fatto di quella somiglianza sembrava inserire nel racconto della mia vita una nota triste e ridicola. Ripensai alla mia crescita e ai miei inevitabili cambiamenti fisici come un lungo e imbarazzante percorso per la mia famiglia. Il ben celato e sotterraneo divertimento degli "amici" nello scrutare i nostri volti: il mio cercando i tratti del peccato, e quello di Romano per scorgervi la vergogna.

Chissà le risate la prima volta che ho portato i baffi o sentendomi suonare la chitarra...

"Venghino, signori, venghino! Da venticinque anni sulla cresta dell'onda, il Circo Camilli è ancora orgoglioso e lieto di mostrarvi le sue rare ed esotiche meraviglie! Guardate e stupite! La donna senza cuore! L'uomo senza palle! Il figlio senza padre!"

«A che pensi?» Fabio mi richiamò ancora una volta al presente.

«Che tutto questo è ridicolo.»

«Sai che ti dico invece? Che più ci penso e più lo trovo... fantastico.»

Lo guardai stupito.

«Ma sì... non è quello che hai sempre voluto? Un buon motivo per prendere le distanze da quello stronzo di tuo padre?»

Aveva ragione, ma non sapevo cosa rispondergli. Avrei dovuto dirgli che sì, era vero che avevo sempre voluto prendere le distanze da mio padre, ma ero convinto che il distacco sarebbe potuto avvenire solo attraverso un processo di crescita e affermazione della mia diversità. Non scoperchiando una pentola ribollente d'inganni e menzogne.

«Con Rossella ne hai parlato?»

«No, è ancora a Castiglioncello.»

«Sarà una bella botta anche per lei.»

«Mi sa di sì.»

«Forza e coraggio, amico mio. Per il momento non so proprio cosa consigliarti se non di prenderti tempo per assorbire il colpo. Poi con calma capirai cosa fare.»

«Sì, penso anch'io... con calma.»

Fumando, riuscimmo a parlare anche d'altro. Infine, stremato, proposi di andare a dormire. Percorremmo appaiati buona parte del tragitto di ritorno, all'incrocio con casa di Fabio dove le nostre strade si sarebbero separate, ci fermammo in mezzo alla strada deserta.

«Allora... ricordati: calma.»

«Sì, tranquillo. Non li uccido tutti nel sonno. Buonanotte.» E, come un vero coatto, partii facendo un'impennata con la vespa. Tanto non c'era nessuno.

7

Negli ultimi metri prima di arrivare a casa la stanchezza, come un improvviso cambio di gravità, mi piombò addosso piegandomi le spalle. O almeno, fu questa la prima sensazione. Poi, mentre con le ultime forze mettevo la vespa sul cavalletto, capii che quel senso di oppressione che sembrava schiacciarmi a terra non era una spinta che veniva dall'alto, ma qualcosa che mi trascinava giù dal petto. Tutto quello che era successo in quei giorni e quell'ultima umiliante constatazione di aver vissuto buona parte della vita in un "Truman Show de noantri", trovando buon gioco su un terreno da sempre poco irrorato, mi stava del tutto pietrificando il cuore.

Oh, finalmente! Sì, era ora. Già da tanto tempo avevo collocato l'argomento "amore" nella categoria credenze popolari. Come Babbo Natale e la Befana, o le fate e gli gnomi. Fabbisogno di evasione e illusione quotidiana che permette alla maggior parte degli esseri umani di tirare avanti. Quindi se il mio cuore, organo tanto sopravvalutato, stava completando la solidificazione, non avrebbe fatto altro che preservarmi da ingannevoli e inutili perdite di tempo. Però era pesante, e facevo fatica a camminare.

Non riuscendo a addormentarmi, pensavo agli amici. Mi domandavo se c'era stato un momento, un istante in cui avrei potuto smascherarli, cogliendo un segnale del loro inganno. Ero convinto fino a quel momento di aver avuto sempre un certo controllo sugli eventi esterni. Avevo costruito ogni rapporto sulla totale fiducia e lealtà (degli altri). Qualcosa però era andato storto, era chiaro. Dovevo riconsiderare l'immagine tanto paracula che avevo di me? Mi credevo il diabolico e spietato Valmont ed ero quello sfigato di Danceny? Che sì, è vero, nel finale uccide Valmont, ma per tutto il libro fa la figura del fesso.

Ancora niente sonno. Altre immagini di amici. Mi tornò in mente Alessandro, l'amico con cui da ragazzino avevo spiato mia madre e il suo amante nel parcheggio. Ormai potevo capire che fosse stato uno choc anche per lui scoprire una cosa tanto intima su mia madre. Ai tempi aveva giurato e spergiurato che quello sarebbe rimasto un segreto. Forse in realtà quel giorno era tornato a casa turbato e da bravo ragazzo quale era si era aperto. Seduto a tavola, contrito, con quegli occhioni azzurri, aveva spiattellato tutto alla famiglia. Mi sembrava di vederli: la madre Giovanna, il padre Luciano, Luca, Alessandro, la piccola Ilaria...

L'immaginaria contemplazione di questo quadretto familiare mi stava accompagnando finalmente ai cancelli del sonno, quando la realtà, tanto smaccata da essere ridicola, mi schiaffeggiò. Cazzo, erano uguali!

Spogliati di ogni loro giovane e acerba caratteristica, il mio amico Alessandro e suo fratello non erano altro che la buffa miniatura del padre. Stesso profilo, stesse spalle, stesse mani, solo con qualcosa ancora d'incompleto. Fu una piccola folgorazione. Sovrapponendo le immagini di altri amici maschi a quella dei loro padri, il risultato era lo stesso: uguali! Certo, sembra la scoperta dell'acqua calda, ma per me, che avevo passato la vita alla ricerca di un segno tangibile che mi distinguesse da Romano, rendermi conto che sarebbe bastato fare uno più uno fu allo stesso tempo illuminante e avvilente.

Ma che, ero scemo? Come avevo fatto a non vedere quello che era sempre stato sotto gli occhi di tutti? Chissà quante volte dicendo "Quel signore scuro e tarchiato è mio padre" il mio interlocutore aveva pensato: "Davvero?".

Qualcuno potrebbe obiettare: "Guarda che non è detto che il figlio maschio assomigli sempre al padre". Ah, no? Oggi, con più informazioni in mio possesso, posso dire che in Italia, secondo le ultime statistiche, ci sono il 7 per cento di figli non riconosciuti fuori dal matrimonio. Se si passa ai secondi figli, la percentuale sale al 15 per cento, ai terzi figli al 25 per cento. Insomma, se posso dare un consiglio a padri e figli, prima di decidere di scannarvi su inspiegabili e insanabili contrasti, guardatevi bene in faccia.

Il mattino seguente mi alzai tardi, verso le 11. Dopo colazione, rollandomi una canna sprofondato nella poltrona in salotto, cercai di fare il punto della situazione. La telefonata di Silvia mi aveva tolto la terra sotto i piedi facendomi precipitare nel vuoto e la chiacchierata con Fabio mi aveva fatto capire che ero anche senza paracadute. Credevo che Silvia mi avesse consegnato una "bomba" e con essa il diritto di farla esplodere. Era chiaro che il vero ordigno era esploso tanti anni prima e quello che avevo ora in mano era solo un innocuo e arrugginito residuato bellico.

Mi sentivo offeso, ferito nell'orgoglio.

Non era più tempo di porgere l'altra guancia. Era stata una conquista non farmele più gonfiare a schiaffoni da mio padre. D'altronde metterla sul piano fisico non mi sarebbe stato di grande aiuto. Erano troppi gli avversari.

Prima di parlare con Fabio mi ero illuso che dal nostro colloquio ne sarebbe scaturito una sorta di patto tra cospiratori. Avremmo creato un gruppo di adepti selezionato e, dopo giuramenti e patti di sangue, li avremmo messi a conoscenza del "fatto". E io indiscusso e carismatico leader di questa segretissima setta, nonché custode della "bomba", avrei aspettato nell'ombra il momento più opportuno per la grande e liberatoria deflagrazione.

Era chiaro che non sarebbe andata così. Era tanto che non sentivo il peso di una frustrazione così forte. Da quella provata nei confronti della violenza di mio padre. E lì, sapevo bene com'era andata a finire. Non potendo prendermela con Romano, me l'ero presa col mondo e il mondo, di conseguenza, se l'era presa con me. Non doveva succedere di nuovo. Però, cazzo se mi prudevano le mani.

Dignità! Ecco la parola chiave, dovevo dimostrare a tutti, chi era ancora il più forte. Che senso avrebbe avuto piangere, disperarsi e battere i piedi a terra solo perché gli altri bambini erano stati cattivi con me? Perché dargli anche questa soddisfazione? Avevo incassato senza battere ciglio e senza una lacrima le botte di mio padre e i calci e i pugni di numerose risse. Non potevo farmi spaventare da uno stupido scherzo del destino. Se pensavano che mi sarei messo a frignare correndo da mamma e papà (si fa per dire), si sbagliavano di grosso.

Dignità e orgoglio: cibo da eroi. Dignità verso l'iniqua fortuna e orgoglio come potente propellente per continuare a far girare il sangue. Guardando in faccia chi ridendo avrebbe guardato la mia lo avrei costretto ad abbassare lo sguardo intimorito, tramutando il riso in rispetto. Il tempo mi avrebbe reso giustizia.

La porta del salotto si spalancò di colpo. Non avevo sentito rientrare mio padre che ora con la sua solita "grazia" piombava nella stanza: «Ah, sei qui».

Usava spesso questa frase trovandomi in casa. Non ho mai capito se intendesse "Ah sei qui... Nonostante tutto?", oppure "Ah sei qui... ancora? Che palle!".

Infranti dall'arrivo di Romano, i labirinti mentali di un attimo prima mi crollarono addosso, ma prima che le macerie mi seppellissero sulla poltrona del salotto, d'istinto mi alzai in piedi.

Romano era molto vicino e il mio scatto non gli diede il tempo di indietreggiare. Ci ritrovammo a un'insolita distanza ravvicinata. Lo sovrastavo di una ventina di centimetri. Per una frazione di secondo pensai di mordergli la testa. Romano, forse avvertendo il pericolo, fece un passo indietro per recuperare una posizione di sicurezza. Il movimento però risultò goffo e, tradito da un maligno lembo di tappeto alle sue spalle, stava per crollare su una piccola cassettiera. Con prontezza di riflessi lo afferrai ed evitai il peggio.

Chissà quanti figli si erano già trovati in quel simile frangente. Dover sorreggere con tenerezza il vecchio padre. Impotenti e amareggiati nel vedere le forze abbandonare l'anziano genitore. Consapevoli ormai del loro ruolo di bastoni della vecchiaia. Io no. Rimettendolo in piedi godetti di quella *défaillance* di Romano. Mi rallegrai di quella crepa tangibile in quel muro, che sembrava eterno e indistruttibile. Il naturale deperimento fisico di Romano mi faceva tenerezza come un vecchio gnu ferito a una giovane iena affamata.

Bestemmiò e se la prese col tappeto. Poi si ricompose e uscì dalla stanza con il consueto e a lui caro annuncio: «Tra poco si mangia». La continua necessità di ingurgitare cibo di mio padre era solo un inutile tentativo di mandar giù qualcosa che non riusciva a ingoiare da tanto tempo. Qualcosa che si era fermato lì, a metà dell'esofago... un grosso rospo?

Nel pomeriggio andai da Silvia.

Silvia era una ragazza carina, capelli ricci biondi, molto magra, intelligente e con un ottimo senso dell'umorismo. Si scusò ancora per la sua "debolezza", per non aver scelto un momento migliore... Le ribadii che non ce l'avevo con lei e che anzi, più passavano i giorni e più provavo casomai nei suoi confronti gratitudine. Ne fu lieta e rasserenata. Fumammo e lei aggiunse nuovi particolari alla storia che già conoscevo.

Secondo il racconto di Marcello, dopo essersi ripreso dall'ictus, Mimmo aveva radunato moglie e figli e aveva vuotato il sacco. Di un'intera vita.

E chi ti sbuca in fondo al sacco? Io.

Mimmo: «Miei cari, perdonatemi... da qualche parte... ci dovrebbe essere un ragazzo... che si chiama Camilli...».

Figli: «Ma chi, Fabio?».

Stupore generale.

Se il sacco fosse stato reale e io ne fossi davvero saltato fuori, la signora Modugno avrebbe afferrato rapida uno dei tanti trofei canori di Mimmo per darmelo in testa e ricacciarmi dentro. Poi sigillato bene il sacco, l'avrebbe preso e con gran sollievo buttato nel Tevere.

Nella realtà, stando sempre al racconto di Marcello, la signora Franca non aveva potuto far altro che dilungarsi con i figli in minacciose raccomandazioni. Dovevano tenere la bocca ben chiusa su quell'argomento. Se fosse trapelato avrebbe potuto mettere a rischio tutta la famiglia. Ora era chiaro che quelle raccomandazioni non erano servite.

A quanto pareva, Marcello non aveva preso per niente bene la delazione di Silvia. L'aveva avvertita che, se messo alle strette, avrebbe negato tutto. Secondo Silvia, l'aggressività di Marcello era solo uno specchio delle ansie dei familiari terrorizzati dallo scandalo. Parlammo a lungo. Si stupì quando le dissi che Fabio e altri amici questa cosa l'avevano già sentita. Volle sapere di me. Che risponderle?... Che ero a terra, ma mi stavo rialzando e che il detto "Non tutti i mali vengono per nuocere" stava assumendo nella mia vita un nuovo significato. Dopo avermi rinnovato il suo affetto e la sua disponibilità, mi abbracciò e la salutai.

Ondeggiavo con la vespa tra le curve di via della Camilluccia tornando verso i Parioli. Pensavo a Modugno, mi venne in mente Branduardi (spero non me ne voglia) e la sua mitica *Alla fiera dell'Est*.

Sarcastica e originale metafora della vita. Un topo da due soldi viene mangiato da un gatto, il gatto viene mangiato dal cane, il cane picchiato dal bastone e via dicendo fino ad arrivare al macellaio, ghermito dall'Angelo della Morte, eterno *super partes* che riequilibra il senso della vita.

Dov'ero collocato io in quella darwiniana catena alimentare? Non ero più il topolino, ma nemmeno avevo scalato troppe posizioni. Ma lui, Domenico, lui sì che era arrivato in cima. E come per il macellaio della filastrocca sembrava arrivato per lui il momento di confrontarsi con il fatale angelo. Non così fatale per fortuna, ma tanto era bastato per indurlo a liberarsi l'anima e la coscienza da ogni fardello paventando l'imminente chiusura del cerchio.

Nell'ultimo tratto di strada, prima di piazza dei Giuochi Delfici, un profumo di osmanthus proveniente dal giardino di qualche villa mi rallegrò i polmoni. Un profumo dolce, corposo, quasi un sapore. Senz'altro meglio dell'amaro che avevo in bocca...

«Mavaffanculoo...!! Mortacci tuaaa!!»

Il gentile e opportuno richiamo del conducente di una Golf mi fece notare che avevo bruciato uno stop.

Facendo più attenzione arrivai a casa. E poi? E poi è probabile che mi feci una canna. E poi? Suonai la chitarra. E poi? Poi una cena con Romano, poi il giorno dopo un pranzo, poi una canna, una cena, un pranzo, una canna...

Insomma, non successe un bel niente. Quasi niente.

La bolla che mi ero costruito intorno come difesa dall'indifferenza di mia madre prima e dagli attacchi di Romano poi, per isolarmi da un mondo che non capivo, soprattutto per mancanza d'informazioni, si rivelò una trappola. Ero stato troppo scrupoloso. L'avevo costruita troppo bene. Uno spazio autosufficiente e inattaccabile: ermetico.

Un Narciso irraggiungibile, protetto dietro la trasparenza di una bolla. Avevo goduto per anni della frustrazione di chi avrebbe voluto entrarvi ma non c'era mai riuscito. Ma il vero problema si rivelò un altro. Se entrare nella bolla era difficile, uscirne lo era ancora di più. Soprattutto per me. Una vera e propria Alcatraz emotiva. Ci sono voluti anni per elaborare un piano d'evasione all'altezza. Nel frattempo, non mancarono certo le occasioni per riattizzare il fuoco ed entrare in una vera battaglia con i miei genitori, intendo tutti e tre.

Ma succedeva questo: ogni qualvolta avrei potuto o avrei dovuto passare all'azione, ogni volta che solo pensavo di attraversare la linea di confine dei loro territori, quelli bui della menzogna, per illuminarli e scatenare una guerra, il mio cuore impazziva e una paura piena di affanno finiva sempre per appannare la bolla, bloccandomi asfittico al suo interno. Ci voleva poi un sacco di tempo prima che riuscissi a vedere di nuovo cosa succedeva fuori. E quando ci riuscivo, tutto era cambiato, l'occasione era passata. Mia madre chissà dov'era andata, Romano metteva ancora più paura... Modugno troppo lontano. Fine dei giochi. Allora non mi rimaneva che puntare tutto sull'occasione successiva che puntuale arrivava e nella quale anch'io puntualissimo, appannavo di nuovo la bolla. E così via, per anni.

Ecco cosa non accadde.

Non affrontai mia madre prima che ripartisse, lasciandola libera di tornare nella sua assenza e nei meandri del suo infantile mondo di menzogne. Rimandai i discorsi "seri" con lei a quando entrambi saremmo diventati più adulti.

Non piantai un coltello tra le scapole di Romano. Di fatto non ne ebbi il coraggio, mascherando la vigliaccheria con la magnanimità, decisi che il pusillanime poteva essere ignorato. Era solo un vecchio rancoroso, claudicante, in viaggio verso una garantita solitudine.

Non dissi niente a mia sorella. Ebbi l'occasione appena tornata da Castiglioncello, ma con notevole tempismo, prima che potessi proferire parola, annunciò che presto si sarebbe trasferita per alcuni mesi in Israele. In un kibbutz, con il suo compagno ebreo vestito sempre di bianco. Molto colpito dal suo scoop, rimandai il mio. La prova d'amore e non di fede che stava per dare era notevole. Non me la sentii di gravarla di un ulteriore fardello. Tanto da un kibbutz che poteva fare?

Non mi confrontai con tutti gli amici, non aveva senso andare in giro a sbandierare la mia "ignoranza".

Per il momento non andai nemmeno da Marcello per ulteriori spiegazioni e conferme. Dopo ciò che mi aveva detto Silvia, lo immaginavo impastato nel senso di colpa per aver tradito il segreto di famiglia e tremante per le possibili conseguenze.

E dunque, questo è quello che non accadde. Quello che accadde invece, e forse più importante, fu che come fosse stata tagliata di netto da un'invisibile e affilatissima lama, la mia anima si divise in due. Una parte rimase in piedi e proseguì la sua vita più o meno a testa alta e l'altra, purtroppo, si mise a sedere su un'ipotetica sponda, ad aspettare tra una canna e l'altra che gli passasse davanti... "qualcosa". Sono riuscito a recuperarla solo diversi anni dopo con la psicoanalisi, quando su quella sponda, come si dice, ci aveva messo le radici, e pure profonde. Non è stato facile convincerla a rialzarsi, convincerla che di lì non sarebbe passato un bel niente.

"Non sei fregato veramente finché hai da parte una buona storia e qualcuno a cui raccontarla." Baricco docet. Be', io una buona storia l'avevo. A chi raccontarla? Non fu difficile trasformare la scioccante scoperta delle mie inimmaginabili origini nella ciliegina sulla torta di ogni mio successivo progetto di conquista e seduzione.

Ecco la grande strategia! Ebbene sì, la mia vita aveva tremato dalle fondamenta ma quello che sembrava essere un crollo inevitabile non era avvenuto. Anzi, il paventato e temuto vuoto aveva dato vita a quello strano e formidabile fenomeno.

"Che fa, signor Fabio... Lascia o si sdoppia?"

Momento di suspense...

"Mi sdoppio!"

"Allegria!"

8

22 dicembre 1991, domenica, Roma. Non avevo tanta voglia di mangiare cinese ma Marcello aveva insistito. Il ristorante si trovava in una traversa nell'ultimo tratto di corso Vittorio vicino a largo Argentina. Secondo lui in quel momento era il miglior ristorante cinese della città e l'ambiente, molto folcloristico, pareva valesse da solo la serata. Il gruppo a tavola non era molto numeroso ma alticcio e chiassoso.

Non ho mai amato le tavolate, trovando da sempre ogni esagerazione sul cibo un cedimento alla sfera più bassa e becera delle gratificazioni, come l'insaziabile fame di Romano. Divento insofferente tutte le volte che si prolunga la permanenza in un ristorante tra l'ennesimo assaggio, bicchierini della staffa o interminabili aneddoti a bocca piena.

Purtroppo, la serata era una di quelle. In più negli anni Novanta la cucina cinese anche se già nota e radicata in Italia, conservava ancora un po' della sua patina esotica e andare in uno dei suoi ristoranti era come fare un piccolo viaggio all'estero, condizione spesso, chissà perché, disinibente e abbrutente per molti italiani. La birra cinese, solo perché era cinese, scorreva a fiumi.

L'arredamento del ristorante era davvero molto scenografico e un vecchio dall'età indefinibile ma vetusta con abiti antichi a dir poco teatrali si aggirava tra i tavoli facendosi notare. Muovendosi per il locale con fare misterioso come un personaggio di *Grosso guaio a Chinatown*, il vecchio cinese, a caso e senza preavviso, si avvicinava a uno dei tavoli e afferrando la mano di un cliente pronunciava parole profetiche e misteriose. Cominciavo a rompermi le palle. Il cibo era stato all'altezza delle aspettative, ma ero sazio già da un paio di portate e gli amici di Marcello e lui stesso, "tavolari" di professione, non davano cenni di resa alimentando la mia impazienza.

Ma quella smania non era frutto solo del prolungarsi della cena. Con gesto istintivo e meccanico portavo in continuazione la mano alla tasca interna della giacca... tutto a posto. Mi sarei risparmiato volentieri quella cena, ma da quando con Marcello avevamo familiarizzato, un bon ton da nuovo rapporto ci impediva a volte di sottrarci all'insistenza dell'altro.

E sì, com'era prevedibile, un bel giorno con Marcello ci eravamo ritrovati.

Dopo la domestica "baia dei porci" dell'87, una volta rientrati nei silos i missili, scongiurato così un disastro nucleare, tutto si era ricomposto in un regime di tranquilla e quotidiana guerra fredda. Neanche troppo.

Al contrario di Marcello, non avevo dovuto affrontare conflitti intestini. Del tutto ignari dello scampato pericolo gli abitanti del "bunker" di via Chelini, indenni, avevano proseguito nella loro incancrenita quotidianità. Romano sempre più nero di lampada e di rabbia con la sua routine lavorativa e gozzovigliante e mia madre dopo aver compiuto le ultime giravolte tra Roma e Milano, terminata per motivi anagrafici l'itinerante carriera di ballerina, cominciava a intraprendere quella più stanziale di assistente coreografa di Gino Landi. Intanto io, avendo legato in maniera direttamente proporzionale la mia serenità alla capacità di stare lontano da casa, mi ero ridotto a una presenza nel "bunker" che si poteva definire olografica.

Quando incontrai di nuovo Marcello a una cena di comuni amici pochi mesi dopo la rivelazione di Silvia, dissimulando entrambi l'imbarazzo, non potemmo fare a meno di sorriderci. Ci volle ancora del tempo e l'intercessione di un'altra amica, un'altra ex, per far sì che alla fine una bella mattina di sole, seduti al tavolo di un ristorante a Campo de' Fiori, io e Marcello ci mettessimo a parlare.

Campo de' Fiori. La scelta del luogo era venuta spontanea, ne eravamo entrambi assidui frequentatori. "Campo" come è chiamato da tutti. Vivo, caotico, gomitolo multietnico e sociale, con il suo esoso mercatino alimentare e le bancarelle per i turisti. Caleidoscopico e colorato come i suoi rigogliosi fiorai o la frutta lucida ben impilata sui banchi venduta non a chili ma a carati. Soffocante e claustrofobico, come l'ingombro inarrestabile di nuovi bar e tavolini, assaltati ogni giorno da orde ubriache di turisti in mutande anche a gennaio. E, piantato lì in mezzo a tutto questo lo sventurato Giordano Bruno, o meglio il suo bronzeo ricordo, costretto da sempre nell'arduo compito di far da guardiano a questo figlio degenere, che da molto tempo ormai sembrava non avere più nessun timore del monito del suo severo sguardo.

In un primo momento sia io che Marcello eravamo abbastanza impacciati.

Ma eravamo anche giovani, aperti e più parlavamo, più dalle nostre parole emergeva stima l'uno per l'altro e desiderio di conoscenza. Avevamo la stessa età, io nato ad agosto, lui a ottobre, tentavamo entrambi di affermarci come attori, ci piaceva cantare, suonare e le belle ragazze. Niente di strano per dei ragazzi di quell'età, ma quelle informazioni, condite, se così si può dire, con quell'ingrediente in più che era il nostro segreto, diventavano per le nostre orecchie "esaltate" indiscutibili prove di similitudine e comunione fraterna.

Marcello parlava rapido, sicuro di sé. Senza apparente livore nei confronti di Silvia confermò il racconto di lei. Seppur molto attento alle sue parole, intanto non potevo fare a meno di scrutarlo.

Era la prima volta che ci incontravamo in maniera programmata e non per qualche casuale incrocio mondano. Io e lui da soli, faccia a faccia e alla luce del sole. Capelli neri piuttosto lunghi, statura medio-alta, torace ampio da nuotatore, occhi scuri, intensi e curiosi. Avevo sempre pensato fosse strano che qualcuno a volte ci confondesse. Io biondo, lui moro, io occhi chiari, lui scuri... eppure, mentre osservavo la gestualità di Marcello e ne ascoltavo la voce, avvertii nel complesso della sua immagine qualcosa di speculare e molto familiare, pur nella sua diversità.

Così, creando uno spazio emotivo autonomo che non dovesse più rendere conto né delle paure né delle ipocrisie che avevano prodotto quella montagna di merda accumulata dai nostri genitori, io e Marcello buttammo le basi per quello che avrebbe potuto essere per entrambi il primo vero gesto di emancipazione affettiva. Convinti di poter uscire da quei solchi usurati e melmosi nei quali volevano farci entrare a forza le sgangherate storie delle nostre famiglie, cominciammo a sentirci un po' fratelli.

Ora mi rendo conto quanto del mio romanticismo dell'epoca fosse unilaterale e frutto di personali interpretazioni o sarebbe più giusto dire, di carenze.

La mia affettività, un cantiere al lavoro ventiquattr'ore su ventiquattro, progettava ponti da lanciare alla ricerca di nuove sponde. Progetti il più delle volte compulsivi, disperati e quindi non compresi o non corrisposti; ponti nel vuoto. Così, rimanendo fini a se stessi, si trasformavano in fatiscenti, inamovibili strutture, deturpanti il panorama della mia autostima.

Ma con Marcello le cose sembravano diverse, il ponte non l'avevo gettato solo io e poi, la parola fratellastro (anche se in verità un dispregiativo) poteva essere un buon terreno su cui gettare delle fondamenta.

Cominciammo a vederci sempre più spesso e conobbi anche gli altri fratelli. Massimo, il più giovane, il più bello, con un sorriso magnetico. Impulsivo, a volte spaccone. Un metro e novanta di un'indomita vitalità. Un po' una mina vagante ma aperto, sincero e gioviale. Un talento canoro indiscutibile che proseguendo le tradizioni di famiglia si accingeva a fare la sua prima apparizione a Sanremo. La reazione di Massimo alla nostra anomala parentela mi aveva sorpreso. Non ne parlammo mai in maniera diretta ma il suo comportamento dopo il chiarimento con Marcello a "Campo" fu da subito più affettuoso e confidenziale. Anche se mi sentivo più affine al più maturo e coetaneo Marcello, sviluppai subito anche per Massimo una gran simpatia e un istinto da fratello maggiore.

Conobbi, si fa per dire, anche Marco. Più grande di noi viveva già da solo. Emancipato dai *tourbillon* mondani dei fratelli, conduceva una vita a parte incrociandosi poco con loro e di conseguenza con me. Dopo un paio di tentativi poco convinti come attore si era dedicato alla sceneggiatura e alla regia con discreto successo. Sapevo che lui sapeva che io sapevo e all'inizio fui sorpreso e forse anche infastidito della sua mancanza di curiosità nei miei confronti. Io ne avevo verso di lui ed era stata proprio la curiosità il comune motore dell'approccio con Massimo e Marcello. Ma come spesso è accaduto anche in seguito nel corso di questa storia, anche allora male interpretai la situazione, ovvero il comportamento di Marco. Scostante, riservato, all'opposto degli altri due, mi ero convinto che il suo tenersi a distanza fosse frutto di pudore e timidezza. Forse per sua natura incapace di sdrammatizzarla tra una birra e una canna come avevamo fatto con Marcello e Massimo, stava ancora cercando le parole per un discorso più profondo e articolato, da fratello grande, da adulto. Non arrivò mai quel discorso.

Ora so che il suo essere scostante non era uno scrupolo dettato dalla timidezza ma dalla paura e dalla diffidenza. Riteneva troppo naïf l'approccio amicale scelto dagli altri nei miei confronti. Un approccio puerile e istintivo, che non teneva conto delle possibili implicazioni a dir poco esplosive della faccenda.

La sua visione adulta (ahimè in parte giusta) riteneva surreale la nostra pretesa di uno spazio affettivo autonomo. Pretendere di congelare il mondo esterno e la sua reazione era inutile e infantile, solo un modo per rimandare da incoscienti l'inevitabile. Dovetti anche scoprire in seguito, che dello stesso avviso era la signora Franca Gandolfi, la moglie di Mimmo. I contatti avuti con lei fino a quel momento erano stati del tutto casuali, cordiali, rapidi e formali. A lei non facevo paura. Anzi, oggi posso dire con certezza che se non mi aveva staccato la testa con un morso la prima volta che c'eravamo incontrati, era stato solo perché pensava non valesse ancora la pena sporcarsi le mani. Anzi le zanne.

Poi c'era lui, Domenico: "il grande malato". Aveva fatto stare tutti in ansia con un non ben specificato problema cardiaco. Ancora una volta per fortuna era andato tutto bene e Mimmo era potuto tornare a dedicarsi a pieno ritmo alla sua tardiva carriera politica, e in particolare alla delicata questione della sua trasmigrazione dal Partito Radicale a quello dei Verdi (nel '92 si candiderà al Senato con loro).

Mi ero domandato più volte quale fosse la sua visione "post bellica". In fondo il primo colpo lo aveva sparato lui. Anche se ormai era evidente l'accidentalità dello sparo, chissà se l'aveva saputo che dopo qualche rimbalzo qua e là alla fine quel proiettile aveva colpito in mezzo alla fronte proprio me.

Era bastato dunque alleggerirsi la coscienza per tornare a far finta che non esistessi? In sostanza, sapeva che me lo avevano detto? A questo tipo di domande non era facile ottenere delle risposte, soprattutto perché prima avrei dovuto trovare il coraggio per farle. Protetto, isolato, filtrato in ogni suo contatto esterno dalle amorevoli cure della signora Franca e della famiglia, Mimmo era di fatto collocato in un universo a parte, distante e inaccessibile. Meglio. Tutto sommato al momento mi andava bene così. Il solo pensiero di un confronto con lui, mi faceva tremare le gambe più della paura per le botte di Romano: a quelle c'ero abituato, a un dialogo padre-figlio no.

Anche se all'interno del ristorante cinese non si notava molto, mancavano cinque giorni a Natale e fuori la città sbrilluccicava di addobbi e festoni colorati.

Il Natale non era un buon periodo per me, e non lo è

neanche adesso. L'atmosfera complice familiare inondata di buonismo occasionale l'ho sempre trovata stucchevole e soprattutto incongrua e stridente con la mia storia. Come famiglia Camilli, costretti dall'ineludibile scivolosità dell'imbuto sociale, ci finivamo dentro ogni anno. Uniti sì da canoniche cene e pranzi, ma allo stesso tempo ognuno isolato in una personale e asfissiante apnea emotiva, nella speranza che il tutto passasse in fretta. Il risultato per me era insopportabile.

Era decennale tradizione passare la vigilia di Natale a casa di Gino Landi. All'inizio non era male. Un affollato raduno di artisti, chiassosi e plateali, che lasciavano il Natale in sottofondo tra uno sketch e una cantata. Non ero mai riuscito a lasciarmi coinvolgere più di tanto da quell'atmosfera vista la presenza di Romano, però la confusione aumentava le mie chance d'isolamento, se non fisico almeno mentale, in attesa del momento di tornare a casa che sembrava non arrivasse mai.

Negli anni quel consueto appuntamento aveva perso molto del suo brio e dei suoi accoliti, diventando sempre più stereotipato e noioso, un vero supplizio. Oltretutto, come se non bastasse, gli ultimi tre Natali a fine cena ero andato in bagno a vomitare.

La prima volta diedi la colpa a qualche trappola culinaria della madre di Gino, che a essere gentili, non era mai riuscita a fare del cibo il clou di quelle serate.

Il secondo anno pensai alla suggestione per l'anno precedente.

La terza volta mangiai pochissimo e finita la cena, andai a vomitare, lo stesso. Non c'erano più dubbi, non era il cibo che mi faceva stare male, ma la serata.

Nel 1988 avevo detto no. Dopo aver ponderato per giorni le parole giuste per un bel discorsetto, durante un silenzioso pranzo, avevo comunicato la mia decisione. Ero convinto di provocare un energico disappunto da parte dei miei, invece Romano non aveva neanche alzato la testa dal piatto bofonchiando un "come vuoi" e mia madre glissando aveva chiesto se quindi avessi avuto qualcos'altro in programma con gli amici.

Alzandomi da tavola ero molto contento. Non c'era stata la temuta tragedia, ma per non rovinarmi il mood dovetti anche ignorare una piccola ma fastidiosa sensazione, quella che i miei non vedessero l'ora che io dessi quell'annuncio. Tuttavia, mi ero sentito più leggero, galleggiante. Scaricare dall'umore la zavorra della cena di Natale e la sua snervante attesa per la prima volta nella vita, mi aveva alleggerito a tal punto l'anima da percepirlo fisicamente.

Pochi giorni prima della vigilia, una sera, mentre ascoltavo gli amici esporre i programmi delle loro abbuffate natalizie con relativi menu, non potei fare a meno di notare, dietro il fervore delle loro sbavanti aspettative culinarie, un malcelato ma potente velo d'angoscia. Sembravano dire: "Sì, è fantastico avere la pancia piena di succulente pietanze... quando si va al patibolo". Allora esposi loro il mio di programma.

Il mio progetto di trascorrere la cena di Natale da solo a casa, con un piatto di pasta, scatenò una reazione generale che, lo ammetto, fu uno spasso, un piccolo godimento. Sorpresa, preoccupazione, sconcerto, biasimo e a volte diffidenza. Ma soprattutto invidia.

L'idea che ci si potesse sottrarre a quel trito rituale con un unico e semplice atto di volontà sembrò metterli tutti di fronte a un inaspettato problema di coscienza, un errore. Sospesi tra il pavido giudizio personale e quello più solido e avvolgente delle tradizioni familiari e sociali, li vedevo annaspare. Da un lato l'empatia nei miei confronti, che però comportava la frustrazione di non avere il coraggio di emularmi e dall'altro l'anatema, che li avrebbe salvati da quel mio anomalo modo di pensare perché come tale non avrebbe potuto che portarli all'inferno.

Distratto da questi pensieri, non mi accorsi del vecchio cinese che si stava avvicinando al nostro tavolo. Puntava proprio me. Non feci in tempo a sottrarre la mano prima che la sua, ossuta e rapace come un artiglio, me la ghermisse. Continuando con inaspettata forza a stringermi la mano diede inizio alla sua performance. Cominciò con una specie di benvenuto a tutta la tavolata e poi con la mano non impegnata a stritolare la mia impartì un'arzigogolata e incomprensibile benedizione cinese. Poi, quando sembrava sul punto di congedarsi, avvicinò rapido il suo volto al mio. Il vecchio a distanza ravvicinata era ancora più spaventoso. Tra il pesante trucco sfatto dal sudore e l'odore d'alcol e aglio, ebbi quasi un conato di vomito. Mi fissò per qualche secondo con sguardo penetrante poi snocciolò la sua profezia:

«C'è un luogo magico e molto importante per te...»

(pausa)

«Roma.»

Ma come, Roma? D'accordo, non è che mi aspettassi i tre segreti di Fatima, ma uno sforzo in più... no? L'istinto sarebbe stato quello di mandarlo a quel paese o peggio, ma trattenni la mia parte coatta e con pomposa gentilezza ringraziai il vecchio della dritta. Si allontanò con fare teatrale tra gli svolazzi del suo variopinto costume. Nella tavolata cominciarono a serpeggiare gli sghignazzi. Dopo lo scherno avvertii per lui un moto di pena solidale tra colleghi. Magari un tempo, nel suo lontano paese era stato anche lui un attore. Chissà quale storia l'aveva portato lì a sbarcare il lunario dovendo fare il buffone per tavolate di imbecilli tutte le sere. A ogni modo, se mai avessimo avuto voglia di continuare a ridere per quel patetico siparietto, ce la fecero passare poco dopo presentandoci il conto. Una vera mazzata.

A proposito di conti. Una volta stabilito il contatto tra me e Marcello era stata premura di entrambi presentare e introdurre l'altro nella propria famiglia: quella vera, gli amici. In teoria non ci sarebbero dovuti essere particolari problemi nel mischiarci, anche perché, frequentando un paio di locali che in quegli anni andavano per la maggiore, bene o male ci conoscevamo già tutti, ma qualche problema pratico ci fu.

Quella serata al ristorante cinese ne era un esempio. Il

mio gruppo di amici stretti, seppur composto di ragazzi altoborghesi benestanti, figli di professionisti e intellettuali anche di successo, non poteva competere da un punto di vista della disponibilità economica con quello di Marcello che annoverava tra le sue fila nobili, figli d'industriali o vicini di villa sull'Appia antica. Quella sera appunto, essendo nota l'esosità del ristorante, quando l'avevo proposto ai miei, il rifiuto era stato unanime. Per quanto mi riguarda era un periodo che mi girava bene. Il lavoro aveva ingranato con una certa continuità e soddisfazione e questo faceva la differenza con chi era ancora sotto il giogo economico della famiglia perché impegnato in qualche specializzazione universitaria o master. Pagando l'esorbitante quota del conto, ringraziai il cielo di non essere riuscito a convincere nessuno.

Uscimmo dal ristorante. Tutto sommato il bilancio della serata era stato positivo, gli amici di Marcello erano stati simpatici e spensierati e prima che subentrasse la mia impazienza, la conversazione era stata piacevole. Mi proposero di proseguire la serata a casa di uno di loro. Il programma non sembrava male, ma era domenica e (purtroppo) avevo già il mio.

La mia serata sarebbe proseguita al Tommy's Bar, un locale del centro, a due passi dal Pantheon. Il proprietario, nonché gestore del locale, Tommy (Tommaso Martinelli), era un amico d'infanzia, uno tra i più simpatici ed estroversi tra quelli conosciuti e frequentati per qualche anno a Villa tra una canna e l'altra. Poi ci eravamo persi. Tommaso era stato uno di quei ragazzi, come si dice, con la strada spianata. E ci aveva anche provato per un po' a seguire quella strada, le orme paterne di una brillante carriera diplomatica. Tuttavia, dopo una serie di insuccessi su un percorso che per quanto spianato presentava le sue difficoltà, Tommaso si era scoraggiato manifestando le prime volontà di rinuncia. Il padre non l'aveva presa bene. Ne erano nate feroci discussioni che non avevano fatto che esacerbare un rapporto complicato, determinato dall'assenza del padre. Ora è difficile dire se per indole avversa o manifesta incapacità, o magari solo per fare un dispetto al padre, comunque alla fine Tommaso aveva rinunciato al suo destino "pariolino". Sostenuto moralmente ed economicamente nella sua rinuncia dalla madre si era preso un anno sabbatico. Era andato a Londra e aveva fatto la classica trafila: lavapiatti, cameriere, ecc. La chiamo "classica trafila", perché in quegli anni era tipico. I rampolli ribelli di buona famiglia scappavano all'estero, spesso in Inghilterra, dove immolandosi in una serie di lavori possibilmente modesti, acquisivano una sorta di patentino di umiltà che nobilitava la loro ribellione e fuga. Il paragone sembrerà esagerato ma credo che quei ragazzi si sentissero tutti dei Francesco che rende le ricche vesti a papà Bernardone nella piazza di Assisi. Va notato che la maggior parte un anno dopo tornava, si rimetteva le vesti pregiate, chiedeva scusa al suo Bernardone e rientrava in carreggiata. Tommaso (da lì in poi Tommy) era tornato anche lui dopo poco più di un anno. Grazie ancora una volta al sostegno della madre però non era stato costretto ad abbandonare il suo nuovo stile londinese da rocker anni Settanta per rimettersi i panni del bravo ragazzo. Un anno dopo, unendo l'esperienza londinese (dove grazie alla conoscenza dell'inglese, Tommy era arrivato a fare il barman), alla passione per la musica e alla sua simpatia, aveva inaugurato il Tommy's Music Bar; e lì ci eravamo ritrovati.

La domenica sera, di norma sottotono per il locale, permetteva a Tommy di abbassare la serranda a un orario accettabile (per i nostri standard dell'epoca), cioè verso l'una e non alle solite tre del mattino. A quel punto il locale sarebbe stato tutto per noi, per una delle nostre serate speciali.

Ci salutammo con Marcello ripromettendoci di trovare un attimo in quel rush finale di frenesia natalizia per farci gli auguri e scambiarci i regali. Solo un attimo, prima che il pernicioso clima delle feste con la sua reiterata falsità dei rispettivi riti domestici calasse un momentaneo sipario di piombo tra i nostri universi.

Come previsto nel locale non c'era quasi nessuno. Tommy, impegnato alla cassa, notò subito che ero entrato e mi fece un cenno di saluto. Ricambiai il saluto e mi sedetti al bancone aspettando che si liberasse. Era buffo Tommy. Alto, secco allampanato, con una massa di capelli riccia e smisurata che avrebbe fatto invidia a uno dei Jackson Five (non proprio le *physique du rôle* del diplomatico). Guardarlo muoversi nel suo locale così anglosassone e anni Settanta era come guardare uno di quei telefilm che avevo adorato nell'adolescenza: "Attenti a quei due", "Starsky & Hutch". Buffo sì, però Tommy alle ragazze piaceva. Mischiando stranezze, brio e un aspetto originale ma per nulla sgradevole, era riuscito a sviluppare un fascino invidiatogli da molti suoi coetanei di fatto più avvenenti. Single "di carriera", aveva spiazzato tutti ultimamente impegnandosi in una relazione semiseria con Marianne, una ragazza di Bordeaux molto carina, ma anche dolce e materna. Alta quasi come lui, a volte trattava Tommy come un bambolotto, ma a lui non dispiaceva. In quei giorni Marianne era in Francia dai parenti per il Natale.

Conoscendo bene Tommy, preda della medesima impazienza che aveva colto me al ristorante, doveva essere un po' che teneva d'occhio l'entrata aspettando il mio arrivo. A questo pensiero la mia mano andò per l'ennesima volta alla tasca interna della giacca. Un quarto d'ora dopo Tommy spense l'insegna esterna e serrò la porta.

Fatto, il mondo era fuori e noi dentro. Ci sedemmo a un tavolo nella zona più interna del locale. La consuetudine dei nostri gesti aveva ormai un che di rituale. Mentre Tommy metteva sul tavolo due Ceres, un mazzo di carte da scopa e sceglieva la musica, io fibrillante tiravo fuori dalla tormentata tasca interna della giacca il nostro premio e "apparecchiavo" le strisce. Di eroina.

Sì, la sniffavamo l'eroina, non ce la iniettavamo. Per due motivi: il primo, l'illusione di un minor danno e il secondo, una comune idiosincrasia per gli aghi. Se avessi avuto la fortuna che l'unico approccio possibile con la sostanza fosse stato quello di bucarsi una vena da soli, me ne sarei tenuto distante.

Il mio primo incontro con la sostanza era avvenuto un paio d'anni prima, a Milano. Ero lì impegnato in un'ultima deprimente tournée con L'Allegra Brigata.

Il teatro era troppo grande per la nostra poca fama e lo spettacolo, per quanto apprezzato, non richiamava mai tanto pubblico. Una sera, dopo una triste pomeridiana con solo una ventina di spettatori, un diavoletto con cui dividevo l'appartamento a Milano decise di creare un significativo diversivo alla nostra latente depressione. Approfittando della nebbia per nascondersi dal colpevolizzante sguardo della Madunina, portò a casa una fatidica bustina. Curiosità, spavalderia, incoscienza forse. Ma non mi sentivo ingenuo, credevo di sapere bene cosa avevo davanti, anche se non l'avevo mai provata. Fatto sta che quella sera, senza rendermene conto, staccai il biglietto per un viaggio che solo il caso (tra l'altro crudele) ha evitato che fosse senza ritorno.

All'inizio il coinvolgimento fisico e sensoriale fu molto forte. Bastarono pochi milligrammi di quella polverina marrone per essere lanciato nello spazio, e atterrare dopo un breve tragitto come per magia sul pianeta della pace dei sensi.

Niente più dolore, niente più tensioni, l'annullamento di tutto, anche dei desideri. A occhi aperti o chiusi, compenetrato o astratto da una realtà non più connotabile nel bello o nel brutto, nel buono o nel cattivo, solo materia calda, avvolgente, amniotica. In poche parole, la felicità.

Poi ci fu il ritorno. Non era certo la prima volta che sperimentavo un "down", avevo già una discreta esperienza con gli stupefacenti. A parte una pesante spossatezza fisica e mentale, lì per lì non registrai altri disagi. Ma è cosa nota che un vero astronauta al suo rientro necessita sempre di un lungo periodo di riabilitazione, altrimenti non ce la farebbe da solo a reinserirsi in una realtà a quel punto troppo caotica e imprevedibile, rispetto alla tranquilla sospensione del cosmo.

Già troppo. E io troppo ignorante e presuntuoso non fui

in grado di capirlo e di intuire che di lì a breve, un desiderio smanioso e capriccioso come quello di un bambino che pretende un altro giro di giostra, mi avrebbe assalito e subdolamente dominato, riportandomi in cerca di un altro viaggio verso quell'ingannevole felicità.

Felicità, non è quello che in fondo cerchiamo tutti?

I veri momenti di felicità di una vita si possono contare sulle dita delle mani e in genere sono un po' per tutti uguali: la nascita di un figlio o un nipotino, il matrimonio, la laurea, la maturità, un particolare successo lavorativo o il sollievo per la guarigione da una grave malattia, nostra o di qualche caro. Apici intensi ma brevi di gioia e appagamento, che come fuochi d'artificio illuminano per pochi istanti anche la notte più buia. Questo fa sì che il concetto di vita felice sia un concetto esprimibile solo a posteriori, solo attraverso una finale visione d'insieme. Il ricordo di tutte quelle piccole esplosioni nel passato, quei pochi momenti in cui un sussulto dell'anima ci ha fatto alzare per qualche secondo gli occhi al cielo.

La portata di questa constatazione non è per tutti subito chiara. E per qualcuno non lo diventa mai.

L'eroina è una macchina del tempo. Drammaticamente imperfetta però, va solo in avanti. Assumendola t'illudi di accedere a una fonte di felicità infinita, in realtà stai solo bruciando in anticipo la poca che hai. Catapultandoti al traguardo di ogni percorso, di ogni sforzo, di ogni lotta o sofferenza l'eroina ti mette davanti tutti i tuoi fuochi d'artificio, l'arsenale di una vita, senza dirti che un attimo dopo te lo farà esplodere in faccia. Un'esplosione così dolce che sembrerà ne sia valsa la pena ma riavendoti dalla quale, ti ritrovi nella polvere a sudare e a sputare sangue, inseguendo scene di uno spettacolo già visto.

Ed eccoci lì io e Tommy. Due gusci galleggianti in un artificioso mare di sogni. Inconsapevoli di essere alla deriva. Scivolando su acque dai fondali così profondi e cupi che nel solo tentativo di vederne il fondo si rischiava di esserne risucchiati. Solo per caso ancora fianco a fianco, grazie a una corrente propizia, ma presto in balìa di un orizzonte cupo che prometteva solo tempesta.

Ammorbidendo con la droga i nodi drammatici delle nostre vite, pur senza riuscire a scioglierli, riuscivamo però almeno ad allentarne quella stretta alla gola che giorno dopo giorno rischiava di soffocarci. Le nostre nottate da "fatti", tra una partita a scopa e una birra, però, non erano veri momenti dialettici. Con Tommy non svisceravamo i nostri problemi in maniera aperta e disinibita in cerca di soluzioni catartiche; al contrario, lo scellerato e muto patto di quelle serate "speciali" si fondava proprio sull'incapacità di affrontare quelle problematiche e sul diritto di esprimere tale incapacità proprio attraverso il silenzio.

Era evidente che entrambi ci consideravamo un'anomalia nel panorama dei classici drogati. Perdenti, emarginati, con problemi nelle relazioni sociali, categorie che ai nostri occhi, avevano milioni di buone ragioni per "farsi" e altrettante per non smettere più. Ma noi eravamo diversi. Pieni di amici, di donne, di relazioni, di progetti. Noi non ci saremmo mai persi su quella strada. Il nostro filo di Arianna era legato saldamente a vite invidiabili e la nostra perdizione era solo un vezzo *bohémien* dettato dalla noia e da un'impavida curiosità. Riecheggiavano ancora in quegli anni le note degli Imagination... "È solo un'illusione... uh uh ah ah."

Io e Tommy nello stesso mare, ma il fiume che ci aveva condotto lì non era lo stesso.

Quando ricominciammo a frequentarci, la prima volta che andai a casa di Tommy mi venne in mente Guillermo Mordillo. In particolare, una vignetta in cui un uomo, trasgredendo alla triste e grigia omogeneità delle case che lo circondano, dipinge la sua di bianco, con il tetto a onde bianche e fucsia. Per questa stravaganza l'uomo è portato via dalla polizia.

A casa di Tommy la polizia non è mai arrivata per quel che ricordo, ma in quanto a stravaganza, quel nucleo familiare non era secondo a nessuno.

Tommy viveva con la madre Nina e due fratelli più piccoli: Eugenia, detta Iugin, e Vinicio. Il loro appartamento si trovava vicino piazzale delle Muse ai Parioli. E già, sarebbe stato difficile per chiunque avesse frequentato il Tommy's dedurre le origini ultraborghesi del suo proprietario. Avevo diversi amici che abitavano da quelle parti. Appartamenti ampi lussuosamente arredati con spumose e candide moquette che allora andavano tanto di moda e nell'aria un aleggiante profumo da giornale d'arredamento.

A casa di Tommy no. Per nulla simile a un appartamento da rivista, sembrava piuttosto un centro sociale e il profumo predominante nell'aria era quello dell'hashish.

Tornando alla mia prima visita, le stranezze cominciarono dal pianerottolo. Tommy per entrare non tirò fuori la chiave di casa. Ce n'era una già nella toppa. La vera sorpresa fu che non si trattava di una dimenticanza di un membro distratto della famiglia, ma bensì di un'usanza della casa. Visto il continuo viavai, era stato necessario quell'escamotage per evitare che qualcuno andasse ogni cinque minuti ad aprire la porta.

Si può immaginare l'impatto di un fatto simile su uno come me cresciuto nel bunker, dove mia madre oltre alle serrature blindate avrebbe voluto l'ispettore Ginko per controllare che Kidàn al ritorno dalla spesa non fosse Eva Kant con una maschera.

Le sorprese continuarono una volta entrati. In un ambiente non troppo grande, una folla di giovani sbracati su divani vintage ricoperti di stoffe orientali, rollavano canne, bevendo birra e chiacchierando tra loro. Ci salutarono in modo distratto e nel breve tragitto verso la camera di Tommy passando davanti ad altre stanze con la porta aperta vi s'intuiva un'analoga situazione.

La mia giovane mente stereotipata non poté che formulare un'ipotesi: hanno arrestato i genitori.

Niente di più distante dalla realtà. La porta della camera di Tommy era chiusa, l'unica chiusa della casa. Il suo status di camera del primogenito la preservava dai bivacchi. Entrando, mi sorprese un ordine perfetto. Ma non per Tommy, il suo occhio allenato in un istante notò un'anomalia: la copertina di un disco lasciata sul letto e il disco sul piatto del giradischi. L'intrusione era evidente. Dalle sue imprecazioni e per il cambio d'umore capii che si trattava di una cosa grave. Si precipitò fuori dalla stanza urlando i nomi dei fratelli. Il cambiamento fu così rapido che per qualche istante rimasi nella stanza da solo, poi seguii le urla. Raggiunsi Tommy nella camera di fronte, dove rapidamente erano sopraggiunti i fratelli allarmati.

Non era la prima volta che assistevo a una litigata tra fratelli e sapevo bene, così come gli altri presenti, che sarebbe stato inutile e controproducente qualsiasi tentativo d'intromissione e tantomeno di mediazione. Vinicio e Iugin si barcamenavano in un classico scaricabarile, Tommy minaccioso, ricordava loro le regole del più grande. Poco interessato alla discussione, mi distrassi osservando la stanza e le numerose persone che la riempivano.

Una in particolare attirò la mia attenzione. In un angolo vicino alla finestra inondata da un cono di luce c'era una strana quanto incongruente figura. Era una ragazza avvolta in un tipico sari indiano, i capelli corvini raccolti in una lunga treccia, e stava stirando. Era di spalle, leggermente curva sulla tavola da stiro e intenta nel suo lavoro sembrava del tutto sorda a quello che le stava accadendo alle spalle. Stira, è indiana... la cameriera pensai.

La discussione intanto non si placava. Il colpevole non confessava. Tra l'altro era venuto fuori che il disco in questione era l'ultimo album di Quincy Jones, che Tommy aveva acquistato dopo mesi di attesa e non aveva ancora ascoltato. Che qualcuno lo avesse scartato, sfogliato e sentito prima di lui, lo considerava un vero e proprio stupro e non rinunciava a voler scoprire il responsabile.

«Amò... Quinci Jonse l'ho ascoltato io.»

Seppur pronunciate da una vocina infantile e un po' roca queste parole ebbero il potere di placare all'istante gli animi creando una sospensione.

Stava parlando la ragazza in sari, la stiratrice.

«M'avevi detto che era tanto fico... stamattina volevo qualcosa che me desse 'n po' de carica per passà l'aspirapolvere... infatti, oh... ho volato.»

«Ma... mamma!»

Un'onda d'ilarità ruppe la tensione nella stanza, intanto che la mia mente tentava un'associazione logica tra la parola "mamma" e quella figura. Strabuzzando gli occhi come in un cartone animato cercai il volto di quella donna che ora si stava girando.

Nina, la mamma. Il suo volto rivelò subito una ventina d'anni in più sulla media dei presenti ma anche una bellezza ancora solida e che manteneva intatta parte del suo fascino. Una Sonia Gandhi (tra l'altro pure lei italiana) de Trastevere e con il ferro da stiro in mano.

La ferrea educazione da giovane dei Parioli imponeva che alla parola mamma scattassi in una educata e rispettosa presentazione delle mie generalità. "Piacere di conoscerla signora, Fabio Camilli."

Non fui così ingenuo. Ci pensò Tommy poco dopo, placata la *bagarre* sul disco, quando i fratelli e rispettivi amici stavano lasciando la stanza.

«A proposito... Fabio, lei è Nina.»

«Ciao.»

«Nina, lui è Fabio.»

«Ciao Fabio, benvenuto... e scusa il casino.»

«Figurati.»

Anche se dicendole ciao e dandole del tu avevo ostentato un atteggiamento amicale il più possibile simile al suo, anche se non ero certo io che avrei potuto stupirmi per l'originalità di un genitore, quella mamma indo-romanaccia mi metteva soggezione. Quando la conobbi meglio, Nina si rivelò una donna eccezionale, dalle discutibili doti pedagogiche ma eccezionale. Scoprii che la Nina trasteverina era solo un personaggio, il modo in cui lei si divertiva a prendere in giro noi ragazzi, scimmiottando i nostri slang da coatti così grotteschi e ingiustificati in bocca a ragazzi borghesi e di buona famiglia. Anche i panni dell'indiana erano una recita, un modo di passare il tempo, con cui prendeva in giro però solo se stessa. Nina era una pittrice, o almeno lo era stata. Era una donna arguta, colta. Il suo umorismo mai prevedibile (umorismo che tutti i figli avevano ereditato), era spiazzante e irresistibile. Detto questo, la dote principale di Nina penso fosse un'altra. Da ogni suo gesto, parola o sguardo trasudava amore per i suoi figli. Quello che provava Nina per i suoi ragazzi (che la ricambiavano) era una passione potente, un sentimento plateale, non discutibile, al limite del romanzesco e come tale pieno di colpi di scena. Slanci il più delle volte premurosi e protettivi ma che, per impeto, potevano diventare scomposti, travolgenti e ahimè non di rado anche dolorosi.

Tornati in camera sua, Tommy si sentì in dovere di farmi un piccolo riassunto. Il padre e la madre una quindicina d'anni prima avevano divorziato. Goffredo, il padre, noto diplomatico di carriera, tutto sommato non aveva fatto una piega e dopo poco si era legato a un'altra donna con la quale aveva fatto un altro figlio e ora viveva a Bruxelles. Nina invece l'aveva presa male. Con tutto il pacchetto: rabbia, depressione, psicofarmaci e da lì abbandono della cura di se stessa, della casa... dei figli. Li aveva salvati zia Linda, una sorella di Nina, un deus ex machina venuta da Pordenone che si era dovuta fermare da loro per quasi un anno. Nina si era ripresa e Linda era tornata al Nord. Ma seppur integra nell'umore e di nuovo dotata di una visione positiva e progettuale della vita (si era rimessa pure a dipingere) da allora Nina era molto cambiata. In un infantile quanto spesso ridicolo e grottesco tentativo di riconnettersi a un Eden di felicità post adolescenziale, a quel meraviglioso ignoto prima che succedesse tutto, aveva a uno a uno rinnegato senza pietà ogni suo ruolo precedente: la ragazza borghese elegante, dai capi firmati e l'impeccabile manicure, aveva lasciato il posto a una instancabile e compulsiva ricerca di identità etnostilistica che aveva attraversato negli anni diversi paesi e continenti, ultimo ma senz'altro non definitivo quello indiano. La moglie del diplomatico, regina dell'etichetta, che della forma nella sua vita ne aveva fatto scopo e vanto... sparita, al suo posto una "ragazzina", disordinata quasi per dispetto, senza più freni sulla lingua e formale come il proprietario di una sala giochi. E per concludere la madre... madre? Mamma? Ma io mica ti chiamo figlio. Perché rimanere ancorati a queste stupide etichette e al loro ancor più stupido bagaglio di convenzioni e doveri? È roba vecchia, roba da famiglia, ma visto che noi non lo siamo più una famiglia, visto che quello stronzo ci ha mollati qui e se n'è fatta un'altra... di famiglia, a noi, chi ce lo fa fare? Abbiamo dei nomi così belli, Nina, Vinicio, Eugenia... perfetti per dei coinquilini. A Tommy e i suoi fratelli non ancora in grado di cogliere tutti i risvolti del cambiamento della madre, non era restato che sfruttarne i vantaggi, l'anarchia.

Tornato a casa, mentre mi slogavo il polso all'ennesima serratura del bunker ero avvilito. Come Alice, costretta a tornare dal paese delle meraviglie. Attraversando la porta di casa come a ritroso dallo specchio, il tombale silenzio dopo il gioioso frastuono di casa Martinelli ebbe un che di spettrale. La cena, allegra come una messa nera, completò il quadro depressivo. Mai come quella sera avevo fretta di uscire.

Divenni un satellite fisso di quella casa e di quella strana famiglia. Per molto tempo fui convinto come tanti altri ragazzi, che quel modello allargato e reinventato di nucleo parentale, così lontano dalle nostre ingessate storie borghesi, fosse la ricetta della felicità.

È ovvio, non esiste una equazione della felicità, specialmente quando si parla di famiglia, checché ne dica Tolstoj. Col tempo posso però dire che Nina, Tommy e i suoi fratelli trasformando la loro casa in un'incandescente fucina, convinti di bruciarvi dentro pregiudizi, credenze e convenzioni facendosene beffe, non si rendevano conto che vi avrebbero bruciato dentro anche qualcosa di molto più prezioso, l'intimità: il cuore della famiglia. Aprendo porte e finestre per spalancare le braccia al nuovo, parte gioiosa e ingannevole del mondo, dal mondo erano stati invasi e poi sopraffatti. In tutte le storie c'era una parte triste (c'è sempre) e quando quella parte è arrivata, in quella casa non c'era più spazio per il dolore, per le lacrime; neanche un angolino. Cuori indifesi, nudi, sotto lo sguardo assente o divertito della folla, quei cuori avevano dovuto sviluppare una capacità, avevano imparato a implodere. Una capacità ingrata, che non porta mai a niente di buono.

Sprofondati nella notte, nel locale di Tommy e nell'eroina, mischiavamo con le carte anche le nostre paure. Due fiumi dal corso diverso, ma il mare dove avevamo deciso di perderci era lo stesso. Un mare molto grande, tranquillo e artificioso, senza dubbio in grado di accogliere con indifferenza le nostre miserie.

Io e Tommy, destini diversi accavallati per un attimo. Due equilibristi che non temevano il vuoto solo perché entrambi ciechi. Due amici per la pelle. Purtroppo nessuno dei due in grado di salvarla all'altro. Due tossicodipendenti.

Ci salutammo all'alba. Sapevamo che, ancora sotto l'effetto della droga, avremmo trascorso diverse ore sdraiati sul letto cullati da una specie di sonno. Uno stato onirico molto attivo, appagante ma non riposante, che ci avrebbe riconsegnati al mondo nel primo pomeriggio, stanchi, sonnolenti e infastiditi.

9

E anche quel Natale andò in scena. Le previste abbuffate, il mio solitario piatto di pasta, la frenesia d'inutili regali all'ultimo momento, le folle di miscredenti alle messe di mezzanotte, l'indesiderata promiscuità con i parenti e le risa o il pianto dei bambini contenti o delusi dal dono tanto atteso. 48 ore dopo, affidato il "Bambinello" alle amorevoli cure del bue e dell'asino, l'umanità era già in fibrillazione per salutare il 1991 e festeggiare l'arrivo del 1992, secondo gradino del conto alla rovescia verso il leggendario 2000.

Già non lo amavo tanto, ma a quei tempi non avevo ancora per il Capodanno la stessa avversione che avevo per il Natale. Ricorrenze, compleanni, Capodanni, anniversari, non ho mai amato lo scandire del tempo, e ho sempre trovato paradossale il festeggiarne il suo passaggio da parte di esseri (umani) che in effetti ne hanno così poco. Comunque, se il Natale può essere considerato un insidioso snodo per i conflitti familiari, il Capodanno può esserlo altrettanto per quanto riguarda gli amori e le amicizie. Quell'anno oltre a dovermi barcamenare tra amici e donne avrei dovuto mettere in programma anche un passaggio (quasi obbligatorio) a casa Modugno.

I tre fratelli avevano organizzato una grande festa. Sarebbe stata questa la mia prima scelta e forse mi avrebbero anche compreso, ma non me la sentivo di dare forfait agli amici storici. Non avevo avuto nessuna difficoltà a farli inserire nella lista della festa, ma la canonica mezzanotte so che la avrebbero passata tra di loro contando anche su di me e non volevo deluderli. Potevo fare un Capodanno "Tour", un classico. Nel 1991 si poteva ancora fare, prima che l'aberrante subcultura del divertimento estremo e plateale finisse con il trasformare l'ultimo dell'anno in una bolgia di barbari rigurgitanti frustrazioni dai finestrini delle macchine.

Un'oscena gara d'ignoranza. Ingorghi inestricabili dove milioni di persone intrappolate tra le lamiere postano volti stupefatti e trucchi sciolti sui social fino all'alba. In quegli anni per fortuna non era così. Un single come me senza il fardello di una fidanzata "impupata" con tacco dodici da doversi trascinare dietro, munito di vespa, si poteva muovere con facilità anche la sera di Capodanno. Era deciso. "Tour."

28 dicembre, sabato. Ore 11.30.

Non capivo bene che cosa stesse dicendo e poi non mi aveva dato il tempo di togliermi i tappi dalle orecchie, ma solo il fatto che Kidàn mi stesse svegliando senza che avessi lasciato nessuna indicazione sulla lavagna, voleva dire che era di sicuro urgente. Andai al telefono cercando di riacquistare lucidità nel tragitto, sforzandomi di elaborare le confuse informazioni che Kidàn mi continuava a dare. Una porta della casa sbatté con violenza sospinta da un'improvvisa corrente d'aria. Un rumore forte e secco. Come un colpo di fucile e poi un irreale silenzio.

«Pronto?»

«Tommy è morto.»

Patatràc. Corroso nelle fondamenta da un'impietosa risacca, il castello di sabbia dell'invulnerabilità era imploso con un rumore assordante. Vagante indomito delle sue stanze, Tommy era stato colto di sorpresa e trascinato giù in un vortice di sabbia nelle viscere della terra. E quando l'ultimo granello era stato inghiottito, era rimasto solo un buco, una voragine spaventosa, che avremmo riempito soltanto di lacrime, di dolore e di rabbia.

Mi precipitai a casa Martinelli. Nel tragitto continuavo a pensare alla nostra conversazione del giorno prima, l'ultima. Tommy mi aveva chiamato per propormi un'altra delle nostre serate. Marianne sarebbe tornata il 31 e avrebbero passato il Capodanno *tête à tête.* Voleva sfruttare l'ultimo scampolo di trasgressiva libertà per poi riconsegnarsi pacificato nelle mani della sua fidanzata. Ma la serata di eroina con il suo strascico di un paio di giorni di sonnolenza e spossatezza, non mi era sembrata il programma ideale in prossimità di un ultimo dell'anno verso il quale nutrivo invece diverse aspettative. Avevo detto passo.

Arrivato sul pianerottolo dell'appartamento, girando l'immancabile chiave, per la prima volta mi sentii un intruso. Al posto del gioioso chiasso che sempre accoglieva chiunque varcasse quella soglia, in casa c'era un silenzio plumbeo e l'aria era umida di pianto.

Dissero che Tommy era morto per un attacco notturno d'asma, che l'aveva colto nel sonno impedendogli di reagire.

Sarebbe troppo pesante e indiscreto raccontare il dolore di quella famiglia, ma quello degli infiniti amici che le si strinsero attorno fu straziante. Il mio fu straziante. Non so quando smisi di piangere. Non so se a dire il vero una parte dentro di me abbia mai smesso.

Lunedì 30 dicembre ci fu il funerale. Una piccola folla di ragazzi attoniti e piagnucolanti che sembrava non voler ancora accettare il fatto che non si trattasse di uno scherzo di quel "pagliaccio" di Tommy.

Defilato in una navata laterale, cercando di non fissarmi sulla bara che mi sembrava troppo piccola per lui, vagavo con lo sguardo sulle persone in chiesa. Il dolore aleggiava sopra le loro teste, soffocante e tangibile come una nebbia molto densa. Eppure, non potevo fare a meno di pensare che buona parte di loro poco più di ventiquattr'ore dopo avrebbe provato a esorcizzare quella triste e inopportuna mattinata ubriacandosi in qualche festa. Per carità, non sono poche le culture che celebrano la morte con dei festeggiamenti e Tommy sarebbe stato senza dubbio d'accordo, ma il pensiero m'infastidì e decisi di attendere fuori la fine della funzione fumando una sigaretta.

L'ultimo dell'anno, passammo il giorno e poi la sera da un amico a consolarci a vicenda, ad abbracciarci, a parlare di Tommy, a versare altre lacrime e a farci un'infinità di canne. Il nuovo anno arrivò senza che ce ne accorgessimo, annunciato solo da qualche scoppio, senza essere il benvenuto, senza che nessuno glielo avesse chiesto, senza Tommy.

Poco dopo la mezzanotte ci salutammo affranti e stremati da quell'infinita e tragica giornata.

Roma dava inizio ai suoi bagordi. Sfrecciando in vespa tra i primi sciami di festaioli, in una notte troppo calda per gennaio, mi tornarono in mente alcune istantanee del giorno prima, del funerale e in una mi sembrò di vedere Marcello.

Conosceva Tommy, ma non erano così amici. Forse era venuto per me, per un abbraccio di fraterna consolazione.

O forse no. Forse me l'ero solo immaginato. Nel frattempo ero arrivato al bunker. Quando ormai rimanevano solo una cinquantina di metri al cancello, vi notai una macchina ferma davanti. Il rientro in contemporanea ai miei genitori non era nemmeno pensabile. Non sarei stato in grado di reggere la pantomima di Capodanno. Confidargli i miei tormenti neanche a parlarne. Non restava che riaffondare il gas passandogli davanti a tutta velocità. Sì, ma per andare dove?

Non ci pensai su molto: da Marcello. Sapevo che la festa era stata confermata. Sia ben chiaro, non mi era venuta voglia di festeggiare. Appena giunto sarei andato a cercare Marcello. L'avrei trovato di sicuro defilato con un gruppo ristretto di amici dal quale, vedendomi, si sarebbe staccato per venirmi incontro. Ci saremmo abbracciati e poi mi avrebbe condotto in una parte tranquilla dello sconfinato parco della villa, dove dimenticandoci di tutti ci saremmo persi in una conversazione di più alto livello.

Avremmo parlato di Tommy, della sua morte certo, ma anche della vita, onere e privilegio di chi resta. E quando una coppietta di ospiti ubriachi alla ricerca di un luogo dove appartarsi fosse piombata rompendo l'incantesimo, lui sarebbe tornato dai suoi amici e io alla mia vespa e sarei tornato al bunker con un bilancio del primo dell'anno forse non del tutto disastroso.

Non andò così.

Vidi subito la luce blu dei lampeggianti dei carabinieri. I militari stavano cercando di disperdere l'assurda calca che si era formata di fronte al cancello della villa.

Era un momento in cui il fenomeno degli "imbucati" alle feste era al suo apice. Orde organizzate di "cavallette" che piombavano nelle case e nei festeggiamenti altrui, non con il solo intento di scroccare cibo e alcolici ma spesso con atteggiamenti più predatori e vandalistici. Non fu facile raggiungere il cancello, ma ci riuscii grazie anche a una certa determinazione, in sostanza facendo a botte.

Al cancello per fortuna andò tutto liscio, ero in lista. Senza soluzione di continuità una mostruosa densità umana proseguiva anche nel giardino della villa. Continuai ad aprirmi la strada in maniera un po' manesca, ma non conoscendo bene il luogo in breve fu chiaro che non avevo idea di dove andare. Seguendo la musica, con fatica raggiunsi la casa.

All'interno la medesima situazione: bolgia. Trovare Marcello cominciava a sembrarmi impossibile. La stanchezza di quell'infame giornata stava risalendo il mio corpo come una rapida alta marea. Mi fermai per fumare una sigaretta appoggiato allo stipite di una porta. Recuperate le forze avrei deciso cosa fare, nel frattempo continuavo a vagare con lo sguardo sperando nel miracolo.

Alla seconda boccata di sigaretta, su un tavolino a pochi metri da me, un telefono si mise a squillare. Quale imbecille poteva chiamare a quell'ora in una casa con una festa l'ultimo dell'anno? Uno, due, tre, quattro... il telefono continuava i suoi squilli tra l'indifferenza anche di quelli che gli stavano accanto.

Al decimo squillo il suono cominciò ad avere su di me un effetto ansiogeno. Ma che lo sento solo io? Qualcuno vuole rispondere... cazzo. Oppure staccate la spina. Niente. Drin... drin... drin... Va bene, ci penso io.

Mi staccai dallo stipite della porta e con quattro spintoni ben assestati raggiunsi il telefono. L'impulso di partenza era di prenderlo e scagliarlo contro il muro, ma al dunque la curiosità di scoprire la fonte di tale insistenza prese il sopravvento.

«Pronto, chi è?» un secondo di silenzio.

«Sono Domenico Modugno, cercavo uno dei miei figli.»

Ecco cosa voleva dire non credere alle proprie orecchie. Che tutta la faccenda avesse avuto sin dall'inizio un'aura da burla tragica era innegabile, già dalla telefonata di Silvia, ma questo era troppo. Eppure la sua voce era inconfondibile e avevo risposto proprio io a quel cazzo di telefono.

«Papà! Questa sì che è una coincidenza! Cercavi uno dei tuoi figli e... ta-da... eccomi qua. Sono Fabio... quello che hai fatto con Maurizia, quella rossa... dai ti ricordi? Buon anno!»

E invece.

La mandibola mi cadde quasi in grembo e una scarica di adrenalina mi raddrizzò la spina dorsale come una corrente d'aria gelida lungo la schiena. Senza emettere un sospiro allontanai da me la cornetta fissandola come fosse una bomba a mano senza spoletta. Poi un altro "pronto" quasi urlato nell'apparecchio me la fece all'istante riavvicinare e con tono rapido e impersonale da *concierge* mi sorpresi a dire: «Sì certo, glieli vado a cercare subito».

Appoggiai la cornetta-bomba sul tavolino mentre l'immagine del presente, congelatasi quando avevo risposto al telefono, si stava rimettendo in movimento. Chiassosa, indifferente, identica a pochi istanti prima. Come una sottolineatura o forse un avvertimento per quello che poteva essere stato solo un inganno della mia mente. Nel frattempo, la stanza si era sempre più riempita. La claustrofobia, letale come un lupo, mi assalì alla gola.

Era davvero troppo. Rimaneva un'unica cosa sensata da fare, quell'unica opzione quando sembra non essercene più nessuna, la fuga. Come una nave rompighiaccio pilotata da un capitano folle, cominciai a fendere il mare di carne umana che avevo davanti e che sembrava resistermi fino a volersi solidificare. Giunto all'aria aperta mi fermai solo un attimo per riprendere fiato. Il più sembrava fatto, mancavano solo una ventina di metri al cancello. La stanchezza però stava prendendo il sopravvento e prima di arrivarci fui costretto ad altre soste. Alla fine, dopo aver dovuto chiedere addirittura un paio di volte "permesso", uscii dalla villa.

Fuori la situazione si era tranquillizzata e non ebbi problemi a tornare alla vespa. Roma all'alba, la luce calda trasportata da un'aria gelida sembrava soffiare via la notte dalla sua bellezza come fosse stata polvere nera. Mentre fuggendo il giorno i suoi millenari spettri si rintanavano nelle buie catacombe e nei maestosi mausolei, i miei, avvinghiati a me sulla vespa come un'amorevole e infreddolita fidanzata, mi facevano rabbrividire.

Arrivai a casa febbricitante, intriso di umidità e di tristezza. Per fortuna in casa non incrociai nessuno e potei rintanarmi subito in camera. Sotto le coperte, con la luce accesa, dopo una ventina di minuti il mio corpo cominciò a scaldarsi ma ogni volta che provavo a chiudere gli occhi, una ridda d'immagini cominciava a scorrermi in testa vorticosa, come le icone di una slot machine. Finché non si fermò la più dolorosa.

Dopo il funerale, in un gruppo ristretto eravamo andati con la famiglia al Verano, per la tumulazione di Tommy. Dopo la chiesa e il suo spettacolo funebre, il dolore sui volti di chi davvero gli aveva voluto bene, era stato ancora più lacerante. E fra tutti, il volto di Marianne.

Mi ricordai di averla guardata mentre gli addetti del cimitero sigillavano con il cemento il loculo. Avevo pensato che in quella tomba quegli uomini forse stavano intrappolando per sempre anche il cuore di quella ragazza. Marianne, con quei suoi grandi occhi chiari e acquosi e che così spaventati e pieni di lacrime mi erano sembrati un immenso mare di dolore.

Spensi la luce. Il buio artificiale della stanza completò

quello dell'anima facendomi sprofondare nel letto. Al posto del sonno alzò il sipario il teatrino dei miei tormenti, e io ancora una volta inerte spettatore della mia vita, rannicchiato in posizione fetale nell'inconscia speranza di una rinascita, non potei far altro che ricominciare a piangere.

E per un po' il mondo smise di girare. Gli amici si dovettero occupare di me. Mi facevo trascinare in giro come un pacco senza indirizzo, neanche quello del mittente.

Non fu facile fare a meno di Tommy, della sua simpatia, della sua curiosità, della sua musica, della sua amicizia. Rimase per molto tempo un pensiero triste d'impotenza, finché non mutò in qualcos'altro per certi versi ancor più doloroso, la gratitudine.

Già, come quell'ultimo colpo di claxon che salva la vita al guidatore preda di un colpo di sonno, riportandolo alla realtà prima che si schianti, la morte di Tommy, cruda dimostrazione e rumoroso avvertimento della precarietà della vita, risvegliandomi di soprassalto, me la fece riapprezzare.

Nel panorama delle riabilitazioni, la mia fu dunque imprevista, traumatica, casuale, repentina. In poche parole, fortuita. Avrei potuto prendere quel lutto come un malevolo accanimento della vita nei miei confronti e contando sullo straordinario potere cauterizzante della droga cadere in una recrudescenza, con conseguenze devastanti.

Ma non andò così. Forse non ero ancora così "infognato". Forse, a voler misticheggiare, Tommy ci mise una buona parola. O con più probabilità, come un palloncino volato via che si salva dall'oblio solo grazie al suo esile filo che s'incastra per caso nella tegola di un tetto, così il mio istinto di sopravvivenza, attaccato a quella tegola m'impedì di volare via e perdermi per sempre.

10

Formentera, 17 agosto 1992.

Era chiaro, avevamo fatto una cazzata. Da quando eravamo arrivati sull'isola io, Fabio e Alessandro, più di una persona ci aveva parlato dello storico mercatino freak che si teneva alla Mola, verso la scogliera nella parte alta dell'isola ogni domenica mattina. Essere lì a mezzogiorno e trenta (in pratica appena svegli), in quella giornata limpida e infuocata si stava rivelando a ogni passo sempre più, appunto, una cazzata.

Si erano unite a noi Benny e Federica, due ragazze di Roma incontrate sull'isola. Non era certo per comprare qualche pareo o chissà quale manufatto di perline e cuoio che eravamo lì, cercavamo "l'Indiano". Lo avevano descritto in molti: un vecchio Navajo dall'età indefinita (tra i 60 e i 120) vestito in modo tradizionale, che vendeva ufficialmente sandali e monili ma che sottobanco, a chi la richiedeva, mesceva la sua mitica pozione. Nessuno sapeva cosa ci fosse dentro e il racconto dei suoi effetti era leggenda.

Arrivati al mercato, era sorto un problema: il 50 per cento dei venditori maschi corrispondeva alla descrizione. Più che un mercatino di fricchettoni, sembrava una riserva indiana. Era almeno un'ora che vagavamo da una bancarella all'altra. Decidemmo di sparpagliarci per fare più in fretta, e funzionò. Benny si sbracciava da una bancarella, l'aveva trovato. Entrati nella "capanna" non avemmo più dubbi. Ci trovammo davanti uno sciamano indiano in tutta la sua iconografica perfezione. Così perfetto che non parlava altra lingua al di fuori della sua. Per fortuna non c'è bisogno di essere Marcel Marceau per far capire che uno vuole quella cosa che si beve. Il vecchio lo capì. Propose due bicchieri, uno piccolo e uno grande. Scegliemmo tutti quello grande. Com'era prevedibile faceva proprio schifo. Prato bollito! Sempre a gesti lo sciamano ci informò sui tempi di reazione. Una mezz'ora e sarebbe cominciato il "viaggio". Di che tipo? Rimaneva un mistero. Uscimmo dalla capanna soddisfatti e carichi di aspettative.

La mezz'ora passò rapida, nulla, vabbè in questi casi si sa non ha senso essere fiscali... mah, 50 minuti, il naturale sospetto che già dal trentunesimo minuto si era insinuato nella mente di ciascuno, si palesò con la voce di Alessandro: «Che c'hanno dato la sola?».

Certo era facile aver interpretato male la mimica del vecchio, mezz'ora, un'ora e mezzo? Chi poteva dire di averlo capito bene?

Dopo un'altra mezz'ora, a parte rumorosi gorgoglii intestinali che non promettevano niente di buono, dell'agognato trip nemmeno l'ombra. Ci dovemmo rassegnare. Bolliti da quella mattinata infruttuosa non rimaneva altro che un bel tuffo in mare. Almeno quello era splendido e garantito. Playa del Muerto era la spiaggia più vicina. Benny e Fede ci avrebbero raggiunto dopo un passaggio in banca per cambiare dei traveler's cheque (una cosa d'altri tempi).

Anch'io ero deluso, ma non come gli altri. La decisione di prendere una droga dalle potenzialità psichedeliche o psicotrope non l'avevo presa tanto alla leggera come in altre occasioni. Non mi sentivo al riparo da involuzioni mentali e paranoie, se fosse andata male.

Avevo compiuto da poco 30 anni. Stavo diventando un uomo, un adulto (non nel senso responsabile della parola, per quello ci sarebbe voluto ancora del tempo).

Nell'ultimo anno erano successe tante cose nuove e alcune delle vecchie stavano per cambiare, una fra tutte: vivevo finalmente da solo.

La morte di Tommy era stata un doppio trauma: il dolore e l'implosione di quel dolore tra le mura ostili di via Chelini. Da allora avere uno spazio autonomo era diventata una priorità. Si erano subito presentati due ostacoli principali al progetto: il budget e la certezza di non voler condividere un appartamento con nessuno. Già la mia vita in famiglia era stata una lunga, cruenta e surreale convivenza. Avevo già dato. La solitudine era una *conditio sine qua non*.

Detto ciò, non era facile. Dopo una serie di buchi nell'acqua ero frustrato e scoraggiato. Poi, un colpo di fortuna. Chiamo colpo di fortuna quello che in qualsiasi famiglia avrebbe potuto chiamarsi normale livello di comunicazione.

Accadde questo: una notte mentre insonne mi rammaricavo per non aver trovato ancora la mia via di fuga, lavorando con la mente a questo scopo anche nei pozzi più reconditi della memoria, questa aveva fatto una serie di *clic* alla fine dei quali mi ero ricordato che mia madre aveva due miniappartamenti.

Li aveva comprati con la sua dote (quando ancora si usava), come investimento. Erano a Roma, non sapevo dove. Ricordai pure che i modestissimi introiti degli affitti, vincolati da equo canone e da contratti dalle scadenze infinite, venivano devoluti da mia madre per intero alla sua come contributo al suo sostentamento. Quella notte non ero riuscito più a dormire.

La mattina dopo a colazione...

«Buongiorno papino.»

«Buongiorno tesoro, hai dormito bene?»

«Agitato. Ho avuto un'idea che mi ha elettrizzato e non mi ha fatto chiudere occhio... e non vedevo l'ora di parlarne con te e poi con la mamma.»

«Che strano... anch'io ho avuto un'idea... ma dimmi prima la tua, caro.»

«Stanotte pensavo ai due appartamenti di mamma affittati a due lire da anni. Forse potremmo essere vicini alla scadenza dei contratti e in questo caso, bisognerebbe essere tempestivi con le disdette affinché non si rinnovino. E a questo proposito, se così fosse, una volta liberati, potrei cogliere l'occasione e in uno dei due andarci ad abitare io... che dici, papi?»

«Dico che è incredibile! È la stessa idea che ho avuto io! Che magnifica sintonia! È un'ottima idea.»

«E se mamma lo ritenesse necessario, per l'appartamento che prenderò, potrei continuare a pagarle un affitto.»

«Sei carino a dirlo, ma non credo che ce ne sarà bisogno. Bene, chiamerò oggi stesso il commercialista per verificare le date.»

Abbraccio commosso tra padre e figlio... zoomata sul prodotto (gli Abbracci del Mulino Bianco)... brand a tutto schermo eee... Stop. Fine dell'inserto pubblicitario.

Certo che no. Non fu questa la scena, però la sostanza sì! È ovvio che avevo proceduto al contrario, avevo parlato prima con mia madre. L'intuizione sulla scadenza dei contratti si era rivelata più che giusta. Il commercialista si era dovuto affrettare con le disdette, un altro mese e si sarebbero rinnovati. Fine dell'equo canone. Uno dei due appartamenti era stato riaffittato a Paolo, un caro amico di mia madre, e l'altro, il più piccolo, l'avevo preso io.

L'appartamento si era liberato il 1° luglio. Un ex lavatoio di quarantacinque metri quadri con quaranta di terrazzo di fronte a una splendida villa pubblica. Non avrei potuto sperare di meglio.

Avevo cominciato subito i lavori. Nulla di strutturale, diciamo più una ripulita e un rinnovo dell'arredamento. Tutte cose che potevo fare da solo. Sono sempre stato bravo con le mani, falegname, elettricista, tinteggiatore, me la cavo bene in tutto, qualità che ho acquisito nelle lunghe giornate di reclusione in casa (mio padre poteva rinchiudermi anche un mese come punizione, dopo le botte), che passavo per la maggior parte in giardino a fare esperimenti di bricolage.

Grazie all'aiuto di Federico, un amico conosciuto da poco

e altrettanto pratico, nel giro di una ventina di giorni l'avevamo resa di nuovo abitabile. Non restava che provare l'ebbrezza della prima notte. Magari nulla di ufficiale ancora, solo una prova del vero "salto".

Un pomeriggio, con pochi prodotti per l'igiene, un cambio di vestiti e il mio cuscino sotto braccio come ultimo oggetto transizionale necessario per il mio esperimento, avevo salutato mia madre.

Lei mi aveva accompagnato alla porta augurandomi con una certa ironia buona fortuna e facendosi promettere che sarei tornato a pranzo l'indomani per raccontarle com'era andata. Baciandola su una guancia avevo creduto di veder brillare nei suoi occhi un barlume di commozione, una lacrima?

Il giorno dopo verso mezzogiorno, al termine di una notte elettrizzante ma tranquilla ero tornato a pranzo a casa.

Entrando mi avevano colpito subito quattro o cinque scatoloni e delle valigie ammucchiate nell'ingresso, che io sapessi non c'erano partenze in programma. Neanche il tempo di rifletterci su che mia madre mi era venuta incontro con la sua aria stanca ma felice, tipica da grandi pulizie, seguita da Pablita, la nuova colf. Mi aveva chiesto subito com'era andata, ma senza darmi il tempo di risponderle mi aveva preso per mano e con l'aria complice di chi sta per farti una bella sorpresa mi aveva imposto di seguirla. «Vieni... vieni a vedere, siamo stanchissime... abbiamo appena finito.»

Mi aveva trascinato per il corridoio verso le camere da letto finché trionfante non si era fermata davanti alla mia: «Guarda!».

Avevo guardato: la mia camera non c'era più. Come fosse stata un teatro di posa, nell'arco di poche ore, la stanza aveva cambiato scenografia. Girato a mia insaputa l'ultimo ciak della *Vita di Fabio a via Chelini*, mia madre aveva fatto piazza pulita delle mie tracce trasformando la stanza in un anonimo e ordinato guardaroba. A questo punto potrei usare l'ironia e dire che pensai a una candid camera, che strabuzzai gli occhi come in un cartone animato, però non fu così: fu un vero colpo al cuore.

A mia madre, che come un'idiota felice aspettava un commento di stupore e approvazione, avrei dato volentieri uno schiaffo.

Come cazzo aveva fatto in poche ore a cancellare le prove di una vita, la mia vita? Come si era permessa? Non dico che mi aspettassi una sindrome da nido vuoto o la mia camera intatta fino a 50 anni, detto questo... porca puttana se mi aveva preso in contropiede. Anche solo da un punto di vista pratico, era una cosa incredibile. Dico solo che in camera, sistemata su numerose mensole sparse sui muri, c'era la mia collezione di lattine vuote di bibite, più di cinquecento, accumulate in anni. E poi... poster, attaccati pure sul soffitto, foto, locandine di spettacoli, libri, oggetti sparsi nella stanza e nei cassetti, nonché la maggior parte dei vestiti negli armadi. Avevo scoperto poi che la stessa sorte era toccata a tutti i miei oggetti che stavano in salotto. Tutto era stato sistemato con ordine (in questo mia madre era maniacale) negli scatoloni pronti a seguirmi; volente o nolente. «Planzo plonto» aveva annunciato Pablita. Dopo aver ingoiato un boccone così amaro, non avevo più nessun appetito.

Romano aveva accolto la notizia del mio trasloco (forzato) come una non notizia, da un non figlio a un non padre in quel consueto non pranzo di famiglia. Mi sembra di ricordare che in quel momento fosse impegnato a protestare con Pablita per non aver comprato la marmellata giusta per il dolce di fine pasto. Rimpiangeva molto Kidàn, che tra la tristezza di tutti noi era tornata in Etiopia per riunirsi a quello che restava della sua famiglia e trascorrere con loro l'ultimo tratto della sua poco invidiabile vita.

In un certo senso, Romano mi aveva sorpreso. Il disinteresse per un mio progetto era scontato, la mancanza di commenti caustici e scoraggianti no. Perdere quell'occasione non era da lui, mi sarei aspettato almeno un augurale "Ma n'do cazzo vai", eppure niente. A quanto pareva cominciavano a esserci per lui argomenti molto più urgenti e preoccupanti che occupavano sempre più i suoi pensieri, come la marmellata. Penso fosse l'inizio della fine, ma nessuno se ne era accorto.

Salutando mia madre da ex inquilino di via Chelini, dopo le sue raccomandazioni di portare via al più presto gli scatoloni, avevo ripensato al giorno prima e alla commozione che credevo di aver visto brillare per un attimo nei suoi occhi. Che ingenuo... era solo eccitazione per l'ennesimo guardaroba.

Playa del Muerto non era distante dal mercato indiano, ma le strade per arrivarci erano tra le più scassate di Formentera. I motorini presi in affitto, ancora più scassati, non erano certo all'altezza delle buche in cui rimbalzavamo. Tra un rimbalzo e l'altro, pensai che mi mancava casa.

Mi ero affezionato subito alla mia piccola e autonoma mansarda, ci stavo bene lì, da solo. Tuttavia, il conforto della solitudine come soluzione alle mie ansie era un'illusione, la verità è che non stavo bene con me stesso e mi sarei sentito fuori luogo ovunque.

Per spiegare i motivi di queste ansie devo fare un passo indietro.

Finita l'Accademia nel 1984, ero entrato nel mondo del lavoro: un film, *Vacanze in America*, un prodotto di successo per la televisione, "I ragazzi della 3ª C" e il teatro con L'Allegra Brigata. Tutto ciò, oltre una certa fiducia in me e nella carriera, aveva rappresentato soprattutto un discreto incremento economico per le mie tasche. L'inusuale afflusso di denaro però mi aveva subito dato alla testa.

Avevo iniziato a fare lo "splendido". Macchine vintage (dal prezzo contenuto in sé, ma dai costi iperbolici per farle camminare), cene e pranzi in costosi ristoranti, bei vestiti, droghe e quant'altro necessario per quello che consideravo il mio vero lavoro: la seduzione. Per qualche anno tutto era filato liscio. Altri lavori con minor risonanza ma ben remunerati mi avevano permesso di mantenere il mio esagerato tenore di vita. Mi ero sentito così sicuro di me che avevo deciso addirittura di rinunciare a qualsiasi contributo da parte dei miei (tradotto: avevo smesso di rubargli soldi).

Poi c'era stata la "rivelazione" Modugno e poco dopo la morte di Tommy. Due cose in sé e per sé di nessun costo, è chiaro, se non emotivo, ma che esasperando la mia intolleranza a via Chelini mi avevano portato a intensificare pranzi e cene fuori e quando possibile anche i weekend. Le uscite economiche in breve avevano superato le entrate. Uno stallo lavorativo di mesi, poi, aveva completato il quadro: fine dei soldi.

Una gigantesca spada di Damocle chiamata miseria aveva cominciato a incombere su di me e soprattutto sul mio progetto di vita da solo. Non percepivo la spada sopra la testa, la sentivo già dentro di me come un anticipo del dolore che mi avrebbe provocato cadendo e trapassandomi.

Per ottenere la fiducia dei miei e quindi la casa, avevo millantato inesistenti progetti di lavoro, anzi le avevo sparate tanto grosse che mia madre, per non offendermi, si era sentita in dovere di chiedermi l'affitto. Era sempre meglio per me non dovere mai niente a nessuno, parenti compresi e la cifra pattuita di duecentomila lire (un arrotondamento per eccesso del precedente equo canone) lì per lì mi era sembrata abbordabile. Lì per lì, appunto.

Mi rendo conto che a questo punto potrebbe venire spontanea una domanda: "Scusa Fabio... ma allora... se eri senza una lira che cazzo ci sei andato a fare a Formentera?".

Giusto, prima di rispondere però occorre una precisazione. Nel 1992 Formentera era ancora considerata la sorella minore dell'isterica Ibiza, la sorellina buona e calma. Mentre Ibiza con i suoi vip, le sue sfavillanti discoteche e le sue droghe, stregando già da anni folle di ragazzi, si era conquistata il podio della movida internazionale, la più piccola e quasi non attrezzata Formentera offriva ben pochi svaghi, anzi quasi nessuno, e da questo punto di vista era considerata, nel panorama vacanze, una scelta economica di basso profilo.

Detto ciò, preferirei non rispondere alla domanda sui soldi, ma la sincerità, nonché la comprensibilità di questo racconto, me lo impongono.

Il promotore del viaggio era stato Fabio. Noto per la sua oculatezza, era riuscito a organizzarlo e proporcelo a un prezzo stracciato. Insomma, a conti fatti non avrei potuto sperare di meglio. I conti, appunto. Fino a quel momento tornavano, per il rotto della cuffia... ma tornavano.

Per evitare una regressione delle mie abitudini (ovvero essere di nuovo costretto a pranzare e cenare a via Chelini), avevo deciso di ricominciare a usufruire del contributo dei miei (avevo ricominciato a rubargli soldi). Con la partecipazione un po' di malavoglia a una pubblicità becera però ben pagata e un po' di teatro, ero arrivato alla soglia dell'estate con sufficiente denaro da permettermi quella piccola, tranquilla ed economica vacanza per conto mio, prima di parcheggiarmi come di consueto dai miei a Castiglioncello fino al termine dell'estate. A metà luglio, quando ormai i giochi sulla vacanza a Formentera erano fatti, era ricomparsa una mia amante.

L'estate precedente, quella del 1991, avevo trascorso per la prima volta (la prima di una lunga serie, ancora non lo sapevo) agosto in Maremma, nella zona di Capalbio. Era stato molto divertente, una scoperta di luoghi e persone con cui avrei poi legato per molto tempo. La cosa più interessante della mia permanenza in realtà era stata una donna. Sposata, ma in vacanza da sola nella sua bella casa di campagna, aveva reso quei giorni d'estate molto più intriganti e piacevoli del previsto. Tanto piacevoli che rinunciai alla seconda parte già programmata della mia estate, due settimane in barca con degli amici da poco conosciuti, ed ero rimasto in Maremma per tutto agosto. Gli amici non avevano preso tanto bene la mia rinuncia.

Durante l'inverno l'avevo persa di vista.

Ora rifacendosi viva m'informava che sarebbe tornata in Toscana (da sola) la prima metà di agosto e che sarebbe stata felice di rivedermi. Mangiandomi i gomiti e adducendo finti impegni di lavoro le avevo risposto che non sarei potuto andare ma che se avessi avuto un buco senz'altro l'avrei raggiunta; anche se l'unico buco che sapevo di avere per certo era quello nelle mie finanze. Con i pochi soldi a disposizione già di fatto impegnati per Formentera la possibilità di un'ulteriore vacanza era pari a zero.

Non sarebbe restato che rassegnarsi... invece ero diventato inquieto. Avevo pensato pure di mollare la Spagna per la Maremma, ma sarebbe stato il secondo anno di seguito che mollavo gli amici per una donna, quella donna. C'era pure il rischio che qualcuno pensasse che mi fossi innamorato.

No, l'amore non c'entrava niente, ma i feromoni sì. Sempre più soffocato da un claustrofobico senso d'impotenza, avevo iniziato a spremermi le meningi senza sosta alla ricerca di una soluzione. Poco incline alla rinuncia, di quel genere poi, avevo alzato tutte le antenne. Più passavano i giorni, più le mie idee si facevano ardite e scaltre. Finché una delle antenne come prevedibile puntò in una direzione: Romano.

Non si trattava più però di svoltare la giornata sfilando qualche banconota dal suo mazzo da narcotrafficante. In Toscana avrei potuto con facilità trovare un letto da amici, ma per il resto, il tenore del luogo, per quanto rifacessi i calcoli, restava fuori dalla mia portata. Molto al di fuori. Per non rinunciare a entrambe le vacanze avrei avuto bisogno di un piccolo capitale. La costante valutazione dei miei limiti però non faceva che aumentare una cieca volontà, quella di non perdermi niente. "Il fine giustifica i mezzi... Il fine giustifica i mezzi" era l'insano e machiavellico mantra che continuavo a ripetermi vagliando le più sordide possibilità. A parte che ricordava tanto "Troppo lavoro e niente svago rendono Jack un ragazzo noioso" (*Shining* docet), i "fini" di Machiavelli erano senz'altro più nobili di una scopata in Maremma.

Comunque, alla fine li avevo trovati. Ci ero riuscito, avevo trovato i soldi. Mica su un albero o su una panchina, sul conto di Romano.

Era stato semplice. Una domenica pomeriggio, approfittando di tre cose, mia madre a Milano, Pablita in libera uscita e Romano che sapevo imbambolato davanti al televisore a seguire il calcio, ero passato da casa. Non dico che entrai proprio di soppiatto, vista la girandola di serrature, con gli anni però avevo imparato a essere molto silenzioso. Una volta dentro, capito che Romano, grazie anche all'iperbolico volume della tv, non se ne era accorto, non mi ero preso la briga di disturbarlo e avevo agito.

Andai in camera di Romano e a colpo sicuro, anche al buio, presi dal suo cassetto il libretto degli assegni e me lo portai in bagno. Staccai un assegno, avendo cura di togliere pure la matrice e poi sempre al buio lo rimisi a posto. Dopo di che scivolai fuori dall'appartamento con il mio bottino. Fatto. Facile facile. Come non vedere l'abisso, fare un passo falso e finirci dentro.

Una volta fuori, quando calò l'adrenalina, il ritorno del respiro fu doloroso come un'esplosione nella cassa toracica.

Il giorno dopo andai a versare l'assegno in banca.

Mi ero regalato un milione. Avevo deciso questa cifra basandomi su due fattori, le mie esigenze e l'ipotesi (sbagliata, primo errore) che una cifra tonda avrebbe dato meno nell'occhio sull'estratto conto di Romano. Per quanto riguarda la sua firma non ebbi problemi a imitarla, lo facevo dalle medie (secondo errore).

Ero andato in Maremma. C'erano stati i tramonti, il mare, le cene glamour e le tanto desiderate scopate.

Non avevo badato a spese: «Butti via i soldi come se in tasca ti scottassero!» diceva sempre la mia tata e questa volta i soldi ustionavano.

Mi ero sforzato di passare quei giorni nella maniera più spensierata possibile, ma non ero mai riuscito a interrompere le immagini della mia cazzata, che random mi si ripresentavano in testa. Finché il disagio non si era fatto troppo doloroso e mi era venuta una gran voglia di scappare. Così l'avevo fatto. Sparando qualche balla sul lavoro che non ricordo ero andato via con un paio di giorni d'anticipo.

Ed eccomi a Formentera. La ritrovata confidenza con i

vecchi amici dopo la parentesi maremmana di recita sociale mi aveva fatto bene, era ciò di cui avevo bisogno. Spesso però, in quei silenzi che si creano solo con i veri amici, davanti a un'alba o a un tramonto o nella contemplazione di qualcosa di bello, ero stato costretto di nuovo a fingere.

Impegnato a tenere a bada una coscienza che rivendicava almeno il diritto a esistere, sì, fissavo i miei tramonti senza lo sguardo perso di chi cerca nell'orizzonte l'ispirazione per qualcosa di profondo da dire, ma piuttosto con l'occhio fisso e vitreo di un pitone stupito dal suo corpo ancora deforme per non aver digerito una preda ingoiata molti giorni prima e spaventato dall'idea che forse non sarebbe mai riuscito a farlo.

Playa del Muerto, nonostante il nome poco invitante, era un posto bellissimo. L'avevamo scelta per la sua vicinanza, vista l'urgenza di sbollire in mare la sola che ci aveva tirato l'indiano. In spiaggia non c'era ancora nessuno. Per consolarci del mancato effetto della pozione ci sembrò opportuno fumarci una canna. Fu subito chiaro che non era stata una buona idea. Dopo la mezza insolazione del mercatino, ai primi tiri intuimmo il rischio concreto di finire a faccia in giù sulla sabbia.

Non restava che tuffarsi. Sollievo immediato. Una, due, tre, quattro, cinque, sei... dieci bracciate a stile libero... una, due, tre, quattro... ancora di più a rana... poi a delfino, a dorso... poi a chissà quale stile... che cazzo stava succedendo? All'improvviso acquisendo un'elasticità e una forza innaturali stavo falcando l'acqua sfiorandola e la mia pelle sembrava respirarla da ogni cellula. Il sangue cambiò peso e velocità, e il cuore si trasformò in un culturista imbottito di anabolizzanti.

Merda! La pozione! Con un ritardo non ipotizzabile, ma senza dubbio era lei. L'impulso motorio era irrefrenabile e l'acqua stava trasformando la percezione della realtà. Sono molte le capriole mentali alle quali possono indurre queste droghe, nel mio caso fu tutto molto chiaro: ero un pesce.

Anzi, per essere esatti un pesce volante.

In quanto pesce volante, zigzagavo e saltellavo nell'acqua felice. Poco dopo tra un saltello e l'altro incontrai altri due pescioni volanti: Fabio e Alessandro.

I loro volti erano deformati. La mascella bloccata in un enorme sorriso alla Joker e gli occhi fessurati e iniettati di sangue sembravano due fettine di vitella crude. Capii che il mio volto non doveva essere tanto dissimile, visto che cominciavo a sentire dolore alla mascella.

Non ci soffermammo a commentare l'inspiegabile ritardo della sostanza né l'ancora più incredibile contemporaneità del suo effetto. Non ci fu bisogno di parole (tra pesci) e cominciammo subito a giocare insieme. Esaurita in breve (o no, chi lo sa) la fase "ittica", grazie sempre a un'inesauribile energia unita a una "stupefatta" creatività, passammo alla fase "Esther Williams". Piroette e giravolte sincronizzati alla perfezione (almeno lo credevamo noi). Leggeri come il vento ci incrociavamo senza scontrarci, felici in un trionfo di schizzi.

In una pausa tra un *tour en l'air* e l'altro, non potei fare a meno di notare due anomale figure che erano appena sbucate dall'ultima duna che introduceva alla spiaggia. Visto il loro incedere a quattro zampe e l'urgenza di riprendere le mie evoluzioni, stavo per archiviarle come due dei tanti cani randagi dell'isola, in cerca pure loro di un bel bagno rinfrescante.

No, erano Benny e Federica. Uscimmo dall'acqua come un sol uomo (o pesce, non lo so) correndo loro incontro. L'istinto era stato quello di andare a soccorrerle. Certo le nostre non erano proprio le facce che spereresti abbiano dei soccorritori.

Comunque, non ce ne fu bisogno. Le ragazze erano preda di un'incontenibile crisi di riso, così forte che non riuscivano a stare in piedi. Una delle peculiarità della droga che avevamo preso era senz'altro il contagio, la loro risata divenne in un attimo anche la nostra. Non so quanto tempo passammo sulla spiaggia a ridere. Ricordo solo che scattammo anche delle foto sott'acqua con una macchinetta Kodak usa e getta anfibia, una delle prime.

Non ricordo altro di quel lungo pomeriggio, ricordo solo che al tramonto, a parte Fabio che continuava a fissare i granelli di sabbia in balìa di uno dei suoi soliti eccessi emotivi, tutti eravamo rientrati dal "viaggio" (più che altro un lungo giro sulle montagne russe). Non era restato che fare un'ultima canna per accompagnare la "discesa" mentre una luce, già straordinaria, per gli effetti residui della droga, diventò ai nostri occhi inverosimile.

Con i pochi neuroni rimasti riportammo a casa i nostri corpi bruciati e incrostati di sale. Immobile sul letto, ridotto a un contenitore di ossa spezzettate, cercavo di ridare un po' d'ordine ai pensieri, ma la mia testa era come un salone delle feste vuoto dopo una delirante notte di Capodanno e non riuscivo a capire come avrei fatto a rimettere a posto tutto da solo.

Finalmente mi addormentai.

Il mattino dopo riaprii gli occhi verso mezzogiorno. Alessandro era ancora sprofondato in un rumoroso e solido sonno. Il letto di Fabio era vuoto. "Oddio lo abbiamo lasciato da qualche parte..." pensai come prima cosa, ma per fortuna Fabio uscì dal bagno fresco di doccia. Disse che era affamato come un lupo, lo ero anch'io, e che scendeva a fare colazione. Il tempo di lavarmi e l'avrei raggiunto.

Appena uscito il sole rovente come al solito era lì ad aspettarmi e mi saltò addosso come un cane affezionato che rivede il padrone. Abitavamo a Sant Ferran de ses Roques, un minuscolo agglomerato di case al centro di Formentera. Avevamo affittato una camera tripla, sopra il Fonda Pepe, il bar (dei tre) più famoso e vivace nella scarsa offerta dell'isola. La sera, grazie al Fonda, il paesino si animava, ma di giorno con quella luce abbacinante esaltata dal bianco delle case, in un silenzio all'apparenza imperturbabile, Sant Ferran aveva un che di post atomico e Fabio seduto sotto un ombrellino strappato della Coca-Cola, sembrava un sopravvissuto di *The Day After*. Inforcai gli occhiali da sole e lo raggiunsi.

Parlammo del giorno prima aiutandoci l'un l'altro a ricomporre i pezzi mancanti. Paragonando quell'esperienza a quelle simili passate fummo entrambi d'accordo sulla loro indiscutibile utilità ai fini di una vera apertura mentale. Allenandoci a una periodica relativizzazione della realtà, ci saremmo abituati a spostare senza timore il nostro punto di vista, evitando così di soccombere un giorno, nella maturità, alla tirannia degli stereotipi. Col tempo posso dire che non erano proprio tutte cazzate.

Comunque, era andato tutto bene. C'eravamo divertiti ed eravamo orgogliosi di noi. Avevamo avuto coraggio ed eravamo stati premiati.

Più che una colazione il nostro fu, com'è chiamato oggi, un brunch, o non saprei come altro chiamare l'enorme quantità di cibo dolce e salato che trangugiammo a quel tavolino. Non mangiavamo da ventiquattro ore. Finito di ingozzarci, rollai una canna con la mezza idea, dopo averla fumata, di tornarmene a letto. Di andare al mare non se ne parlava.

Andai a pagare il conto alla cassa, era un posto alla buona. Tornato al tavolo Fabio era sparito. Ricomparve dopo cinque minuti trionfante. Aveva trovato un giornale italiano, una "Repubblica" di due giorni prima, una rarità. È difficile in tempi di comunicazione globale capire l'entusiasmo per un giornale, per di più vecchio.

Non troppi anni fa un viaggio all'estero era ancora un reale distacco dal proprio mondo. Un semplice giornale acquistava valore come in tempi ancora più remoti doveva averlo avuto l'arrivo di un messaggero giunto a cavallo da un paese lontano. Non importava se le notizie non fossero fresche, erano comunque di grande interesse e portatrici di nostalgia.

Nostalgia? Quale nostalgia? Cazzo no... questa non ci voleva. All'arrivo di Fabio con il giornale non ebbi il tempo di unirmi al suo entusiasmo. La parola Italia, come la mano di un boia che fa scattare con un gesto il mortale meccanismo del patibolo, fece spalancare sotto di me un'invisibile botola. Un buco, uno spaventoso imbuto in cui non potei fare a meno di precipitare. Una caduta libera, rapida come la zoomata di un satellite spia in un film americano... L'Italia dall'alto, la Toscana, Castiglioncello, via Martelli, la sala da pranzo e i miei di certo a quell'ora seduti a tavola. Erano giorni che non li chiamavo.

Fabio s'immerse vorace nella lettura (era l'anno del terribile uragano Andrew, uno dei più devastanti della storia degli Stati Uniti, finché non arrivò Katrina). Controvoglia decisi che era giunto il momento di fare una telefonata a casa. Al telefono a scatti del Fonda Pepe c'era una ragazza, dopo di lei c'ero io.

Il locale di sera con la gente, le luci basse e la musica diventava più accattivante. Di giorno era uno stanzone bianco rettangolare con il bancone del bar che ne copriva per intero uno dei lati più lunghi. Appesi ai muri una serie di oggetti in stile marinaro: reti, remi, nasse e ancore. Dietro il bancone, l'immancabile grande specchio rifletteva lo squallore diurno della sala. Sul margine destro dello specchio, impolverate, sbiadite e appiccicate alla rinfusa una miriade di foto e ninnoli di estati passate, volti euforici di ragazzi che ormai avrebbero potuto avere 50 anni. Sull'altro lato dello specchio una serie di cartelli con i nomi dei cocktail tra cui per brillantezza di colori e grandezza spiccava quello della casa, LA MARTILLADA, la martellata. Un segno che non riuscii a interpretare.

La ragazza aveva finito, chiesi la linea alla cassa e mi rinchiusi nella piccola cabina. Ripensandoci fu un bene che esistesse ancora quel livello di privacy per le telefonate. Composi il numero di Castiglioncello con tutti i prefissi dell'epoca e attesi il collegamento, quel tipico suono di un tempo che si intuiva venire da lontano e che portava tutti alla risposta a usare un tono di voce quasi urlante, neanche ci si stesse collegando con la luna.

Al terzo squillo, non avendo ancora ricevuto risposta guardai d'istinto l'orologio... porca miseria, le due e tre quarti. Non mi ero accorto dell'ora, stavo chiamando in pieno riposino generale, Pablita compresa.

Mentre già avevo staccato la cornetta dall'orecchio per

riappenderla una voce dal suo interno me la fece riaccostare rapido, era la voce roca e assonnata di mia madre.

«Mamma? Ciao, sono io... scusa se ti ho svegliato, non ho guardato l'ora... come va?»

L'eco del mio saluto pimpante si perse per qualche secondo nel silenzio della rete.

«LADRO.» Ecco fatto. Game over.

Come raggi di una pistola aliena quelle cinque semplici lettere L-A-D-R-O componendo quella parola dalla quale in ogni mio pensiero, fino a quel momento, avevo cercato di fuggire, mi pietrificarono. Muto e a disagio sentivo mia madre schiarirsi la voce ancora impastata dal sonno.

Era scontato che avesse ancora qualcosa da dire, il massacro era appena cominciato. Strozzato e tardivo, il mio "Perché?" suonò falso come un'imbarazzante stecca al pianoforte e diede il "la" al suo annunciato sfogo.

Il cazziatone si divise in due parti. Cominciò con una serie di taglienti riferimenti alla mia immaturità, disonestà e sprezzo delle regole. Disse quanto era delusa da me, che avevo preteso di essere trattato da adulto (riferendosi alla casa), ma non solo non lo ero, adesso ero pure un ladro. Disse che lei e mio padre, per le loro possibilità non avevano fatto mancare mai niente né a me né a mia sorella. E disse infine che un raggiro tanto meschino da parte mia non se lo sarebbe proprio aspettato. Era una cosa grave.

Mentre ascoltavo le parole di mia madre, Fabio che ben conosceva i fulminei tempi delle mie telefonate a casa, si affacciò preoccupato al vetro della cabina telefonica chiedendomi a gesti se andava tutto bene. Mimai un ok. Il mio volto teso e madido di sudore (il cubicolo telefonico era diventato un forno) non lo rassicurò a sufficienza. Rimase ad aspettarmi fuori dalla cabina.

«E poi che vergogna in banca...» Mia madre stava proseguendo con la seconda parte del suo rimprovero. A quanto pareva l'assegno da un milione che avevo trafugato e falsificato, aveva spiccato sull'estratto conto di Romano come una mosca sulla panna (in sostanza non c'era mai una cifra tonda). Lui si era consultato con mia madre che temendo più che altro il suo incipiente smarrimento mentale aveva deciso di accompagnarlo in banca a chiedere spiegazioni. Il direttore della banca (un amico, per fortuna) non aveva avuto difficoltà a reperire l'assegno e a sottoporglielo per tutti i chiarimenti del caso. Alla vista del beneficiario i miei non erano riusciti a trattenere lo stupore. La prima a intuire tutto era stata mia madre.

La firma di Romano. Negli ultimi anni la mano di Romano si era fatta molto più incerta, il che unito all'ostinazione di non mettersi sempre gli occhiali avevano reso la sua firma tremolante e sbilenca. Le mie ultime falsificazioni del suo autografo risalivano ai tempi della scuola, a quanto pareva una bella differenza. Tra l'altro mia madre conosceva bene l'abilità di noi figli nell'imitare le loro firme. Mentre Romano ripeteva stolidamente che proprio non ricordava per cosa mi avesse fatto quell'assegno, mia madre si era ritrovata nell'imbarazzante situazione di dover dare del rincoglionito a suo marito o del ladro a suo figlio. Per fortuna il direttore della banca era un uomo di mondo, e pur avendo intuito anche lui il mio "impiccio", piuttosto che suggerire vie legali, aveva risolto dicendo che l'importante era che l'assegno non fosse finito in mani "sbagliate" e che tutto era rimasto in famiglia. Con ritardo, una volta tornati a casa, anche Romano aveva capito cosa era successo.

Mia madre portò avanti la sua (giusta) filippica riprendendo il filone iniziale su fiducia e tradimento. Espresse i medesimi sentimenti a nome di Romano (non temevo più i suoi pugni ma il suo giudizio purtroppo ancora sì) e concluse con la minaccia di un ripensamento sulla casa, infine disse «Ciao Fabio». Il tono funereo con cui pronunciò queste due parole ebbe tutta l'aria di un epitaffio sulla tomba del nostro rapporto.

Se non avesse fatto così caldo in quella maledetta cabina telefonica sarei rimasto volentieri lì per sempre. Me ne sarei fregato di Fabio, del Fonda Pepe, di Formentera e di tutta la fottuta Spagna fuori ad aspettarmi. Avrei iniziato a scavare nel pavimento a mani nude con tutte le mie forze e mi sarei spezzato le unghie come in un disperato tentativo di evasione. E se sotto non avessi trovato la sperata via di fuga ma solo terra e sassi, avrei sempre potuto scavare una buca molto profonda e seppellirci dentro la mia vergogna.

Mi asciugai il viso grondante sudore con la maglietta e uscii dalla cabina. Traballavo, neanche fossi uscito da una lavatrice e non mi sentivo certo più pulito. Con sforzo sovrumano tentai di darmi un'espressione neutra per contrastare quella preoccupata di Fabio.

«Oh... che è successo?»

Non avevo avuto il tempo di preparare una risposta ma riuscii a dire «Boh, che ne so... mia madre c'aveva voja de chiacchierà», ma non sembrandomi sufficiente a giustificare anche il mio aspetto centrifugato, aggiunsi: «Porca puttana lì dentro si schiattava di caldo... altre due stronzate di mia madre e svenivo».

Senza dargli tempo di replicare andai alla cassa a pagare la telefonata.

Il costo della telefonata fu così esorbitante da poter essere interpretato come l'inizio della nemesi, la restituzione del malloppo.

11

Non sembrò strano che volessi tornare in camera, faceva già parte del programma precedente. Nonostante la paralisi mentale, una volta tornati in camera non potei fare a meno di trasalire e di unirmi allo stupore di Fabio. Alessandro era ancora a letto nella medesima posizione in cui l'avevamo lasciato tre ore prima.

È morto.

Immerso com'ero nel tragico, non poté che essere questo il mio primo pensiero.

Già vedevo la scientifica spagnola prendere i rilevamenti del cadavere, noi interrogati per ore e poi in manette accusati del suo omicidio. Fabio intanto guardingo si era avvicinato al letto e lo stava scuotendo.

Non al primo e neanche al secondo, però al terzo scossone Alessandro diede segni di vita. Si fa per dire, cambiò posizione. Meno male, ci mancava solo la telefonata della Guardia Civil ai miei. Fabio, rassicurato, si tuffò nel letto e dopo una breve lettura di giornale chiuse gli occhi e si unì ad Ale in un duetto ronfante.

Chiusi il libro che stavo facendo finta di leggere. Mi sentivo come un cane appena bastonato per aver rubato una bistecca dal tavolo della cucina, tremebondo e dolorante. La paralisi mentale continuava. La testa era una campana e le parole di mia madre il batacchio impazzito. Tra un colpo e l'altro riuscivo a sentire solo gli altrettanto rumorosi battiti del mio cuore.

Mi sdraiai sul letto chiudendo gli occhi. Cercando di ricordare qualche tecnica di rilassamento appresa in Accademia, provai a controllare il respiro, all'inizio con scarsi risultati. L'aria sembrava densa come la farina e la mia gola era secca come una grondaia d'estate. Per un attimo pensai che l'unico rilassamento che avrei ottenuto sarebbe stata la morte per soffocamento, poi funzionò. L'afflusso più regolare di ossigeno al cervello riaccese qualche luce e ricominciai a pensare. Niente di utile, ma era già qualcosa.

La prima cosa che vidi riaprendo gli occhi fu un geco sul muro, una ventina di centimetri sopra lo stipite della porta, immobile come un disegno. Ho sempre pensato che il suo aspetto preistorico conferisca al geco un'aura di saggezza. Un animale incurante delle evoluzioni e dei cambiamenti delle altre specie, emarginato dalla cultura dell'animale da compagnia per quell'aspetto rétro e poco adatto ai salotti e alle feste per bambini. In disparte, mimetizzato su quei muri di cui sembra fatto, osserva e ascolta immobile le vite degli altri, come in quel momento forse stava facendo con la mia.

Aveva pena di me? In fondo ce l'avevo anch'io. Non più di tanto però, o almeno non per molto. Le frasi di mia madre mi fustigavano ancora la coscienza e il dolore, nel ricordo di alcune, era a tratti insopportabile. Eppure c'era qualcos'altro che sembrava insinuarsi e voler prendere il sopravvento, qualcosa di strano, un sentimento, o meglio uno stato d'animo: quello del meravigliato stupore. Come se avessi appena assistito a un incredibile gioco di prestigio.

Cos'era successo veramente? Sì, va bene, ero stato beccato, bella figura di merda, e poi? Poi mi ero ritrovato sul banco degli imputati. Il processo contro di me si era già svolto e io avevo potuto solo ascoltare contrito la denigrante arringa finale del pubblico ministero (mia madre) che invocava per me pene esemplari.

Il giudice (sempre mia madre) l'aveva subito accontentata

e aveva emesso la severa e inappellabile sentenza: "Visti i capi d'imputazione: frode con raggiro, tradimento, immaturità e propensione alla menzogna, questa corte (sempre lei) dichiara l'accaduto "Grave" e condanna l'imputato all'allontanamento immediato dal rispetto e dall'affetto familiare e ordina inoltre che venga marchiato con l'infamante e ignominiosa sigla 'F.C.'. Che non vuol dire Fabio Camilli, bensì 'Figlio Cattivo'". E... Voilà!

Se mia madre non fosse stata tanto narcisista (e come?), se non avesse voluto interpretare tutti i ruoli, l'accusa, il giudice ed esagerando pure quello del pubblico plaudente, ci sarei cascato fino in fondo. Invece io, con il disincanto di un cinico spettatore che ha già visto tanti trucchi e non si accontenta dell'ingannevole risultato del gioco di prestigio, mi stavo spostando in un angolo della sala per sbirciare dietro le quinte e smascherare l'inganno.

Ed eccolo svelato. Un complicato marchingegno, un sofisticato gioco di specchi emotivi. Maurizia, approfittando della mia momentanea confusione mentale, aveva creato una splendida illusione ottica. Sostituendo la sua immagine con la mia aveva potuto proiettare il suo incubo, esorcizzandolo e facendolo così di fatto diventare il mio.

L'idea di un processo sommario, con lei come unica imputata e senza difesa, accusata di sotterfugi, tradimenti e mancanza di rispetto per la famiglia, doveva essere un pensiero che in passato, non poche notti, l'aveva tenuta sveglia. Ora quel processo era diventato realtà. Con sviluppi per lei inaspettati e vantaggiosi.

Proponendomi con l'ingenua (anzi stupida) platealità del mio crimine come ideale e meritevole capro espiatorio, catalizzavo su di me tutto il marcio della famiglia diventando al contempo genesi e progenie del male che l'affliggeva. Un cancro che una volta estirpato e allontanato avrebbe interrotto la sua mortifera influenza. Era bastato puntare il dito verso di me (uno dei suoi complici) per dissociarsi addossandomi tutte le colpe.

A mie spese, lavando nel mio sangue la sua coscienza,

avrebbe potuto in un tardivo e imprevisto rimescolamento di ruoli, far ascendere preziosi gradini alla sua immagine nella scala della dignità.

Be'... poteva scordarselo.

Il geco contraddicendo i miei pensieri di poco prima sulla sua proverbiale immobilità fece un improvviso scatto in avanti di una decina di centimetri. Ne fece le spese un incauto insetto che male interpretando la passività del geco, da troppo tempo gli svolazzava attorno a mo' di sberleffo e adesso era costretto a pentirsene sgranocchiato tra quelle preistoriche fauci.

Anche io scattai a sedere sul letto. Se fosse stato possibile mi sarei precipitato a Castiglioncello. Avevo un impellente e improvviso bisogno di proseguire di persona quella conversazione con mia madre. Contrapponendosi al mio mutismo durante la telefonata, ora una baraonda di parole mi assaliva la mente. Esclusa subito una seconda telefonata per l'inadeguatezza del mezzo, in un'epoca in cui non esistevano ancora mail, WhatsApp, sms ecc. il rischio di implodere si stava facendo concreto. Finché quel briciolo di logica rimasto mi suggerì l'unico sbocco possibile per il mio sfogo: una lettera.

Certo, come non averci pensato subito. Cominciai a cercare frenetico il quaderno degli appunti nella valigia.

Se bastasse la volontà per arrivare ai fatti, il mondo sarebbe diverso, senz'altro il mio. Seduto al tavolo scrostato della fatiscente tripla continuavo a fissare la pagina del quaderno sul quale la mia terribile e impellente ondata di indignazione, dopo mezz'ora, aveva scritto solo: "Cara mamma".

Le parole e i concetti, fluidi un secondo prima nella mia testa, nel momento di trascriverli si accalcavano e si aggrovigliavano non riuscendo a varcare la soglia dell'inibizione, incastrati in uno strozzamento mentale.

I due disossati e la cadenza del loro russare non aiutavano, in più la presenza di Fabio lì accanto e io seduto a un banco davanti a un foglio bianco conferiva alla scena un che di scolastico (e non potevo nemmeno copiare) che strideva con il mio "alto" compito. E se si fossero svegliati? Non avrei saputo proprio cosa dirgli. Presi blocco e penna e uscii con destinazione ignota.

Nel motorino per fortuna trovai il pieno. Giunto sulla statale l'istinto mi fece girare a sinistra verso la parte sud-est dell'isola, verso la Mola. Voleva dire andare controcorrente, dalla parte opposta del mare. Lo so, Formentera è un'isola, il mare è dappertutto. Eppure la parte verso la quale mi dirigevo è l'unica parte dove l'isola raggiunge una certa altitudine (miseri 192 metri), trasformando pochi chilometri di costa in un'imponente scogliera a picco, suggestiva, ma di nessuna attrattiva da un punto di vista balneare.

Speravo di non trovarci nessuno. La strada diventata in salita e a piccoli tornanti cominciò a rallentare in maniera significativa l'andatura del motorino (tipico dei catorci). Non fu solo una iattura, quella drastica riduzione della velocità, sganciando la mia attenzione da buche e avvallamenti della strada mi permise di rialzare lo sguardo. Sebbene l'altitudine fosse modesta, man mano che il motorino si arrampicava, stava cambiando il panorama. Oltre l'infittirsi dei pini (i Romani la chiamavano Pitiusa per questo motivo), l'isola pressoché brulla al livello del mare, a ogni tornante si faceva sempre più rigogliosa.

Un improvviso vuoto tra gli arbusti di sabine, sempre più fitti e alti ai lati della strada, mi permise di notare un piccolo fazzoletto di campo erboso delimitato da una staccionata di legno e in parte ombreggiato da due grossi pini. Mi sentii subito attratto da quel luogo. Rispetto alla durezza paesaggistica dell'isola quel pezzo di terra mi ricordava luoghi più familiari e a me cari come alcune parti nascoste delle ville di Roma. Rinunciai allo *Sturm und Drang* della scogliera come possibile fonte d'ispirazione e decisi di fermarmi lì.

Mollai il motorino sul ciglio della strada senza nessuna cura. Mi sedetti all'ombra sotto uno dei pini e tirai fuori carta e penna. La mia bucolica collocazione non fece proprio da stimolo immediato al mio afflato epistolare, ci vollero ancora una canna e del tempo. Poi cominciai a scrivere.

Cara mamma,

Scrivo questa lettera non per giustificarmi di un fatto, come tu l'hai ben definito "Grave", ma per cercare di capire insieme a te le cause e gli eventi che mi hanno portato a compierlo e che potrebbero più del fatto in sé meritare quest'aggettivo.

La gravità, cioè il danno provocato da un atto criminoso, credo si possa valutare a posteriori da due aspetti principali: uno, l'entità del danno e l'altro, non meno importante, chi è stato a subirlo.

Il secondo aspetto nel mio caso è di sicuro quello più importante. Io figlio ho ingannato e derubato mio padre (mio padre, lo dico con riluttanza).

Dunque due volte colpevole, ho violato le leggi della morale comune e quelle private del sangue. Tutto sembra chiaro, eclatante e non mi rimarrebbe altro che porre fine a questa lettera con una cosparsa di ceneri e delle profonde scuse, anche se qualcosa non va. C'è qualcosa di stonato in tutto questo, due parole per l'esattezza: padre e figlio.

Messe insieme, parole eloquenti, sinonimi abituali d'affetto, protezione, comprensione, dialogo e amore. E nella nostra storia? Nella mia storia? Come mai hanno sempre avuto un colore tanto sbiadito, per non dire smorto, comunque finto? Anche perché finto, purtroppo non vuol dire innocuo. Dove non c'era dialogo c'era rancoroso silenzio, dove non c'era comprensione c'era paura, dove non c'era protezione c'era violenza.

Perché un uomo dovrebbe scegliere di essere per il proprio figlio nient'altro che un referente economico o circoscrivere il suo ruolo a spauracchio di punizioni e alzate di mani? Perché il disinteresse totale verso colui che dovrebbe essere una sua proiezione? Perché tanta fredda formalità? Perché tutto questo nei confronti di un figlio? Voglio che tu sappia che ho passato la vita a credere che fosse colpa mia, che fos-

si "fallato", malato... o che ne so, comunque non meritevole dell'affetto di un padre e ho accumulato troppe domande per le quali pensavo non avrei mai avuto una risposta.

A questo punto credo tu abbia capito dove voglio andare a parare. Il destino, bizzarro come sempre, sovrapponendo l'incredibile all'assurdo, quattro anni fa mi ha messo a parte del tuo "segreto". Da quattro anni so che il mio padre biologico è Domenico Modugno. Mi è stato rivelato dai miei fratellastri ai quali pare l'abbia detto lui quando ha temuto di morire.

È stato per me uno choc. E anche un sollievo perché utile a ridare senso alla mia vita. In questi anni ho raccolto diverse testimonianze a conferma dei fatti (non so se tu ti renda conto bene di quanti ne siano a conoscenza). Dunque tutto sembrava chiaro, una colpa, un colpevole; ma approfondendo il giudizio e la constatazione oggettiva le acque si vanno intorbidendo e dal fango sembrano affiorare nuove colpe e nuovi colpevoli.

Chi sono allora le vittime di questa storia? Tutti sembrano aver subito e fatto torti, tutti ingannati e tutti ingannatori. Sei stata ingannata tu quando a 19 anni hai sposato un uomo vent'anni più grande credendo che la sua maturità ti avrebbe fatto da guida nella nuova vita che stavi cominciando. Troppo tardi ti sei resa conto che dove per te era un inizio per lui era una fine e hai capito che il tradimento restava la tua unica chance di ritrovare un vero stimolo vitale. Si è ingannato Romano, che una volta conquistata la tua bellezza e la tua giovinezza, le ha scambiate per docilità e ingenuità e ha creduto che ti saresti accontentata di essere messa in mostra su uno scaffale come un trofeo o come una ballerina intrappolata in un carillon. E infine sono stato ingannato io, che ho creduto di essere un figlio e ora è chiaro che sono solo un errore, il prodotto di un calcolo sbagliato, costretto a pagare ignaro per anni le sanzioni e il risentimento di un'incompatibilità cromosomica.

Allora si potrebbe dire che non è colpa di nessuno? Che la vita sceglie a caso i personaggi di ogni telenovela, e che una volta scelti non si può fare a meno di interpretare la propria parte fino in fondo?

Non ci credo molto. In questa storia sono state fatte delle scelte, dettate dall'egoismo, dal narcisismo e dalla paura e dove ci sono delle scelte ci sono delle responsabilità, comprese le mie.

Non posso fare a meno di pensare che con un approccio meno ottuso, pauroso e con un briciolo di umanità in più le cose sarebbero potute andare in un altro modo. Certo, con problematiche diverse e forse più impegnative. Soffrendo allo stesso modo o di più, ma avremmo respirato di sicuro aria più pulita sotto cieli più limpidi.

Non me la sento di biasimarti più di tanto per tutto questo, ho pensato spesso alla tua vita e credo che tu non abbia fatto nulla che non si possa definire umano. Non sono sicuro di voler essere altrettanto indulgente nei confronti di Romano Camilli. Il mio giudizio sul suo comportamento è incompleto perché difetta ancora di un dato fondamentale: il suo grado di consapevolezza in questa storia. Spero che potrai chiarirmelo tu. Confesso che credo poco alla sua ignoranza soprattutto se penso all'inspiegabile (ora meno) odio di sua madre nei miei e nei tuoi confronti.

Comunque, al di là di qualche tessera mancante, il mosaico mi sembra ora quasi completo. È stato commesso un fatto "Grave", e questo fatto non è altro che una pietra rotolata giù da un'enorme montagna di gravità, finora celata.

Non so se sarà mai possibile arrivarvi in cima scavando nei suoi fianchi arzigogolati tornanti di chiarezza. Non so ora se riusciremo a ridare il giusto valore a tutte le cose, ai fatti e ai sentimenti, certo è che se non ci proveremo, da quel poco che c'era, non rimarrà più nulla della nostra famiglia.

E per famiglia non intendo quella lisa recita sociale, che peraltro non c'è mai appartenuta nemmeno nei momenti migliori, bensì un unico sentimento, indiscutibile e reciproco, l'amore. Ed è quello che provo per te, per Rossella e per nonna Vera. Non posso certo dire di provare altrettanto verso un non padre che ha deciso di trasformarsi in una fortez-

za armata e invalicabile o se preferisci in una claustrofobica banca in attesa solo di essere derubata. Tra l'altro non rendendosi conto di aver sprangato le porte quando la cosa più preziosa, tu, gli era già stata portata via. Oppure lo sa ed è per questo che è così incazzato.

Potrei proseguire questa lettera ancora a lungo, avrei una vita di cose da dirti e di domande in cerca di risposta, ma non credo che mancherà l'occasione. Spero che queste poche pagine, che immagino saranno traumatiche per te come lo è stato per me scriverle, possano almeno per entrambi rappresentare un inaspettato inizio e che diventino stimolo per un percorso di conoscenza reciproca.

Ti voglio bene.

Fabio

Non la scrissi tutta quel pomeriggio, però la scrissi lì. Tornai per tre giorni in quel piccolo pezzo di terra ombreggiato e indisturbato. Il primo giorno tornato al Fonda avevo trovato i due resuscitati, Fabio e Alessandro, in preda a un misto di incazzatura e preoccupazione. Mi ero visto costretto a rivelare parte della storia. «Solo un brutto scazzo con i miei... un accumulo di vecchie storie che vanno chiarite... specie con mia madre.» Ale si accontentò. A Fabio in un secondo momento dovetti raccontare i fatti reali.

Piuttosto perplessi, i miei amici mi videro per tre giorni di seguito allontanarmi al mattino verso un luogo segreto e a sentir me magico, dal quale tornavo la sera con le mie sofferte paginette. «Torna presto, giovane Werther...» Oppure: «Ecco... è tornato Mosè con le tavole!».

Non ricordo il resto di quelle giornate, non m'importava più molto del resto. Custodivo e rileggevo la lettera in attesa solo del momento in cui avrei potuto consegnarla. Non ci pensai proprio a spedirla da Formentera, se mai fosse andata perduta mi sarei sparato e non pensavo nemmeno di affidarla alle poste italiane una volta tornato: no, l'avrei consegnata a mano.

Nonostante la mia fretta rallentasse il tempo, arrivò l'ultima sera della vacanza. Andammo a cena con Benny e Federica per salutarle, anche se c'eravamo ripromessi di vederci a Roma.

Una cena normale, spensierata e divertente, per gli altri perlomeno, una cena che in teoria non varrebbe neanche la pena menzionare, se non fosse per il finale. A un paio di tavoli di distanza dal nostro ce n'era un altro dall'alto tasso alcolico e piuttosto chiassoso, anche loro italiani. Li avevamo commentati per buona parte della cena con sarcasmo e bollati come un gruppo di cafoni in vacanza. Successe a un certo punto che uno di loro, uno tra i più "rappresentativi", un bassetto con camicia multicolore e codino alla Baggio, dopo essere andato a confabulare con il proprietario del locale, tornò entusiasta con una chitarra.

"Cazzo" fu il pensiero generale. Sapevamo bene a cosa stavamo per andare incontro, non era la prima volta che vedevamo qualche ubriaco esibizionista tenere in scacco gli attoniti clienti di un ristorante. Per fortuna la nostra cena era finita e ci affrettammo a chiedere il conto. Aspettando la *cuenta* però...

All'improvviso il locale si riempì di una voce potente e cristallina, un suono così distante e alieno da quella che sembrava essere la sua misera fonte (il bassetto con il codino) da avere un che di miracoloso.

Finita la canzone al nostro tavolo eravamo tutti stregati e a bocca aperta, come d'altronde il resto dei clienti. Tutti, compreso il proprietario del ristorante, gli chiedemmo di proseguire. Sergio, musicista pugliese, così si presentò dopo gli applausi, non si fece pregare, anzi, si può dire che non aspettasse altro.

Si trasformò in un juke-box umano. Soddisfece ogni richiesta, da Carosone ai Police senza esitare. Il ristorante si trasformò in una gioiosa bolgia canora. Esaurite le richieste però, il generoso Sergio, ancora in vena d'intrattenimento proseguì indefesso la sua esibizione proponendo (imponendo?) un inesauribile repertorio di vecchie canzoni napoletane, alcune addirittura antiche, quasi tutte sconosciute.

L'entusiasmo e la partecipazione del pubblico erano presto calati in modo drastico e ora lo ascoltavamo sonnolenti.

Il troppo stroppia. Sergio sembrava posseduto, non si fermava più. Dopo un'ora la sua strabordante energia non dava cenni di cedimento, la mia sì. Rispetto al mood generale pagavo la mancanza di alcol in corpo. Con la testa già impegnata sulle incognite del mio ritorno me ne ero astenuto. Non ne potevo più e convinsi gli altri a pagare il conto e a uscire dal ristorante. Avremmo voluto salutare Sergio e ringraziarlo di tanta generosità artistica ma per farlo avremmo dovuto aspettare l'arrivo di un esorcista.

Dirigendoci al parcheggio mi sentivo in colpa, il solito guastafeste. Stavo quasi per pentirmi di quella piccola prepotenza quando... nonostante il rumore del motorino che Fabio aveva già messo in moto, riconobbi subito le prime note.

Musicista, pugliese, che suona la chitarra... la cosa strana è che non fosse successo prima.

Però stava succedendo in quel momento. Avvolti da una nuvola di polvere ci allontanammo dal ristorante inseguiti dall'eco di un coro sguaiato e liberatorio di turisti ubriachi che a squarciagola cantava *Volare*.

12

«Porca puttana!» Il pensiero uscì a voce alta, non credevo ai miei occhi...

Al ritorno da Formentera ero stato costretto a cambiare i miei programmi. Normalmente avrei raggiunto i miei a Castiglioncello per trascorrere insieme l'ultimo scampolo di agosto in una parvenza di vacanza condivisa. Una decina di giorni al massimo, fino al 1° settembre, quando il loro rientro in città avrebbe consegnato la casa a me e a mia sorella dando inizio per noi alla vera vacanza: settembre da soli a Castiglioncello. Da un lato di via Martelli si allontanava la macchina con Romano e Maurizia di ritorno a Roma, dall'altro lato della strada arrivavano gli amici. Per un mese, all'insaputa dei miei, la casa si trasformava in una sorta di locanda. Unico contributo richiesto agli avventori l'omertà, seguita dall'obbligo di fare casino e divertirsi.

Dunque, niente Castiglioncello. Il 21 agosto ero a Roma.

Salendo l'ultima rampa delle scale di casa, un olezzo molto pungente e acre mi riempì le narici. Non ero avvezzo a tutti gli odori del palazzo, ma nonostante non fosse un cattivo odore, era qualcosa che nelle scale di un condominio risultava fuori luogo.

Infilando la chiave nella serratura, l'inquietante certezza: quell'odore veniva da casa mia. Irruppi preoccupato nell'appartamento. Quale ennesima cazzata avevo fatto prima di partire? A un primo sguardo nessuna, era tutto pulito e ordinato come l'avevo lasciato, ma l'odore a quel punto era fortissimo. Aprii le finestre e la porta del terrazzo per fare entrare aria e un po' di luce che forse mi avrebbe aiutato a capir… "Porca puttana!" Ecco svelato il mistero.

Il precedente inquilino, affezionato alle sue piante, se le era portate via insieme a molti dei numerosi vasi che le contenevano, ma non tutti. Erano rimasti i più pesanti e difficili da trasportare, come una serie di grosse fioriere di cemento collocate lungo tutto il perimetro interno del terrazzo e un numero non precisato di grandi vasi di terracotta.

Un pomeriggio, mentre con Federico, l'amico che si era offerto di darmi una mano, facevamo una pausa tra una martellata e l'altra, guardando quei vasi vuoti, simili a grandi bocche spalancate e affamate, ci venne la brillante idea: «Seminiamo la Maria!».

Non ricordo con esattezza chi lo disse dei due, quello che ricordo è l'entusiasmo comune. Non eravamo esperti di piante, ma di marijuana sì. La fortuna di essere nel momento perfetto per la semina, da un punto di vista lunare, ci tolse ogni dubbio. Era luna nuova, quando la notte è più buia, il momento ideale per le male pensate.

Ci prendemmo un giorno di pausa dai lavori. Comprammo un bel po' di sacchi di terra e riempimmo le bocche spalancate, poi la semina. Avevamo fatto le cose a regola d'arte e dopo qualche giorno, puntuali, spuntarono le gemme. Una miriade, oltre ogni aspettativa. Selezionammo le più promettenti, circa una cinquantina. Il giorno dopo riprendemmo i lavori. Le piante crebbero in fretta (è una caratteristica della Canapa) e guardandole allietavamo le nostre pause fantasticando sul mitico futuro raccolto. Poi partimmo per le vacanze.

Ora, inondata dal sole che ne esaltava le mille sfumature di verde, avvolta da quel potente e ormai inconfondibile aroma, così rigogliosa da oscurare l'orizzonte, c'era davanti ai miei occhi una vera e propria foresta di marijuana. "Porca puttana."

Stupore e terrore cominciarono a scorrermi nelle vene. Fissavo le gigantesche piante non riuscendo a capacitarmi di tale risultato. Una folata di vento le fece ondeggiare, ebbi una vertigine e feci un passo indietro. Pronto alla fuga, come il mitico e maledetto Re davanti all'avanzata del suo destino sotto forma di foresta.

Dopo lo sconcerto, breve, la soddisfazione. Telefonai a Federico, ancora a casa sua nelle Marche, per comunicargli la lieta novella. Il giorno stesso pensai bene di comprare dei deodoranti da spruzzare sul pianerottolo e in casa nell'eventualità di visite inattese. Fu una valida e buona distrazione per i primi giorni dopo il rientro in città. Non avrei potuto consegnare la lettera a mia madre prima del suo rientro da Castiglioncello, e non mi restava altro che aspettare.

Allora non ero molto bravo ad aspettare. Se fossi stato costretto a dovermi macerare ancora a via Chelini, facendo rimbalzare i miei tormenti sulle serrande abbassate anche alle due del pomeriggio, di certo non ce l'avrei fatta, ma per fortuna questa volta ero a casa mia.

Mi dedicai a portare a termine alcuni lavoretti lasciati in sospeso prima della partenza. Tra i tanti pensieri che tra una scartavetrata e l'altra mi occupavano la mente ce n'era uno però più insistente, un molesto preludio a tutti gli altri: mia sorella Rossella.

Era arrivato il momento di parlare con lei. In quegli anni l'avevo esclusa, tenendola all'oscuro delle mie scoperte, dei miei processi mentali, delle azioni e non azioni che ne erano scaturite. Convinto che se avessi parlato con lei coinvolgendola, si sarebbe aperta una crepa, una falla nella mia "bolla". La fuoriuscita di materiale emotivo, una volta disperso, avrebbe inquinato ogni cosa, togliendomi come minimo lucidità.

Almeno così credevo. Ora il tempo degli arrovellamenti e della bolla era finito. La mia idea di avere un controllo remoto ed esclusivo sugli eventi, in attesa di chissà quale rivincita futura, si era rivelata anacronistica ed era svanita.

Chiamai Castiglioncello in orario strategico, alle 11.30 del mattino, la routine di Romano e Maurizia in questo aiutava, e come sperato rispose mia sorella appena sveglia. All'inizio non ebbe esattamente parole di elogio per le mie gesta, ma non si abbandonò neppure a scontate derive moralistiche e gliene fui grato; certo, nella conversazione ripeté più volte la parola imbecille, ma come darle torto. Le dissi della lettera, senza svelarle il vero contenuto. Non volevo tenerglielo nascosto, ma preferivo evitare l'ennesima telefonata-psicodramma. Quindi le chiesi se una volta tornata a Roma le andava di vederci e, nel caso, di farmi da postina. Accettò. Mi confermò poi che tra i due la più incazzata era mia madre (roba da matti) e aggiunse, in modo carino, che nel frattempo avrebbe cercato di imbonirla e prepararla a quella che pensava ancora fosse solo una lettera di scuse. Tacqui e la ringraziai. Alleggerimmo la fine della telefonata con notizie e pettegolezzi su Castiglioncello. Ci salutammo e promise di farsi viva appena rientrata.

Non mi restava che abbandonarmi alla cullante cadenza della solitudine, estraniandomi grazie ai lavori manuali e all'odore della marijuana scaldata dal sole. Se non ci fosse stata all'orizzonte una battaglia e una probabile guerra, la mia si sarebbe potuta scambiare per felicità. Soprattutto nell'uso esclusivo degli spazi, seppur ridotti (tutta la casa era più piccola del salotto dove passavo le giornate a casa dei miei) trovavo un continuo e a volte esagerato godimento. Come la mattina quando all'alba aprivo gli occhi stropicciandomeli, folgorato dal primo raggio di sole: invece di imprecare cercando a tentoni la mascherina (di cui ero sempre fornito), ero felice e mi godevo quel sole come una luminosa conferma della mia autonomia.

Arrivò settembre e una mattina Rossella mi telefonò. La invitai a venirmi a trovare quel pomeriggio stesso.

Guardandola salire l'ultima rampa di scale (non si era accorta che l'attendevo sulla soglia), notai che era diventata una donna. Bella, non in modo banale, piuttosto alta, con i capelli lunghi e un po' selvaggi di un rosso tiziano intenso, schiarito ora dal sole dell'estate. Abbronzata di lentiggini.

Le spalle larghe e il seno abbondante come nostra madre, da cui aveva preso anche il passo atletico con cui stava salendo rapida le scale nonostante un sandalo estivo con un leggero tacco. Alzò la testa e mi sorrise, sincera, contenta di vedermi, e lo ero anch'io.

Mi fece subito i complimenti per la casa, ma con un certo stupore. Intuii che dal fratellone disordinato, casinaro e cannarolo, si era aspettata una sistemazione più fricchettona, alla buona, il classico antro da single, puzzolente di fumo, di cibi precotti e liquidi seminali. Via via che osservava e commentava il modesto arredamento, tutto di recupero ma studiato con attenzione, trasudava scetticismo, come avesse voluto dire: "Non ci posso credere, hai fatto davvero tutto tu?". Per assurdo, si rassicurò solo alla vista della piantagione di marijuana, riconoscendomi almeno un po' in essa. Non gliene volli. Certo se avesse saputo cosa stavo per dirle, è probabile che avrebbe tenuto da parte un po' di stupore.

Che le cose nella vita non vanno mai, ma proprio mai come le hai immaginate, oggi lo considero un fatto tutto sommato positivo. Prenderne coscienza mi ha aiutato nella gestione di quelle parentesi mentali portatrici di aspettative, poi quasi sempre deluse, nel bene e nel male. Ma ci ho messo anni.

All'epoca avevo ancora il vizio di proiettare, di crearmi un sacco di aspettative, e la conversazione con Rossella le ribaltò tutte di nuovo.

Persino lei lo sapeva già. Fu un'altra "sberla", inutile negarlo. Non dolorosa come le prime, quelle ricevute cinque anni prima, quelle che avevano scatenato in me quell'umiliante effetto Truman Show. Capii subito, mentre si giustificava imbarazzata incespicando con le parole (scena alla quale ormai ero abituato) che la sua conoscenza dei fatti non era stata antecedente alla mia, come quella di Fabio o di altri "cari amici", bensì quasi contemporanea. Questo mi fece meno male, voleva dire che Rossella non avendo preso parte alla decennale congiura di mortifera omertà nei miei confronti, non era più imputabile d'alto tradimento, al massimo di omissione di soccorso (reato grave, ma perdonabile con le giuste attenuanti), e poi avrei dovuto aspettarmelo.

Amici miei, amici suoi, amici di entrambi, miei amici fratelli dei suoi amici, nostri amici figli di amici dei nostri genitori... insomma, le nostre amicizie erano nate e poi si erano sviluppate all'interno di un virtuale condominio relazionale. Era pressoché impossibile che una forte scossa emotiva a uno qualsiasi dei piani non fosse stata avvertita anche negli altri. E la mia era stata bella forte.

Il suo imbarazzo mi fece tenerezza. Tentava di affrontare la situazione con nonchalance, o almeno da sorella maggiore, ma ne intuivo sempre più il turbamento. Si capiva che era la prima volta che ne parlava con qualcuno.

Anche per lei quella scoperta era stata una piccola stele di rosetta, utile a decifrare parte del linguaggio affettivo della nostra famiglia. Come me, non si era certo stupita che mia madre avesse avuto un amante: a parte la risonanza del nome, gli amanti di mia madre rientravano da sempre nella nostra "educazione sentimentale". Che io potessi essere figlio di uno di loro, invece, no, non le era mai venuto in mente e si capiva che faceva fatica ad accettarlo. Sapeva che quella era la realtà, solo che non era pronta a sostituirla con quella che si era opportunamente creata.

Per quanto incredibile, Rossella nel tentativo di elaborare il suo passato affettivo-familiare, ovvero quello stocastico avvicendamento d'imprevedibili eventi, l'aveva immaginato come un foglio di carta, in origine bianca, malignamente riempito da qualcuno di scarabocchi neri. A quel punto, aveva preso quel foglio e strofinandolo forte con la gomma della sopravvivenza aveva cancellato fino all'ultimo scarabocchio, facendolo tornare bianco. Dopo di che, aveva sostituito gli scarabocchi con nuovi disegni, questa volta i suoi disegni, a colori: un papà burbero sempre nervoso per il lavoro, una mamma artista e come tale giustificata per la sua svagatezza e assenza, una nonna buona e una... "Non cattiva, dispettosa ecco... be', si sa, la vecchiaia..."

E se poi qualche "conto" non tornava... "Che c'è di strano? Non siamo mica una di quelle boriose e scontate famiglie parioline, siamo gente di spettacolo, noi." Che era anche senz'altro più fico.

Ora ero arrivato io, quel dispettoso di suo fratello che voleva riempire di nuovo il suo foglio di scarabocchi. Però non era arrabbiata con me, anzi. Ci tenne a dire che anche se non eravamo consanguinei, per quanto la riguardava, non avrebbe intaccato in nessun modo il nostro rapporto e quello che provava per me. Fratello e sorella, punto. La sua precisazione e il ribadirlo più volte nella conversazione mi fece piacere e sentii di condividerlo.

E venne il momento di parlare della lettera. Dopo averle fatto un breve preambolo, in parte divertente, su come e dove l'avevo scritta e sul suo contenuto, buttai lì con indifferenza: «Se per caso hai voglia di darle un'occhiata... la busta è ancora aperta».

Stavo fingendo, in realtà, desideravo moltissimo che lo facesse. Avevo bisogno di una cavia, di un test. Per poterne valutare (cinicamente?) gli effetti. Non volevo chiederglielo in maniera esplicita per non sembrare insicuro, e ammetto che contavo sulla curiosità di mia sorella. Invece no, declinò garbatamente l'offerta. Mostrando fin troppa discrezione, disse che la destinataria della lettera era nostra madre ed era giusto che la leggesse lei per prima. Come se avesse detto: "Va bene, in guerra ti sosterrò al cento per cento... te lo scordi però di provare su di me il potenziale delle tue armi... 'sti test, falli con qualcun altro".

Chiusi la busta e gliela consegnai con solennità e lei lenta e accorta la mise in borsa; sembravamo due jihadisti che si stavano passando un pacco bomba.

Aver esaurito l'argomento lettera in modo così rapido fu una delusione. È chiaro, parlo per me, ero io quello con l'urgenza di condividere qualcosa. Pazienza, era pur sempre un primo approccio che, come si sa, è in genere utile ma di rado esaustivo. E poi, meglio così: Rossella per quanto avesse delle belle spalle larghe, non meritava quel peso, non ancora, non lei. Non aveva senso forzare le tappe. Quando mia madre avrebbe letto la lettera, avrebbe dato inizio al percorso.

Passammo insieme ancora un'oretta, ritornando a parlare della casa, della mia vacanza in Spagna, di Castiglioncello e degli amici comuni. Al momento di salutarci sentii riaffiorare in lei della tensione, come quella di una paziente in sala d'attesa, che distratta dalla conversazione, si fosse dimenticata per qualche minuto del vero motivo che l'aveva portata lì. Ora era il suo turno, toccava a lei. Poi un abbraccio, baci, "Ti faccio sapere".

Rimuginai a lungo sul nostro colloquio, in pieno *esprit de l'escalier*: "Potevo dirle questo... mi sono dimenticato di chiederle quest'altro... era meglio che quello non glielo dicevo...". Tanti scrupoli senza senso, tranne uno: non avevo chiesto quando avrebbe consegnato la lettera! Come avevo potuto?

Avrei dovuto parlarne con lei, suggerire o ancora meglio imporre un giorno e un'ora precisa. Avevo lasciato il mio destino al caso, agli impegni di mia sorella, alla sua ritrosia, alle sue paure... e se non l'avesse consegnata? Squillò il telefono. Sperai fosse Rossella, che resasi conto della lacuna... no, era Federico, era tornato a Roma.

Federico e Ugo erano amici di amici, conosciuti nel solito *entourage* del Tommy's Bar. Due ragazzi simpatici e intelligenti dall'aria poco italiana. Tutti e due alti, atletici (ai tempi), più fascinosi che belli.

Federico: capelli rossi, carnagione chiara, dall'aspetto anglosassone. In realtà marchigiano di Ancona. Universitario in super ritardo, portava avanti i suoi studi per una laurea in economia e commercio come Penelope tesseva la sua tela. Non aveva nessuna voglia di prendere quella laurea. Prenderla avrebbe significato per lui essere catapultato ad Ancona a occuparsi dell'azienda di famiglia, la fine della sua libertà e del divertimento.

Ugo: capelli neri e ricci, carnagione scura, un giovane mediorientale di Roma. Già laureato in medicina e specializzato in neurologia, era impegnato a quei tempi in una seconda specializzazione in radiologia (quando lo diceva ne restavo sempre un po' impressionato).

Avevamo cominciato a frequentarci per caso, condividendo svariate canne nella piazzetta antistante il Tommy's Bar, poi avevamo legato.

La telefonata con Federico fu telegrafica, giusto il tempo di dirmi che si stava precipitando a casa mia. Scalpitava per vedere la "piantagione". Arrivato, mi aveva a stento salutato ed era andato in terrazzo. Trascorremmo una buona mezz'ora tra complimenti reciproci e farneticazioni su baccanali a base di marijuana. Poi esposi a Federico il lungo punto della situazione. Gli raccontai tutto nei particolari: il raggiro, la telefonata con mia madre, la lettera e per finire la "chiacchierata" con mia sorella di poco prima e di come l'avevo incastrata perché mi facesse da postina.

«Minchia» disse, pur essendo di Ancona, e subito dopo: «Ma che sei scemo? Non sai quando consegnerà la lettera? Mi vuoi dire che da un momento all'altro potrebbe piombare qui tua madre con gli occhi fuori dalle orbite per strappare via i tuoi?».

In effetti, chissà perché non avevo considerato quell'eventualità, cioè che mia sorella potesse essere andata subito da lei. Detto questo, che mia madre arrivasse da me trascinata dalle emozioni, sia pure omicide, era poco realistico. O forse no...

Lo convinsi a cambiare argomento, a parlare di lui. Aveva appena trascorso le vacanze con degli amici di Ancona a bordo della sua bella barca a vela di famiglia in Grecia. Come il mio, anche il suo rientro a Roma non era scevro da possibili angosce. Il padre di Federico, stanco di aspettare questa benedetta laurea, aveva fatto leva per l'ultima volta sul suo senso di responsabilità, ma fidandosene poco aveva aggiunto una serie di aut aut, dopo i quali sarebbe stata a rischio addirittura la sua permanenza a Roma. La sua fidanzata storica, già laureata, faceva a sua volta pressioni per una rapida risoluzione del suo cammino universitario, finito il quale lo avrebbe atteso al varco, con progetti a dir poco seri. Si sentiva stretto in una morsa, in una trappola.

Eravamo ragazzi ricchi e viziati dalla vita. Pensavamo fosse un nostro sacrosanto diritto sceglierci il destino. Che doveva essere prima di tutto non banale e senza soluzioni precostituite. Solo una semplice e intima scelta, che rappresentasse in pieno la nostra autonomia intellettuale. Non eravamo ancora in grado di renderci conto che quell'assurdo privilegio non è concesso quasi mai a nessuno.

Passammo il pomeriggio dandoci consigli e ridendo delle nostre disgrazie. Finché il tramonto non diede "fuoco" ai capelli rossi di Federico e interrompendo le parole ci costrinse a guardarlo.

La telefonata di Rossella arrivò due giorni dopo, svegliandomi verso le nove e trenta del mattino. Mia madre aveva letto la lettera e proponeva un incontro il giorno stesso: casa di mia sorella, alle quattordici e trenta. Non diede anticipazioni sulle reazioni di mia madre, né io ebbi il coraggio di chiedergliene.

Bene allora, tutto fatto. Ancora poche ore e poi... "Al fin siam giunti..." (e non era neanche l'inizio).

Se da una parte scalpitavo per la resa dei conti, dall'altra, all'improvviso, sentii dentro di me vacillarne il senso. Da dove avrei cominciato? Quali domande mi premevano? Certo, mia madre avrebbe potuto arricchire di particolari la cronaca del suo tradimento, chiarirmi la natura del rapporto tra lei e il mio vero padre, parlarmi di lui, se si erano amati o usati...

Va bene, non dico che non m'interessasse. Ma le vere domande, quelle che l'avrebbero costretta a dover spiegare e giustificare le sue scelte, erano di altro tipo: "Eri felice di mettermi al mondo? Ti mancavo quando sparivi in tournée per tutti quei mesi? Non trovavi intollerabile che Romano mi riempisse di botte, sapendo che erano quelle che avrebbe voluto dare a te? Non ti spezzava il cuore la mia disperazione ogni volta che partivi, sapendo che non era un capriccio bensì un grido d'aiuto?". Be' no, non le avrei posto questo tipo di domande e non per risparmiarla, ma solo perché con i fatti mia madre aveva già dato le sue dolorose risposte.

E pur ammettendo, per assurdo, che avesse mostrato alla fine del vero pentimento, sarei mai riuscito a considerarlo un risarcimento sufficiente? L'amore perso è perso. Com'è perso il suo tempo, non recuperabile, non rimborsabile.

Avevo paura, era chiaro. L'inconscio stava tentando un ribaltamento dell'ultimo minuto suggerendomi l'ennesima ritirata strategica, la fuga.

Mangiai qualcosa, doccia e mi vestii. Nonostante qualche momento di fibrillazione, passai una mattinata normale. Poi il tempo all'avvicinarsi dell'ora dell'appuntamento cambiò il suo ritmo e iniziò a rallentare, sempre di più, fino quasi a fermarsi. Gli ultimi dieci minuti passati su una sedia prima di uscire furono un vero stillicidio.

Arrivai in anticipo, la Ritmo cabrio di mia madre parcheggiata a una ventina di metri dal portone di Rossella annunciò che lei era già arrivata.

La mania di puntualità della famiglia era l'unica cosa su cui si poteva contare.

Il portone era aperto. Di norma avrei citofonato lo stesso, per discrezione ma questa volta non lo feci: mi sentivo aggressivo e in cerca di un vantaggio, dell'effetto sorpresa.

Arrivato al quinto piano però, uscito dall'ascensore, salendo di corsa come d'abitudine l'ultima rampa di scale per il superattico, sentii mancarmi l'aria e il fiato si fece corto. Ed eccomi lì, tentando di normalizzare il respiro, con la mano sospesa a mezz'aria a pochi centimetri dal campanello.

Solo un'altra volta molto tempo prima mi ero sentito in quel modo, quando per fare il fico, a 12 anni, mi ero arrampicato su uno scoglio altissimo volendo stupire tutti con un tuffo. Ignaro ancora delle leggi della prospettiva, il salto che era sembrato abbordabile dal basso, dalla cima dello scoglio lo era assai di meno. Non si trattava di fare un tuffo, ci volevano delle cazzo di ali per scendere da lassù.

Non ricordo quanto tempo rimasi lì in preda al panico

(di sicuro tanto, nel frattempo mi si era asciugato il costume) poi chissà, un istinto suicida mi fece preferire di morire saltando anziché di stenti restando sullo scoglio? O forse perché agli amichetti che m'incitavano a buttarmi si erano aggiunti degli adulti preoccupati che minacciavano di andare a chiamare i miei? Non lo so, so solo che alla fine trovai il coraggio e mi buttai...

Il mio dito saltò dallo scoglio e atterrò sul campanello della porta di Rossella. *Driinn...*

Venne ad aprirmi lei, sorridente e su di giri. Intravidi subito mia madre nel soggiorno, seduta su un divano pochi metri dietro di lei. Anch'essa sorridente, stava finendo di dire qualcosa che non capii, intuii che doveva essere stata una battuta e che ancora ne ridevano.

Ammetto, avevo sperato che tutto si potesse svolgere in un clima non troppo melodrammatico ma... ridevano? Fu come un urto improvviso al giradischi, di quelli che fanno rimbalzare la puntina sul vinile provocando un rumore stridente che interrompe l'atmosfera.

Poi il rumore della porta che si richiudeva alle mie spalle.

Appena varcata la soglia, il mio cervello compiendo una di quelle rapidissime operazioni che solo le sinapsi umane sanno fare, analizzò ed elaborò in una frazione di secondo quell'idilliaco e ridanciano quadretto tra mia madre e mia sorella e... lo riconobbe.

Ma certo, come non averci pensato prima, come non prevederlo. Quella che se la stava ridendo con mia sorella, non era mia madre, era Maurizia!

Trieste, 1942.

Il morbo nazi-fascista, dilagante ancora in Italia, in città stava arrivando al suo culmine: di lì a un anno, entrando a far parte della "Zona d'operazioni del Litorale adriatico", Trieste sarebbe stata occupata dai tedeschi.

Rosario Calì (detto Saro, ingegnere meccanico siciliano originario di Riposto e massone), adorava quella città. Lo aveva accolto con benevolenza da immigrato, gli aveva dato la possibilità di realizzarsi facendo carriera (un ruolo autorevole in un'importante azienda siderurgica), e poi gli aveva dato l'amore. Aveva sposato Primavera Bronte (gli sarebbe bastato il nome per innamorarsi di lei), una bella ragazza triestina, brava e di buona famiglia e con degli splendidi capelli rossi. Ma sopra ogni cosa Saro viveva per loro, i suoi tre figli, il suo vero orgoglio: Filippo di 17 anni, alto per la sua età, come il padre (uno dei pochi siciliani alti dell'epoca), i tratti più gentili e slavi della madre in un miscuglio austro-siculo che lo rendeva già affascinante. Claudio, il secondogenito, 15 anni, si capiva che non sarebbe diventato alto e bello come il fratello, le orecchie un poco a sventola, la faccia buffa, molto spiritoso, a volte anche troppo. L'energia di Claudio era inesauribile e coinvolgente, tanto che Saro, in cuor suo, era certo che sarebbe stato lui un giorno a rendere orgogliosa tutta la famiglia. E infine c'era Maurizia, inattesa e non cercata (in fondo anche lei era nata un po' per sbaglio), ma poi accettata e molto amata. Una bellissima bambina di 3 anni, la sua bambolina dai capelli ovviamente rossi.

Quella città aveva realizzato tutti i suoi sogni e anche di più, ma era giunto il momento per Saro di riaprire gli occhi. L'azienda dove lavorava fu chiusa e requisita a scopi bellici come la casa di famiglia, una villa al centro della città che fu trasformata in un centro logistico-militare.

Rosario non si era perso d'animo per quel drastico ridimensionamento di stile e tenore di vita, aveva riaperto il suo studio privato (era pur sempre un massone, e aveva dei contatti) e con sporadici lavori e tanti sacrifici era riuscito a tenere in piedi la baracca.

Il clima in città si fece sempre più cupo, teso e scandito dalle aggressioni fasciste nei confronti di slavi e sloveni, via via più frequenti, più "lecite". Non era più un luogo dove far crescere dei figli. Saro decise di chiudere lo studio e dando fondo agli ultimi risparmi trasferì la famiglia in campagna, il più lontano possibile secondo le sue possibilità, nei pressi del lago di Como. La peggior decisione della sua vita.

Filippo, Claudio e Maurizia presero di buon grado il trasferimento, mia madre in realtà lo prese come un gioco e i suoi fratelli, dai racconti di mia nonna, si adattarono in fretta. Erano bravi ragazzi con la testa sulle spalle e molto affiatati tra di loro. Passavano le giornate continuando a studiare, aiutati da Saro e Primavera e suonando e cantando al pianoforte, una passione che entrambi condividevano con la madre che spesso e volentieri duettava con loro con la sua bella voce da contralto. Saro era deliziato da quei siparietti musicali e quando vi assisteva, riusciva a dimenticare per un attimo le paure, la guerra, i suoi tormenti. La più entusiasta di tutti, quando le note calde del pianoforte iniziavano a riscaldare quella fredda casona di campagna, era Maurizia.

Amava i suoi fratelli e quella loro magica capacità di muovere le dita su quei tasti facendone uscire suoni così belli, facendone uscire la gioia. Danzava, certo come può farlo una bambina di 3 anni, ma con entusiasmo, senza fermarsi un attimo fino all'ultima nota e quando questa arrivava, esausta, si buttava su chi aveva appena smesso di suonare o cantare per abbracciarlo, grata. Rimaneva tra le sue braccia stringendolo forte finché non riprendeva fiato e poi facendogli gli occhi dolci lo implorava di ricominciare.

Se mia madre amava i suoi fratelli, loro si può dire che la adoravano. La grande differenza di età aveva fatto sì che entrambi avessero sviluppato nei suoi confronti, oltre al normale affetto fraterno, un ancor più forte istinto di protezione, di tipo paterno, nonostante la loro giovane età.

Insomma, era stata dura lasciare Trieste ma, nonostante tutto, i Calì erano riusciti ad andare avanti e qualche volta riuscivano a regalarsi dei momenti di spensieratezza e di serenità.

Arrivò il primo Natale da sfollati. Primavera e Saro non erano molto religiosi, ma il Natale, al di là dei suoi significati mistici, era sempre stato per la famiglia un'occasione comune di divertimento e complicità. Ai ragazzi piaceva molto, ed era ancora la musica e il loro repertorio di canti natalizi ogni anno più vasto a scandire quelle giornate di festa. La canzone più gettonata era *Stille Nacht*, la preferita di Maurizia.

Il 22 dicembre era tutto pronto. Mia nonna però non era soddisfatta. Sentiva che mancava qualcosa, qualcosa di speciale, che ricompensasse in qualche modo tutti i sacrifici della famiglia e in particolare dei suoi ragazzi. Regali! Regali speciali, questa era la soluzione. "Dove li trovo?" Ne parlò a Saro, che subito d'accordo con lei in linea di principio, lo fu invece meno su come Primavera intendeva risolvere il problema. Furono inutili le sue proteste, era una donna molto testarda e il 23 mattina mia nonna partì per Milano in cerca dei suoi regali speciali.

L'accompagnarono alla stazione Filippo e Claudio, era molto vicina alla casa e la si poteva raggiungere a piedi. I due fratelli si sostituivano spesso al padre in questi compiti da "uomo" e a mia nonna non dispiaceva farsi accompagnare dai suoi "fidanzati". Durante il tragitto i ragazzi erano perplessi per quella misteriosa partenza della madre il giorno prima della vigilia, giustificata come visita a dei lontani parenti, ma è probabile che avessero intuito qualcosa e non fecero troppe domande. Dopo averli abbracciati e baciati, prima di salire in carrozza, si accordò con loro affinché l'indomani si facessero trovare lì puntuali alle 7, quando lei sarebbe tornata con il primo treno del mattino.

Nel pomeriggio cambiò il tempo, il cielo si riempì di nubi nere e minacciose. La sera scoppiò un violento temporale. La luce andava via in continuazione, Rosario e i ragazzi (divertiti) furono costretti a cenare a lume di candela. La mancanza di energia elettrica abbreviò il loro consueto dopo cena e unendosi all'impazienza per il giorno dopo, quello dei festeggiamenti, incoraggiò tutti ad andare a letto presto, a scaldarsi sotto le coperte in quella notte fredda di tempesta.

Tra l'altro, i ragazzi dovevano svegliarsi presto per essere puntuali alla stazione ad accogliere la madre. Filippo prese in braccio Maurizia, già addormentata sul divano, e con Claudio diedero la buonanotte al padre e si ritirarono.

I tre ragazzi erano stati costretti a condividere la stanza perché riscaldare l'intero casale sarebbe stato troppo costoso.

Quando ormai i fratelli erano immersi in un sonno profondo, ci fu un tuono così forte che fece tremare la casa e svegliò Maurizia. La piccola, spaventata, provò subito a rivolgersi ai fratelli sperando che almeno uno fosse ancora sveglio, ma la sua flebile e spaventata vocina veniva ogni volta coperta da un tuono o dal rumore della pioggia scrosciante. Rimase immobile a occhi spalancati per qualche minuto, combattuta tra il terrore e l'incanto delle ombre che danzavano sui muri alla luce dei lampi.

Ma il terrore prese il sopravvento sull'incanto e Maurizia non vide altra soluzione. Dopo un ultimo e inascoltato appello ai fratelli, senza più indugiare, scese dal suo lettino e rapida uscì dalla stanza richiudendosi piano la porta alle spalle per non svegliarli. Era a piedi nudi e il pavimento era una lastra di ghiaccio. Corse più rapida che poté, in un buio spaventoso illuminato solo da lampi spettrali. Saro era ancora in dormiveglia ed ebbe un mezzo infarto quando Maurizia, dopo aver spalancato la porta della sua camera, piombò sul letto impaurita, scarmigliata e rubizza per la corsa e per il freddo. Passato il primo spavento, mio nonno capì subito la situazione, non era la prima volta che la piccola cercava rifugio nel lettone dei genitori durante un temporale. E poi quella notte, con Vera a Milano, di spazio nel letto ce n'era e fuori sembrava davvero la fine del mondo. Alzò le coperte e la fece entrare. Gli si avvinghiò e lui strinse a sé quel corpicino ghiacciato e ansimante. Solo dopo un bel po', quando fu certo che non tremasse più e che si fosse addormentata, si addormentò anche lui.

Saro era molto mattiniero, al contrario del resto della famiglia, e non si svegliava mai dopo le 6.30. Prendersi cura di Maurizia quella notte però l'aveva fatto addormentare molto tardi, ben oltre le sue abitudini, e il 24 mattina aprì gli occhi solo alle sette meno un quarto. Maurizia accanto a lui era ancora addormentata, calda, rannicchiata sotto le coperte come un animaletto. Ebbe un moto di tenerezza che lo fece uscire dal letto con cautela per non svegliarla. Dopo essersi infilato rapido la vestaglia per non congelare, notò però che la casa era troppo quieta.

Erano quasi le sette, i ragazzi dovevano essere già svegli da tanto, anzi, in procinto di uscire per andare alla stazione... "Vuoi vedere che quei due scriteriati non hanno sentito la sveglia... non è da loro... però è troppo tranquillo." Uscendo dalla stanza il silenzio della casa si fece più evidente. La porta dei ragazzi era ancora chiusa e per Saro a quel punto fu chiaro che Filippo e Claudio non si erano svegliati. Si diresse verso la camera con una crescente indignazione che gli gonfiava il petto. Era raro che dovesse sgridarli e non gli piaceva, ma dopo ciò che aveva fatto la madre per loro, per migliorare il loro Natale, lasciarla in difficoltà alla stazione... "Questa volta l'hanno fatta grossa... ora mi sentono."

Spalancò la porta, pronto a far esplodere la sua rabbia. Non decifrò subito quello che vide, sentì solo che la rabbia era all'improvviso sparita lasciando il posto a qualcos'altro che ancora non capiva o non voleva capire. Filippo era sdraiato nel suo letto sotto le coperte. Le coperte del letto di Claudio, invece, erano a terra e lui, a pancia in giù sul materasso, sporgeva per metà come se volesse raccogliere qualcosa sul pavimento. Li chiamò, ma il rumore di quel silenzio era così forte che non sentì il suono della propria voce. Non sentì mai più nemmeno quella di Filippo e Claudio: i suoi figli erano morti.

Intanto Primavera era arrivata alla stazione. Dopo che si furono allontanati anche gli ultimi passeggeri scesi con lei dal treno, si era ritrovata lì da sola con i suoi numerosi e voluminosi pacchi, un po' stupita.

Aveva liquidato l'ultimo e insistente facchino con determinazione, convinta com'era che stesse per arrivare "la cavalleria". Dopo dieci interminabili minuti al freddo, le fu chiaro che non sarebbe arrivato nessuno. A gesti e grida aveva dovuto richiamare un facchino e si era sentita una sciocca. Più delusa che arrabbiata, ripensava all'ultima conversazione con i ragazzi, era stata molto precisa sull'orario... allo stesso tempo pensava anche "Come al solito quando non ci sono io quei tre sono un disastro... uomini... quei due scellerati si saranno dimenticati di caricare la sveglia e Saro si sarà dimenticato di ricordarglielo". Allora immaginò che stessero correndo in quel momento, sulla strada ghiacciata come matti, rischiando di rompersi una gamba per coprire quel ritardo, inseguiti dal rimorso e dai rimbrotti di Saro. Dopo aver pagato il facchino fuori dalla stazione, rialzando lo sguardo dal borsellino era certa di trovarseli davanti: affannati, scalmanati, facendo finta di essere pentiti, felici di rivederla.

No, non c'erano, nel piccolo piazzale non c'era più nessuno. Il prossimo treno sarebbe passato solo alle 11, e in quell'intervallo la piccola stazione entrava in un breve letargo.

Uno spicchio di eclissi cominciò a oscurarle il cuore: "Possibile si siano dimenticati di me?". Poi vide un uomo a una ventina di metri che le fece un gesto con la mano venendo lento verso di lei.

L'uomo camminava facendo un'immensa fatica e teneva le spalle talmente curve che la falda del cappello gli copriva il volto. Quando le fu davanti alzò il viso e lei lo riconobbe a stento, era Saro. Mia nonna raccontava che in quei dieci secondi prima che lui riuscisse ad aprire bocca, lei aveva capito già tutto.

Aveva capito subito, per un istinto ancestrale, che quell'uomo, che difatti non aveva riconosciuto, non era suo marito, era uno spettro venuto per trascinarla all'inferno.

Gli accertamenti medici rivelarono che i miei zii erano morti per anossia. Una crepa nel muro della loro stanza aveva permesso l'insinuarsi di una dose letale di monossido di carbonio proveniente dalla canna fumaria del camino lasciato acceso nella camera accanto.

Rosario aveva sempre lottato: per il suo lavoro, per proteggere la sua famiglia, per il futuro. La perdita dei figli maschi e di conseguenza della speranza in quel futuro, fu per il suo cuore già stanco il colpo di grazia. Poco tempo dopo ebbe un infarto che non gli diede scampo e Primavera dovette organizzare un altro funerale. Anche il cuore di mia nonna con la morte di Filippo e Claudio si era spezzato, ma aveva continuato a battere contro la sua volontà. Così, senza intenzione, per abitudine, mera cadenza dei suoi passi verso un sentiero oscuro di depressione (oggi mi fa paura pensare a un mondo ancora senza psicofarmaci).

Dopo la morte dei figli, e ora del marito, chi avrebbe potuto "biasimarla" se si fosse abbandonata sperando in un rapido declino, per compiere quell'ultimo passo, quell'ultima formalità per raggiungerlo, anzi per raggiungerli: il suo Saro, i suoi *putei*, i suoi amori.

Contro ogni previsione, mia nonna si scoprì una donna molto più forte di quello che credeva. La morte di Rosario, piuttosto che scolpire qualche lettera anche sulla sua lapide, generò un effetto contrario funzionando da defibrillatore. Il suo cuore si rianimò all'improvviso e lei con esso, entrambi con un'unica domanda: Maurizia?

Mia madre non ha mai ricordato molto di quel periodo, sballottolata come fu tra amici e parenti e grazie ai meccanismi di rimozione dei bambini. D'altra parte, da un punto di vista emotivo, non poté certo attraversarlo indenne. La perdita di quasi tutti i principali referenti affettivi (per un periodo li perse tutti perché mia nonna ci mise un po' a riprendersi) in maniera tanto traumatica e repentina non lasciò alla piccola Maurizia molte alternative.

Non sto parlando di vere alternative, è ovvio che non vi fu nessuna scelta da parte di una bambina di 3 anni, solo la risposta istintiva di un piccolo organismo messo a rischio di sopravvivenza. Sarebbe potuta soccombere, avrebbe potuto introiettare tutto quel dolore e quell'infinito senso di abbandono e tramutarlo col tempo in qualche trappola autodistruttiva: qualche malattia fisica o mentale, la droga... ma non andò così.

Quello che successe, confermato ormai dai fatti, è questo: un pesante e invisibile tagliafuoco calò a ghigliottina, un'affilata barriera che amputò di netto buona parte dell'area più sensibile e vulnerabile di mia madre, la parte più profonda, quella che riguardava il dolore. Un lavoro semplice, rapido, pulito, senz'altro micidiale ma salvifico... come una lucertolina che per non morire abbandona la coda.

Bene, verrebbe da dire, chi non lo vorrebbe. Solo che le code delle lucertole ricrescono, quelle parti il più delle volte no.

Maurizia, però, era viva, era salva. Salva non solo da un dolore che in quel momento non capiva e che bruciava sulla pelle come un ferro rovente, ma, cosa più importante, in futuro sarebbe stata al riparo da tutte quelle emozioni che avessero superato una certa temperatura.

Da quel momento in poi non sono molte le informazioni che ho sull'infanzia di mia madre e sulla sua adolescenza, comunque da quel che so, la cosa funzionò.

Primavera ricominciò a occuparsi della sua piccola, della sua bambolina dai capelli rossi, che mantenendo il suo sorriso (nonostante tutto) le restituì una ragione per vivere. Finì la guerra, Vera e Maurizia tornarono a Trieste. Ebbero la fortuna di potersi trasferire nell'ex studio di Rosario, che essendo di proprietà della stessa Loggia massonica a cui era affiliato, le fu lasciato in comodato d'uso a un prezzo simbolico sino alla sua morte. Era un appartamento in centro, non grande, purtroppo ormai più che sufficiente per una donna sola e una bambina.

Primavera si rimboccò le maniche, Rosario aveva pensato a loro ma non fu semplice crescere da sola una bambina in una Trieste post bellica che come lei cercava di riprendersi, piangendo i propri morti.

Maurizia crebbe e crescendo acquistò presto consapevolezza della sua condizione, del suo credito affettivo nei confronti della vita; comprese il suo status di vittima. Una volta intuito questo "potere" e non subendone (grazie al taglio della coda) il lato oscuro e drammatico, Maurizia ne fece presto un utile strumento di manipolazione. Prese subito il sopravvento sulla madre. I suoi processi di fascinazione però non erano fini a se stessi, Maurizia aveva dei progetti.

Primo fra tutti andare via da Trieste. A qualsiasi costo e in qualsiasi modo. La tragica decimazione della sua famiglia e la conseguente perdita di capacità empatiche rendevano improbabile qualsiasi ipotesi di radicamento futuro in quella città. Maurizia voleva scappare via e vedere il mondo. Un mondo che non la spaventava, di cui anzi si sentiva più forte e che senz'altro si sarebbe messo ai suoi piedi soggiogato ad ammirarla. A quel punto lei, altera, lo avrebbe calpestato a passi di danza.

Già, la danza, il suo grande amore e, oggi lo posso dire, senza soffrirne più di tanto, l'unico. Il vero *fil rouge* della sua vita, quello che non ha mai tradito o abbandonato, il suo mezzo di fuga, il solo per cui era valsa la pena spendere quell'ultimo pezzettino di coda, di dolore. Desiderio e speranza. Quella raffica impetuosa che in una fredda mattina di bora, sotto lo sguardo stupefatto di tutti, l'avrebbe alzata in volo e portata via da Trieste.

Ci sono sentimenti così forti, profondi, che col tempo hanno la potenza di cambiarci senza che ce ne accorgiamo, nel bene o nel male, lasciandoci solo l'illusione di aver determinato il nostro destino. Mia madre era immune da questi sentimenti. Ignorando i suoi coetanei che navigavano a vista nel mare della crescita cercando di non annegare in ogni emozione, lei come un vecchio lupo di mare teneva la barra dritta e seguendo la sua stella polare fissava il cielo. Un cielo in realtà fatto di specchi, dove non c'erano stelle da seguire ma solo la sua immagine ripetuta all'infinito.

Immagini, sì, o piuttosto ruoli sociali ad hoc, che mia madre recitava corredandoli di tutti gli optional emotivi utili, o meglio, necessari ad apparire simile agli altri: figlia, amica, ballerina, fidanzata, e poi in seguito moglie, madre ecc. Personaggi credibili per la maggior parte del tempo, ma non sempre: darla a bere su emozioni e sentimenti non era sempre facile. E così quando succedeva, anche solo per un attimo, che per sbaglio o per troppa sicurezza le cadesse la maschera, non cercava subito di rimettersela, magari in modo goffo, al contrario, lasciava la maschera a terra e usciva dal personaggio.

Come quegli improvvisi "sguardi in macchina" con cui un attore, uscendo dal ruolo, si rivolge allo spettatore coinvolgendolo, creando con lui un paradosso di complicità e intimità; regalandogli sì un momento d'importanza, ma transitorio e menzognero. È chiaro che era sempre lei a beneficiare di questo *escamotage*, eppure lo considerava un privilegio da concedere a pochi. E quei pochi allora conoscevano "Maurizia".

Maurizia non aveva nulla a che fare con i suoi personaggi. Lasciandoti spiazzato e affascinandoti diventava subito ironica e critica nei loro confronti, verso quella "maschera" ancora lì, inanimata ai suoi piedi. Non la rinnegava, ma t'incoraggiava a commentarla e ad analizzarla con lei, in una surreale e comica visione dei fatti. Coinvolgendoti con il suo umorismo ti suggeriva, senza che te ne accorgessi, un modo plausibile di giudicarla, la scappatoia per non essere troppo indulgente con lei. Difficile resisterle. Difficile resistere al suo sorriso e alla sua bellezza. Non restava altro che unirsi a lei.

Ed eccola lì, trentacinque anni dopo, nel salotto di mia sorella, la bella ragazza dai capelli fiammeggianti, con quel nome strano e che ballava come un angelo. Eccola lì, quella di cui tutti si erano innamorati senza sapere che aveva un cuore ermetico e lontano. Un cuore ferito tanto tempo fa, ma che nessuno avrebbe potuto mai aprire e curare, neanche con tutto il tempo del mondo. Eccola lì, mia madre.

Anzi no, che sto dicendo, Maurizia.

Mia madre aveva sfruttato molte volte "Maurizia" durante l'infanzia mia e di Rossella. L'uso più utile, anzi fondamentale, che ne aveva fatto era stato quello di instaurare con noi quell'originale piattaforma di comunicazione nella quale, bypassando qualsiasi formalità madre-figli, aveva potuto affrontare argomenti che ben poche madri avrebbero condiviso con i figli: i suoi amanti, la sua noia, il disprezzo nei confronti del marito, l'odio comune per la suocera-nonna. Ma l'aspetto più insidioso di questi momenti d'insana confidenza era che per noi figli, tra tutti i momenti passati con lei, quelli erano i più gratificanti, di felicità.

Impazzivamo per quel "gioco", per quel suo modo di far divertire i suoi cuccioli lanciandoci quella palla ingannatrice. Eravamo grati a mia madre per la sua originalità e per la sua follia. Non conoscevamo nessun altro tanto incosciente da aprire senza filtri le porte del suo mondo e di quello degli adulti; e quali porte, poi. Infatti, ci sfuggiva un tassello fondamentale: mia madre non era affatto un'adulta. Se fossimo stati più scaltri, avremmo potuto trovare patetico quel tentativo di colmare il lungo silenzio delle sue assenze con quelle presenze brevi, verbose e scioccanti. Ma non lo eravamo, e il gioco le riusciva. Le abitudini affettive distorte e dannose sono peggio dei vizi e impossibili da eludere. Per me e Rossella poter pensare per un attimo di essere grandi, i suoi amichetti del cuore e confidenti, be', era sempre meglio di quello che eravamo di solito: due bambini, suoi figli e dimenticati.

La presenza di Maurizia nel soggiorno di Rossella trasformò dunque all'istante la mia entrata da grosso mastino incazzato in quella di uno scodinzolante cucciolo di labrador e Maurizia era lì pronta, a giocare con me ancora una volta, a farmi rincorrere l'ennesima palla; a quel punto mi fu chiara anche la sovreccitazione di Rossella: doveva essere già da un po' che rincorreva la sua.

Quello che doveva essere un cruento scontro di ruoli e di affetti, rischiava di trasformarsi in una spassosa rimpatriata con "l'amica" Maurizia. Sì, spassosa, perché come ho detto, Maurizia non conosceva altro modo di analizzare la realtà se non attraverso l'umorismo. Iniziò con il racconto dell'imbarazzante consulto in banca, trasformandolo in una *pochade* alla Feydeau: il vecchio rimbambito e raggirato, la giovane moglie scaltra e seduttiva e il direttore bolso che, soggiogato dal suo fascino, diventava una marionetta nelle sue mani.

Non era rimasta nessuna traccia della rabbiosa e moralistica indignazione con cui mi aveva aggredito nella telefonata (già, quella era roba da "maschera", da mamma). Ci fece ridere, e per Maurizia il più era fatto. Era riuscita a rendere comiche le mie miserie e malefatte, sdrammatizzandole. Ora, sperando (in realtà ne era certa) di ricevere da me lo stesso trattamento, era pronta a parlare delle sue.

13

Il suo racconto partì da lontano, dalla primavera del 1955, quando lei aveva 16 anni.

A quell'età era riuscita, con soddisfazione e tanto sacrificio, a diventare una ballerina della compagnia di danza classica del teatro Verdi di Trieste. Ci fu un evento importante organizzato dal teatro, ancora parte delle ricorrenze e festeggiamenti del dopoguerra. Tre serate d'intrattenimento e celebrazioni con molti ospiti prestigiosi. Tre giorni che decisero il resto della sua vita.

In quelle serate di gala il corpo di ballo del teatro ebbe i suoi momenti di visibilità. Durante le lunghe giornate di prove per l'evento, nel *bailamme* caotico del dietro le quinte, Maurizia, ragazza bella e spigliata, non aveva avuto difficoltà a farsi nuove amicizie. Tra tutti aveva legato in particolar modo con un ragazzo, un ospite delle tre serate: il cantante ventisettenne Domenico Modugno, appena diventato famoso.

Accomunati subito dalla passione per la musica e da una forte propensione al cazzeggio, avevano fatto amicizia e passato quei tre giorni approfittando di ogni pausa lavorativa per ridere, facendosi scherzi tra loro o al resto della compagnia, o coinvolgendo tutti in qualche canzoncina buffa suonata e cantata da Mimmo. Fu un'inaspettata e sincera amicizia e a quanto pareva nient'altro. Lei da parte sua gli si sarebbe buttata volentieri tra le braccia, Mimmo però era fidanzato e in procinto di sposarsi con la bella attrice Franca Gandolfi.

L'evento si chiuse con successo e Maurizia salutò i suoi nuovi amici, tra cui a malincuore quello "scemo" di Mimmo, quel ragazzo pugliese che faceva finta di essere siciliano, con quella voce bellissima, con quella faccia da schiaffi e quei baffetti su quella bocca così bella alla quale per un bel po' non riuscì più a smettere di pensare.

Tutto qui. Fine... dell'inizio. Il contatto era stabilito.

Rossella mise sul tavolino l'ennesimo caffè per lei e Maurizia, io non ne bevevo più già da qualche anno. Ne approfittai per prendere in cucina un bicchiere d'acqua. Tornato al divano ci accendemmo tutti e tre una sigaretta. Ci fu un silenzio che pensai di riempire: «Allora hai conosciuto Mimmo prima di Romano?». Il mio, come ho detto, voleva essere solo un riempitivo, una domanda retorica (anche se la cosa mi aveva colpito). La risposta e la reazione di Maurizia furono meno scontate. «Ah... maledetti accendini... mi sono scheggiata un'unghia... Ros, hai una limetta?»

Certo, può succedere, ma la sensazione che stesse prendendo tempo fu netta. Mia sorella le portò la limetta e lei iniziò ad aggiustarsi l'unghia imprecando che certe cose le succedevano solo quando se le era appena sistemate. Poi, come non ci fosse stata soluzione di continuità con la mia domanda, con divertito sussiego, come verso chi nell'eccezionalità di un racconto si sia accorto solo di un insignificante particolare: «Sì l'ho conosciuto prima... di poco... anzi... si può dire in contemporanea». Poi Maurizia riprese il suo racconto.

Nel 1956, circa un anno dopo le mitiche serate del Verdi, in un'afosa sera d'estate, durante una festa a Opicina sulle ariose e splendide colline triestine nella villa di chissà chi, a Maurizia venne presentato un signore molto più grande di lei. Quell'uomo per tutta la durata della festa non le aveva tolto gli occhi di dosso, e più di una volta Maurizia ebbe la sensazione che la stesse seguendo a ogni suo spostamento.

Alla fine non poté fare a meno di parlare con lui. Non era antipatico e nemmeno un brutto uomo. Molto scuro di pelle, atletico anche se non molto alto, dall'aria gioviale: un certo Romano Camilli, ufficio stampa del teatro Sistina di Roma, celibe nonostante i suoi 36 anni.

Da quel giorno nel camerino di Maurizia, che nel frattempo con orgoglio di mia nonna era diventata prima ballerina della compagnia, a ogni debutto, tra gli ingombranti omaggi floreali di amici e ammiratori iniziò a spiccarne uno, quello del suo fan più entusiasta: Romano.

Dopo la folgorazione di Opicina, Romano era tornato spesso a Trieste senza perdersi un debutto di Maurizia. Questo fatto da solo, considerata la distanza e i mezzi di trasporto dell'epoca, fu più eloquente di una dichiarazione d'amore.

A Maurizia il signor Camilli non piaceva, d'altro canto si sentiva lusingata dalle costanti e insistenti attenzioni di quell'uomo adulto che nonostante quell'aria da *tombeur de femmes* della dolce vita romana s'interessava a lei.

Mia nonna era la prima a sperare che qualche buon partito (e lui lo era) s'interessasse presto a Maurizia, ma anche a lei quel Romano di Roma, tanto più grande della figlia, chiassoso e così pieno di sé... non la convinceva. Donna sensibile sì, ma anche molto formale, fu al dunque lei a insistere perché la figlia non si dimostrasse troppo scortese con quel signore che le inondava il camerino di doni. Maurizia fece buon viso a cattivo gioco, in fondo era d'accordo con la madre, la generosa e garbata insistenza di Romano in qualche modo andava ripagata, così decise di concedergli dei piccoli spazi pomeridiani: un giro a piazza Unità d'Italia, una passeggiata sul lungomare, un presnitz da La Bomboniera... spazi controllati s'intende, sotto l'occhio vigile di Primavera, *comme il faut*.

Già dopo i primi incontri a tre, mia nonna aveva confermato il suo giudizio *tranchant* su Romano.

"Quello spigliato signore", durante quei pomeriggi le aveva intrattenute per la maggior parte del tempo autocelebrando se stesso, il suo lavoro e la sua brillante vita romana. "Un logorroico narciso" lo aveva definito Primavera. Maurizia, però, lasciando stupita mia nonna, non la pensava come lei: al contrario, dovette ammettere che, seppur chiassoso e chiacchierone, Romano era stato piuttosto divertente. In più c'era una cosa che l'aveva molto colpita: i suoi aneddoti erano farciti di nomi altisonanti non solo del teatro, ma anche del cinema e della televisione, nomi che lui snocciolava con disinvoltura vantando in molti casi addirittura una personale amicizia. Smentiva pettegolezzi, ne rivelava altri, raccontava vizi e a volte meschinità di personaggi che per una ragazzina di provincia come lei, fino a quel momento, erano stati soltanto dei volti nei rotocalchi.

A proposito di rotocalchi. Mia nonna non aveva mai apprezzato quel genere di pubblicazioni, lo trovava una frivola perdita di tempo e Maurizia era stata educata in egual modo. Un giorno, in attesa del suo turno dal parrucchiere, a Maurizia era caduto l'occhio su una copia stropicciata di un rotocalco. *Domenico Modugno e Franca Gandolfi sposi!* sottotitolo: *L'usignolo di Sicilia convola con la bella attrice conterranea!* Le nozze erano state celebrate il 26 giugno 1955, due mesi dopo che mia madre e Mimmo si erano conosciuti.

Come prima reazione Maurizia aveva riso, per la storia del finto siciliano. Che Mimmo si sarebbe sposato con quella Franca lo sapeva, gliene aveva parlato lui, anche se in modo vago. L'aveva pensato spesso dopo quei giorni, più che altro tentando di soffocare quel desiderio lasciato in sospeso, insistente quanto irrealizzabile.

Il giornale aveva un ampio servizio fotografico e Maurizia non riusciva a staccare gli occhi... da quei baffetti. Rubò il giornale e se lo portò a casa. Da quel giorno mia madre, con grande disappunto di mia nonna, cominciò a leggere i rotocalchi. Anzi, ne divenne un'esperta, consultandoli come fossero stati frammenti di un diario di bordo che le narrava le gesta del suo desiderato e irraggiungibile Mimmo.

Non poteva negarlo, era affascinata dai racconti e dalle rivelazioni di Romano. Quelle sbirciate nella vita dei vip la divertivano come il modo che aveva lui di raccontarle, anche se becero e senza peli sulla lingua.

Arrivò il 1957. Il 17 settembre Maurizia compì 18 anni. Ci fu una bella festa e tanti regali, tra cui al solito si fece notare quello dell'irriducibile Camilli. Ma per lei non furono solo festeggiamenti, era sorto un grosso problema: era cresciuta.

Non in senso lato, bensì fisico. Negli ultimi due anni era cresciuta più di due centimetri, raggiungendo la ragguardevole altezza, per una donna dell'epoca, di un metro e settantacinque. Il suo seno, già notevole dall'età dello sviluppo, era infine sbocciato in tutta la sua sensualità. In fondo, nulla di cui rammaricarsi, la sua bellezza aveva acquistato forza e completezza e con essa si allungava ogni giorno la lista dei giovani triestini dal cuore spezzato.

Era un'altra la cosa che rendeva triste Maurizia: la carriera di danzatrice classica era agli sgoccioli. La sua prestanza fisica aveva già creato negli ultimi tempi non poche difficoltà alla compagnia nella ricerca di partner adatti a lei. Una ballerina di un metro e settantacinque sulle punte può superare il metro e ottanta. Negli anni Cinquanta, i ballerini italiani di un metro e ottantacinque si contavano sulla punta delle dita. Quegli ultimi centimetri sapeva che le sarebbero stati fatali.

Un grigio pomeriggio di novembre, di quelli dedicati a Romano e al suo instancabile pendolare corteggiamento, Maurizia che non riusciva neanche volendo a ridere delle sue battute, per non sembrare sgarbata dovette smascherare il suo malumore confessando angosciata tutte le sue ansie e paure di ballerina, ormai dal futuro incerto. Romano sul momento si costrinse a dimostrare empatia per lei, mentre intanto il suo cuore in segreto iniziò a vibrare di gioia. Uno spiraglio, era quello che aspettava da due anni.

Venne il Natale, Romano rimase in famiglia a Roma con Pia, senza dimenticarsi di fare arrivare a Trieste auguri e regali. Maurizia e Primavera, come sempre, lo passarono in apnea, sperando che trascorresse presto, portandosi via i suoi tragici ricordi.

Si rividero un pomeriggio di inizio gennaio, era il 1958.

Romano, nonostante il freddo, insistette per andare a Opicina, là dove si erano conosciuti. Nel bel mezzo di un gelido tramonto, compì il suo affondo. Era sempre stato bravo nell'arte del convincere, era il suo mestiere. Disse a Maurizia che dopo il grande successo di *Buonanotte Bettina*, la commedia musicale con Walter Chiari, Delia Scala e Paolo Panelli, i suoi amici e datori di lavoro Garinei e Giovannini stavano per mettere in cantiere una nuova commedia musicale per la nuova stagione: *Un trapezio per Lisistrata* con Nino Manfredi e ancora la Scala e Panelli, e lui, Romano, sarebbe stato felice di procurarle un'audizione appena sarebbe stato il momento. Aggiunse che non aveva senso buttare via il suo talento e tutti quegli anni di sacrificio nella danza classica, quando il mondo della commedia musicale (il suo mondo) l'avrebbe accolta a braccia aperte e... «A proposito di braccia aperte... che ne dici di sposarci?»

Maurizia sapeva che sarebbe successo e si era anche in parte preparata a quel momento. Aveva già studiato il "personaggio" con il quale avrebbe posto un garbato rifiuto alla proposta di Romano. "Non me la sento di lasciare mia madre da sola... lei non lascerebbe mai Trieste... una grande città come Roma mi spaventa... sono ancora troppo giovane..." Ma nonostante ciò la colse di sorpresa, con la guardia abbassata, scoperta, debole. Con quella storia della commedia musicale poi, del talento da non sprecare... aveva scelto il momento giusto, era stato bravo, doveva riconoscerglielo. Scoppiò in una gran risata e sorvolando del tutto sull'argomento matrimonio, recitò la parte della finta offesa per quell'ingiuriosa e dissacrante offerta di commedia musicale a una purista della danza classica come lei. Lo fece ridere, e lui non poté far altro che stare al suo gioco. Alla fine Romano non restò deluso da quel pomeriggio, la sua proposta era stata ignorata, non rifiutata. E aveva ragione, Maurizia aveva preso tempo.

Passarono una decina di giorni, che era in genere l'intervallo tra una visita di Romano e l'altra. In quel periodo

Maurizia non aveva pensato ad altro che alla loro ultima conversazione. Non tanto alla proposta di matrimonio, aveva fantasticato sulla commedia musicale. *Buonanotte Bettina* l'aveva vista grazie a Romano in una tappa triestina e l'era piaciuta. Aveva trovato Delia Scala fantastica, le musiche affascinanti, le coreografie raffinate e intriganti, niente a che vedere con i numeri scalcinati dell'avanspettacolo e della vecchia rivista. Eppure faceva molta fatica a immaginarsi su un palcoscenico senza ai piedi le sue scarpette da punta. La commedia musicale era il nuovo che avanzava, il futuro colorato e scintillante, mentre la danza classica, per quanto la amasse, era ormai per lei solo il passato.

Quando Romano tornò a Trieste, Maurizia fu tentata di evitarlo. Dieci giorni non erano stati sufficienti per concludere i suoi tanti ragionamenti. Ne aveva parlato con mia nonna. «Commedia musicale?... A Roma?» L'aveva presa per una *boutade* (senza però ridere) o peggio ancora, come una barzelletta oscena che fece finta di non aver sentito. Per quanto riguardava l'argomento nozze, lei pure aveva temuto l'arrivo di quella proposta. Conosceva bene l'indifferenza del cuore di sua figlia per quell'uomo, sapeva che lo aveva usato come un divertente e saltuario passatempo, perciò se doveva essere un rifiuto, andava fatto bene, in modo garbato.

Romano la portò a cena, ormai Maurizia era maggiorenne e avevano il permesso di uscire la sera non accompagnati. La prima mezz'ora trascorse come di consueto, occupata dai divertenti resoconti di Romano. Maurizia, tesa, non lo seguiva molto accennando risatine di circostanza intanto che la sua mente cercava ancora le parole giuste per dire... quello che doveva dire.

Dopo uno dei tanti aneddoti, esaurita la crassa e compiaciuta risata di Romano, ci fu un attimo di silenzio e Maurizia, sorprendendo prima di tutti se stessa, disse: «Voglio fare l'audizione». Romano cominciò a saltare sulla sedia (neanche tanto per metafora), ordinò champagne e la intrattenne tutta la cena parlandole di Nino (Manfredi), di

Delia (Scala) e di Paolo (Panelli), i suoi amici che avevano già sentito tanto parlare di lei e che presto le avrebbe fatto conoscere. A Maurizia lo champagne piaceva e ne bevve più coppe lasciandosi coinvolgere dall'entusiasmo di Romano e per la prima volta fantasticò di lei in mezzo a quelle star.

Dopo cena Romano, su di giri, non ne volle sapere di andare a casa e convinse Maurizia a fare un tour di locali in cui, sorprendendola, conosceva ogni volta il proprietario che li accoglieva con mille salamelecchi dandogli sempre il tavolo in prima fila. Romano diede il meglio di sé e la serata si rivelò rutilante e divertente, e quando all'alba la riaccompagnò a casa, Maurizia, sfinita e grata, lo baciò. Del matrimonio non se ne parlò. Immagino che Romano, considerando l'apertura di Maurizia sull'audizione e il bacio, già due notevolissime battaglie vinte, non se la sentì, dopo anni di attesa, di tentare di vincere la guerra tutta in una notte, per quanto fortunata. Inoltre, da ex sportivo, sapeva quanto sarebbe stato importante se avesse avuto la possibilità di giocare la "finale" in casa. Prese tempo e Maurizia lo guadagnò.

Il giorno dopo, a colazione, Primavera rischiò la sincope quando la figlia ancora annebbiata dall'alcol le raccontò della serata informandola dei suoi nuovi piani. Mia nonna, molto contrariata, esibì tutte le sue rimostranze, pur sapendo che sarebbe stata una battaglia persa. Lo sapeva perché con Maurizia non ne aveva mai vinta una.

Un mese dopo, il 1° febbraio 1958, l'esordiente a Sanremo Domenico Modugno, sorprendendo tutti, con *Nel blu dipinto di blu* vinse il festival della canzone italiana. Maurizia aveva continuato a tenere d'occhio (tramite i giornali) i suoi spostamenti e successi. Aveva seguito il festival, entusiasta ed elettrizzata come una vera groupie, e quando era stato annunciato il vincitore aveva cominciato a saltare per casa urlando, sotto lo sguardo allibito di mia nonna.

Nei giorni successivi Maurizia ebbe il suo bel da fare nel recuperare giornali e riviste con articoli e foto del suo idolo. In una giornata uggiosa, mentre sdraiata sul letto leggeva l'ennesima intervista, squillò il telefono: era Romano, felice, che annunciava la data dell'audizione.

Romano tornò a Trieste, ci furono altre cene, altri locali, altri baci e se non si considera lo sforzo che dovette fare Maurizia per non canticchiare tutto il tempo il ritornello della canzone di Mimmo, iniziò tra loro un piccolo idillio. Col senno di poi, direi l'unico.

Le storie che le raccontava Romano non erano più solo divertenti cronache di un mondo fantastico e lontano, erano diventate informazioni preziose che la sua mente non si stancava di assorbire, senza saziarsene. Presto avrebbe potuto tornarle tutto utile, ora che quel mondo era lì a due passi. Già, solo due passi, due passi di danza e per assurdo erano quelli che più la spaventavano. Era terrorizzata dall'audizione. Di certo sarebbe stata ben diversa da tutte quelle per cui aveva studiato e a cui era abituata.

Meno male che Romano, dal canto suo, non si stancava di rassicurarla, elogiando (per l'ennesima volta) il suo talento, la sua bellezza... Voglio precisare una cosa: Romano non era e non è mai stato un tipo da raccomandazione. La sua mancanza di dubbi sulla riuscita di Maurizia nasceva solo dalla stima che aveva di lei e delle sue capacità e non dal pensiero di un'arrogante spintarella da parte sua.

L'audizione fu fissata i primi di aprile. L'organizzazione della partenza per Roma fu lunga ed elaborata. Dico solo che, ritenendo inappropriato il soggiorno di due donne sole a Roma, Primavera costrinse due cugini a salire dalla Sicilia per accompagnarle. Durante l'audizione Maurizia si vergognò molto di quella scorta; pare assomigliassero a Franco Franchi e Ciccio Ingrassia.

La prova di Maurizia andò oltre ogni speranza, fu un vero successo. Il coreografo le fece i complimenti e s'intrattenne a lungo con lei mostrandole un sincero interesse.

Non c'erano più dubbi, Maurizia avrebbe ballato nella sua prima commedia musicale, *Un trapezio per Lisistrata*. Quella sera, mollati Franco e Ciccio e Primavera, Romano e Maurizia andarono a festeggiare. Lui felice la portò ovunque nella sua Roma, alla quale potendo avrebbe chiesto "Roma nun fa' la stupida stasera..." ma nessuno l'aveva ancora scritta. Roma e Maurizia, due bellezze che Romano sapeva che si sarebbero attratte, senza poter poi fare a meno di innamorarsi l'una dell'altra. Perché a quel punto la recalcitrante fanciulla di Trieste non si sarebbe dovuta innamorare anche di lui?

Ebbe ragione al cinquanta per cento: in effetti Maurizia s'innamorò, ma solo di Roma. E non certo della sua bellezza al tramonto, della sua arte o della sua inimitabile aria di città eterna, s'innamorò della situazione, di quello che successe da quel momento in poi. Il lavoro, i colleghi (nel corpo di ballo fu una piacevole sorpresa scoprire che erano tutti ragazzi come lei, provenienti dalla danza classica), quel nuovo modo di danzare e poi le tavolate nei ristoranti dopo le prove, le nottate da jet set con Romano e le corse in macchina al Gianicolo per vedere l'alba.

Raccontando questa parte della storia a Maurizia brillavano gli occhi e più di una volta il suo sguardo sembrò perdersi in ricordi paralleli e che senz'altro non avrebbe inserito nel suo racconto. Accartocciò il pacchetto di sigarette finite e si alzò per prenderne uno nuovo dalla borsa. Una volta in piedi: «Già che ci sono faccio pipì...», e andò in bagno. La giornata era calda, l'aria immobile e la stanza piena di fumo nonostante la finestra del terrazzo aperta. Pur avendo contribuito in buona parte a quel fumo, mi sentii soffocare. Uscii in terrazzo approfittandone anche per sgranchirmi le gambe. Rossella mi seguì. Avremmo potuto essere due spettatori in un cinema durante l'intervallo, quando ancora nei cinema si fumava e si approfittava di quel quarto d'ora per uscire da quelle grosse camere a gas. Anche l'espressione sui nostri volti era coerente, esprimeva sospensione. Quella tipica perplessità nei confronti di una trama, in cui solo il finale avrebbe potuto completarne il giudizio. Notai quanto fosse spoglio e desolato il terrazzo di Rossella. È probabile che lei interpretò il mio sguardo, perché disse qualcosa sulla difficoltà di gestire un terrazzo tanto grande (in effetti, più di cento metri quadri) e accennò a imminenti progetti di ristrutturazione e abbellimento.

«Fatto... eccomi.» Maurizia aveva finito. Buio in sala. Inizio secondo tempo.

Un trapezio per Lisistrata debuttò a Roma a settembre e fu un successo. Seguì una lunga tournée. Romano e Maurizia si separarono, o quasi: parte del lavoro di Romano consisteva nel presenziare ai debutti della compagnia. La distanza riacuì in Romano il desiderio di un legame più serio e affidabile con Maurizia. Per quanto sicuro di sé (troppo, come si sa) l'idea di quello splendore di ragazza, in giro per l'Italia, incustodita, gli creava apprensione e gelosia. Durante un fine settimana di marzo del 1959 raggiunse la compagnia a Bologna. Finita la pomeridiana della domenica portò Maurizia a cena in un bel ristorante. Al momento del dolce, questa volta con tutti i crismi, s'inginocchiò davanti a lei e tirò fuori un anello: «Maurizia Calì, vuoi sposarmi?». Non se ne era più parlato. Lei sapeva che sarebbe tornato presto alla carica e sapeva anche che a quel punto avrebbe dovuto dargli una risposta chiara ed esaustiva. E questa volta Maurizia era pronta.

Nel frattempo non si era innamorata di lui, non le interessava l'amore e tantomeno lui da quel punto di vista, ma lo trovava intelligente e divertente e soprattutto gli era grata. Grata per la sua inesauribile generosità, per averle dato quella chance che le aveva cambiato la vita, per essere riuscita grazie a lui a fuggire dall'opprimente provincia; insomma, per averle dato le chiavi di accesso a buona parte dei suoi sogni, tra l'altro accontentandosi fino a quel momento solo di qualche fuggevole bacio. Ancora pochi mesi e *Un trapezio per Lisistrata* avrebbe chiuso i battenti lasciandola in teoria disoccupata e con lo spettro di un ritorno forzato a Trieste. Ma Romano l'aveva già rassicurata dando per scontata la sua partecipazione a un nuovo progetto del Sistina, *Un mandarino per Teo*. Avere opportunità era ciò che interessava a Maurizia, molto più dell'amore. Romano gliene aveva date di ottime e continuava a dargliene, le migliori della sua vita e se "tanto dava tanto", quel potenziale era solo all'inizio.

«Sì» fu la risposta di Maurizia e a Romano esplose il cuore dalla gioia.

Tutta la pazienza di quegli anni si tramutò in impazienza e da solo, con Maurizia impegnata nell'ultimo scampolo di tournée, Romano organizzò un matrimonio perfetto e a tempo di record.

Si celebrò il 15 luglio 1959 a Roma, nella chiesa di piazza di Siena a Villa Borghese, e al matrimonio seguì un sontuoso rinfresco presso la Casina Valadier. Tutto filò liscio secondo i piani di Romano. Per lui ci furono anche due sorprese: i capelli a scugnizzo di Maurizia (di cui ho già parlato) e la magia dell'*Ave Maria* di Schubert cantata a fine funzione da un suo caro amico arrivato all'ultimo momento, Claudio Villa.

Gli sposi, nauseati entrambi dai precedenti mesi di continui spostamenti per la lunga tournée, di comune accordo rinunciarono al viaggio di nozze. Decisero di accettare, come alternativa, l'invito di Marcello Mastroianni che insieme ai soliti amici (Paolo, Nino, Delia...) inaugurava ad agosto la sua nuova villa a Castiglioncello. Si diceva che fosse splendida e a picco sul mare.

E in effetti lo era (la vidi anche io, molti anni dopo). Quell'estate Maurizia si divertì molto e si fece ben volere da tutti. Vista la sua giovane età divenne la mascotte del gruppo. Il suo umorismo, la sua bellezza e quel pizzico di trascinante e giocoso provincialismo ne fecero più volte l'anima di quelle giornate in motoscafo o delle nottate trascorse a ballare sino all'alba nei locali. Romano, in brodo di giuggiole, osservava Maurizia affascinare i suoi amici. Si godeva lo spettacolo senza avere più né ansie né gelosie, ormai era sua. Però, mentre lui gongolava di quei continui apprezzamenti alla sua preda e a lui che l'aveva catturata, la preda, Maurizia, dietro quell'apparente spensieratezza, incubava già il virus del suo scontento: il sesso. «Con Romano, un disastro.»

Maurizia non era arrivata vergine al matrimonio. Tra le tempeste ormonali per l'irraggiungibile Mimmo e le repliche del personaggio della casta ragazza di provincia con Romano, aveva pensato bene di regalare la sua virtù a un terzo e insignificante incomodo, un amico d'infanzia. Il loro rapporto, propedeutico per entrambi ad accumulare esperienza in vista d'incontri più importanti, più che un intreccio sentimentale o una storia di sesso si sarebbe potuto definire un esperimento di scienze naturali; però ben riuscito.

Maurizia non giudicò male il sesso con Romano in senso assoluto, cioè la sua virilità o il suo essere all'altezza della situazione, ne fece in particolare una questione di chimica, che secondo lei mancava completamente. Per quanto lui si desse da fare in ginnici ed estenuanti rapporti, lei non riusciva a provare piacere.

«Io a volte, ero eccitata... ma appena mi toccava...»

«Va bene, va bene...» la interruppi trovando la sua generosità di particolari scabrosa e ridondante.

«Non ti piaceva... abbiamo capito.»

«No.»

Un bel problema non c'è che dire, davanti al quale comunque, passata la delusione iniziale, Maurizia non si era persa d'animo. Romano le offriva il suo amore maturo, la bella vita, la carriera spianata, le amicizie vip... ed era davvero molto. Non era tutto? Pazienza. Il resto (del buon sesso, per intenderci) nel suo ambiente non era certo difficile da trovare, all'occorrenza.

Per quanto insoddisfacente, il sesso tra Maurizia e Romano però, diede subito i suoi sperati frutti e Maurizia rimase incinta. Nove mesi e dieci giorni esatti dopo il loro matrimonio, il 25 aprile del 1960, nacque una bellissima bambina dai capelli rossi: Rossella.

Furono tre i motivi che resero la pausa maternità di Maurizia molto breve: il suo fisico eccezionale da diciannovenne, la smania di tornare al lavoro e il vaso della sua pazienza da subito colmo nei confronti della suocera Pia. Pentendosene subito amaramente, aveva acconsentito che rimanesse a vivere con loro. L'appartamento era molto grande e Maurizia aveva pensato che la sua presenza sarebbe stata d'aiuto a Romano durante le sue lunghe assenze nella gestione della casa e della bambina, ma quella donna si era rivelata ostile e insopportabile.

Un mandarino per Teo segnò il suo rientro a pieno ritmo nel lavoro. Una sera, dopo lo spettacolo, in una delle solite interminabili tavolate da Dante (detto "il bettolino") il destino fece la sua mossa e Romano senza rendersene conto intonò le prime note del *De profundis* al suo matrimonio. Rispondendo a un amico seduto accanto a lui che chiedeva anticipazioni sui futuri progetti della premiata ditta Garinei & Giovannini disse: «Quei due 'n se fermano mai... stanno a scrive' 'na commedia sui garibbardini per centenario dell'Unità d'Italia».

«Ah... interessante... e con chi?»

«Modugno e Scala.»

Maurizia era seduta di fronte a lui. Udendo quel nome, si bloccò. Le rimase la forchetta con sopra il cibo a mezz'aria, come il fermo immagine di un film messo in pausa per sbaglio. Solo un paio di secondi. Poi riportò lenta la forchetta sul piatto, mise con discrezione un tovagliolo nella borsa, si alzò con calma e disse che aveva bisogno di andare alla toilette. Una volta entrata, dopo essersi assicurata di aver ben richiuso la porta alle sue spalle, tirò fuori il tovagliolo dalla borsa, lo piegò in due, ci affondò la faccia dentro e urlò di gioia.

Da quel momento in poi la vita di Maurizia divenne solo un conto alla rovescia.

Arrivò l'inizio delle prove di *Rinaldo in campo* ('na commedia sui garibbardini). Mimmo e Maurizia si ritrovarono, si riconobbero, si piacquero di nuovo e poco dopo iniziarono ad andare a letto insieme, e così iniziò la loro storia.

«Be'... con lui tutta un'altra cosa... non era come con Romano che stavamo lì ore... quando mi toccava...»

«Va bene ho capito... con lui, al contrario, ti piaceva.»

«Sì, e devo dire che lo facevamo molto.»

«Pure troppo...» non riuscii a trattenermi.

Maurizia sembrò non cogliere la battuta: «In che senso?».

Fui sorpreso di dovermi spiegare: «Come... non sei rimasta incinta?».

«Ah... certo... rimasi incinta di te... quello fu un bel problema in piena tournée, ma riuscii a finirla e addirittura a iniziare le riprese televisive di *Un trapezio per Lisistrata*... ho ballato fino al quinto mese!»

«E Modugno?»

«Eh... con Modugno... basta.»

«Come, basta... non disse niente che eri rimasta incinta?»

«No, perché all'inizio non lo dissi a nessuno, ero spaventata. Cominciai ad allontanarlo e per quando si cominciò a vedere la pancia, tra noi era tutto finito.»

«E quando poi l'ha vista... la pancia? A Mimmo, non è venuto qualche dubbio?»

«Magari gli fosse venuto... si è subito convinto invece che fossi figlio suo.»

«Ah...»

«Ma Dio solo sa perché. Sapeva bene che volente o nolente quando Romano ci raggiungeva in tournée davo a Cesare quel che era di Cesare. Come poteva dire di essere lui tuo padre se non lo potevo dire io?»

«E quindi?»

«Durante la gravidanza mi lasciò tranquilla, poi quando sei nato ricominciò a darmi il tormento... ti voleva vedere a tutti i costi. Pensa che si presentò a Trieste a casa di mia madre per sapere se lei avesse qualche foto tua e girava per casa come un matto cercandole. A quel punto mi spaventai sul serio e tagliai tutti i ponti. In più, come se non bastasse, anche la Gandolfi era incinta! Abbiamo rischiato di partorire insieme... lei mi sembra lo fece a ottobre... (Marcello in effetti nacque il 16 ottobre) t'immagini se fosse venuto fuori quel papocchio... chi credi ci avrebbe rimesso? Non c'era divorzio... separazione... non c'era niente, rischiavo solo di diventare la famosa puttana che aveva rovinato la famiglia del grande Domenico Modugno, l'idolo degli italiani. Romano mi avrebbe rispedita a calci in culo a Trieste e mia madre si sarebbe sparata per la vergogna.»

Maurizia fece una pausa e si accese l'ennesima sigaretta. Sembrava tesa, come un improvviso sbalzo di corrente nel basso voltaggio del suo racconto, fino a quel momento non dissimile dalla trama di un banale Harmony. Pensai avesse rivissuto per un attimo l'incognita di quei momenti, la paura della gogna, del rientro forzato in provincia, in quella Trieste che l'aveva salutata come se stesse donando al mondo una delle sue perle più rare e che suo malgrado avrebbe dovuto riprendersela da reietta con in braccio il suo fardello, l'imbarazzante frutto della sua colpa: me.

L'onda delle antiche paure sembrava non abbandonarla.

«E poi che successe?»

Maurizia si scosse, tirò un sospirone, poi una lunga boccata di sigaretta e proseguì: «A un certo punto per fortuna Mimmo si rassegnò... la nascita del secondo figlio lo costrinse a stare di nuovo con la famiglia, se non altro per fare servizi fotografici e interviste. Fine della storia, le nostre strade da quel momento si sono separate. Anche nel lavoro non ci siamo più incrociati. Ognuno ha fatto la sua vita, tutto qui».

«E papà (ancora lo chiamavo così) non si accorse di niente?»

Sembrò sorpresa della domanda.

«No... no, è ovvio. Fu molto contento di aver un maschietto... ti volle battezzare addirittura a San Pietro...»

«Quando se n'è accorto, allora?»

«Di cosa?»

Sentii una fitta dolorosa alla schiena, come la punta di un pugnale acuminato che si insinuava tra le scapole. Il dolore mi tolse il fiato e le parole. Maurizia ne approfittò per proseguire: «Guarda che... tu sei convinto di non essere figlio di tuo padre, ma non c'è nessuna prova... io andavo a letto con tutti e due... e se non lo posso dire io...».

La interruppi infastidito: «Sì, l'hai già detto... e questo discorso poteva reggere finché ero piccolo, e mi sa neanche tanto... ma da quando sono cresciuto, ti sembra che io assomigli a papà? Ti risulta che io abbia o abbia mai avuto con lui un rapporto normale?».

Maurizia non si scompose: «Non vuol dire niente... succede che a volte il figlio non vada d'accordo con il padre, non è strano... tu e lui avete due caratteri difficili... e quindi, avete delle difficoltà. E per quanto riguarda la somiglianza... Romano e Mimmo da giovani... tutti e due scuri... un po' si assomigliavano (non è vero) e comunque tu non hai preso da tuo padre perché sei più Calì... infatti assomigli tanto a mio fratello Filippo».

Il dolore si fece lancinante, il pugnale era entrato fino in fondo.

La riottosità di mia madre nell'ammettere quel semplice fatto (che Modugno fosse mio padre) mi lasciò senza parole. Ma non è tutto, purtroppo. Il suo subdolo dubbio, una volta trasmesso, s'insinuò e agì sul mio cervello con la veloce e micidiale dinamica distruttiva di un virus informatico. Si diffuse in tutto il sistema fino alla coscienza e una volta lì, senza tanti complimenti, si mise a sgretolare le mie sicurezze come avrebbe potuto fare uno schiacciasassi passando sopra i giocattoli di un bambino.

Sapevo bene che il suo tentare l'impossibile, il negare l'evidenza, era solo un puerile tentativo di fuga dalle sue responsabilità. Era ridicolo il suo attaccarsi a quei brandelli di logica sballata e personalizzata. Eppure, colpito da quella che non saprei come altro definire se non la potenza biologica delle parole materne, vacillai.

Capii che Maurizia era andata via ed era comparsa nostra madre.

Guardai mia sorella, per quanto ci tenesse alla neutralità, sembrava perplessa almeno quanto me per quelle discutibili conclusioni. Ricambiò il mio sguardo con un'alzata di spalle che sembrava dire: "Quello che volevi sapere l'hai saputo, accontentati".

Molto più facile a dirsi che a farsi.

Rossella aveva ragione, dovevo accontentarmi e ignorare quello che sembrava essere solo "l'ultimo dibattersi del pesce all'amo". Ma quel pesce era ancora troppo grosso per me e i colpi della sua coda mi lasciarono sul corpo dei lividi così estesi che ci sono voluti all'incirca dodici anni e tre esami del DNA perché iniziassero a riassorbirsi.

Tentai non troppo convinto un'ultima considerazione: «Scusa... non hai detto che con Mimmo lo facevate in continuazione... e con Romano una volta ogni tanto? Solo per il calcolo delle probabilità...».

Mi interruppe.

«Tesoro... (come a dire imbecille) io e Mimmo ci stavamo attenti... molto attenti (sì, come no).»

Mi sentii sciocco per quella domanda, per non averci pensato, se non altro a quella prevedibile risposta. Nonostante il tono di mia madre non lasciasse più dubbi sul fatto che considerasse chiuso l'argomento, per qualche istante la mia mente proseguì la frenetica ricerca di un pretesto per riaprirlo. Non trovandolo, le permisi di compiere il suo passo successivo: «Vostro padre sta male». Mossa scorretta. Intervenne mia sorella, come se già ne sapesse qualcosa: «Già... dimmi bene cosa è successo».

«L'altro giorno al Sistina si è accasciato su una sedia dicendo che si sentiva svenire... è tornato con il taxi.» Non che la notizia avesse la potenza di distrarmi a schiaffo dalle mie priorità, ma la precisazione di mia madre sul ritorno a casa di Romano in taxi e non in vespa, mi diede un vago sentore della gravità della situazione.

Romano, che io ricordi, nella sua vita si ammalò una sola volta, quella, e poi è morto. A parte periodici controlli dal dentista e relativi interventi di routine non è mai stato un giorno a letto, ma neanche a casa. Questo in buona parte aveva contribuito alla mia idea della sua natura non umana. Mia madre proseguì dicendo che il medico non l'aveva trovato bene e gli aveva ordinato una serie di analisi, di cui ora si attendevano i risultati. La cosa più probabile era che si trattasse del fegato, al tatto il medico l'aveva trovato molto ingrossato.

Come ho detto, avevo passato anni a ragionare e più che altro a preoccuparmi di Romano da un punto di vista fisico, della sua apparente invulnerabilità, proiettandomi un drammatico futuro con un aguzzino immortale. Avevo superato quella fase crescendo, e la paura che avevo di lui era scomparsa. Detto ciò, che un non umano potesse essere tanto "umano" da ammalarsi di fegato era una notizia, anche se non mi faceva pena. Fatto sta che non ero l'unico dai sentimenti fuori luogo rispetto alla situazione. Il tono con il quale mia madre ci aveva dato quell'informazione e il linguaggio non verbale con cui la stava spiegando, per quanto si sforzasse, non avevano nulla a che fare con quelli di una moglie preoccupata per la salute dell'anziano marito. Era infastidita, stizzita, come se stesse raccontando di una grossa grana capitatale tra capo e collo. L'unica a mostrare un adeguato livello di preoccupazione fu Rossella. Mia madre aggiunse che oltre a un notevole calo di energie Romano dava segni di un'evidente perdita di lucidità, con dimenticanze, ripetizioni, stranezze... e, per come lo disse, fu chiaro che quella doveva essere la parte della *débâcle* del marito che più la infastidiva. Inoltre, non poté fare a meno di inserire un paio d'aneddoti semiseri sul suo "rincoglionimento". A me strapparono un sorriso, a Rossella no.

«Allora è grave?»

«Bisogna aspettare le analisi.»

C'era riuscita. L'argomento "padre malato" aveva funzionato. Respinto ogni dubbio genetico al mittente e inserita la malattia di Romano come argomento a sorpresa, mia madre e Maurizia potevano considerare ormai superata l'incognita di quel pomeriggio. Non rimaneva che il finale a effetto: «A proposito... tuo padre mi ha chiesto più volte di te... come mai non ti fai più sentire... non passi da casa...». I miei sensi si misero in allarme, come quelli di un animale che intuisce la trappola dietro l'esca invitante.

Lo presi per un tentativo di farmi nascere qualche senso di colpa verso il sofferente e ignorato genitore e pensai fosse furbo rilanciarle subito la palla: «E tu cosa gli hai risposto?».

Era esattamente ciò che voleva.

«Gli ho detto che sei arrabbiato perché pensi (penso?) di non essere suo figlio.»

Pausa.

«Come? Cosa gli hai detto?... E lui?»

«Ha detto che non è vero... che è certo che sei suo figlio.»

«Ah sì?... E come fa a esserne certo?»

«Domandaglielo... mi ha detto di chiederti di passare... parlaci.»

Se dicessi che non mi colse di sorpresa, sarei un bugiardo. Non capivo cosa stava succedendo. Non sapevo nemmeno più chi stava parlando, mia madre, Maurizia, o io diventato ventriloquo che esprimevo le mie peggiori paure? Lei aveva detto a lui che io... e lui aveva detto che... com'era possibile? E poi quella sfida, buttata lì con nonchalance: "Parlaci".

Scorretta, scorretta e ancora scorretta, come se non lo avesse saputo che in un'intera vita con Romano c'eravamo scambiati al massimo cento parole, e adesso secondo lei ci sarei dovuto andare a fare quattro chiacchiere sul mio DNA? E poi, cosa le garantiva che non gli avrei raccontato tutto quello che avevo appena saputo, facendogli magari cambiare opinione? Perché non era preoccupata di una nostra eventuale alleanza contro la fonte di tutti i nostri guai, cioè lei? Cosa avrebbe potuto significare quel serafico distacco?

Guardandola in viso, vi lessi la sicumera del giocatore di poker che aveva appena fatto all in e che aspettava soltanto che io dicessi "Passo". M'irritò tanta sicurezza, avrei fatto di tutto per toglierle quell'espressione dal viso, per non dargliela vinta ancora una volta. Anche andare a parlare con Romano.

«Domani pomeriggio passo... va bene?»

Stavolta ero sicuro di essere stato io a spiazzarla. Macché. Mantenne la stessa identica e imperscrutabile espressione di un attimo prima.

«Va bene glielo dirò... vieni alle tre dopo la sua siesta.»

Mia madre cominciò a radunare le sue cose con aria soddisfatta. Salvaguardando sempre e solo se stessa, dopo aver destinato (secondo lei), con buona pace delle mie esigenze di chiarezza, la verità all'oblio, perché non doveva ritenersi soddisfatta? L'insoddisfazione mi montava dentro a ogni suo gesto, preludi del suo commiato.

«Tesoro (questa volta non come imbecille, ma come imbecille, ti ho fregato un'altra volta e ancora non sai quanto), allora ti aspetto domani.»

Mi baciò e baciò Rossella, poi andò via.

Appena sentito il rumore dell'ascensore, sicuro che nostra madre non fosse ancora dietro la porta, avrei voluto commentare con Rossella quelle tre deludenti ore appena trascorse. Lei invece, ancora concentrata sulla salute di Romano, avrebbe voluto addirittura coinvolgermi nelle sue recriminazioni verso nostra madre, colpevole secondo lei di aver ignorato dei segnali sulla salute di Romano già presenti a Castiglioncello. Non ce la potevo fare.

«Tranquilla Ros... l'erba cattiva non muore mai.»

Non mi rimproverò per la battutaccia, anche se avrebbe voluto farlo. Capii che riportare il discorso su qualcos'altro mi avrebbe fatto sembrare cinico e insensibile. Era il momento di andare.

Solo una volta tornato a casa mi resi conto di quanto ne avessi avuto bisogno. Ero sfinito e con un impellente bisogno biochimico di hashish. Fumando mi abbandonai su una sdraio in terrazza a occhi chiusi, cercando di rilassarmi, di allontanare il frastuono mentale di quel pomeriggio, tutte quelle parole. Dal parco di fronte arrivavano le grida di un gruppo di ragazzini che giocava a pallone, incalzati dalla voce monotona del guardiano della villa che con un megafono sgangherato e gracchiante intimava loro, ignorato, di interrompere la partita per l'imminente chiusura. La cospicua dose di THC iniziò a farmi effetto, prima sulla muscolatura rilassandola e poi intorpidendomi la mente, inducendomi un'irresistibile sonnolenza. Cercai di non resisterle. Allora le parole si sciolsero e divennero acqua. Gocce, sempre più piccole e poi nebulizzate nell'aria. Una nuvola avvolgente e cullante di microscopiche e luccicanti perline. Durò poco. Di soprassalto mi ridestò un pensiero, come il piede di un gigante che schiaccia una foglia a terra per impedirle di scappare aiutata dal vento. Cazzo! L'avevo fatto davvero. Avevo preso appuntamento con Romano, con l'orco.

"Poteva andare peggio... poteva piovere"... rumore di tuono.

Avevo più volte immaginato l'incontro-chiarimento con Romano attribuendogli molti ipotetici aggettivi. Nella realtà dei fatti, ne merita solo uno: inutile.

Il lavoro di ricostruzione di questa storia non è stato solo un vagare tra gli speziali della memoria alla ricerca di qualche vaso di ricordi. Questo non è stato possibile. Il me stesso giovane e incazzato ha buttato all'aria quegli scaffali e distrutto quei vasi tanto tempo fa. Per distruggere tutto, soprattutto i ricordi. O almeno ci ha provato. Perché i ricordi non si sono distrutti, ma solo sparpagliati e mischiati sul pavimento insieme ai cocci. Ho passato giorni in mezzo alla polvere, ferendomi mani e ginocchia per recuperarli.

Tornando al confronto con Romano, nel momento in cui mi sono seduto al computer per raccontarlo, qualcosa non ha funzionato.

Per la prima volta mi sono ritrovato per ore davanti a una frustrante pagina bianca. Tutto nella mia mente sembrava volersi sintetizzare in tre definitive parole: non mi ricordo. Un blocco emotivo è la prima cosa che ho pensato, il rifiuto di rivivere il dolore di quella ferita... ma no, ho ben nota la mappa delle mie cicatrici e non ci sono tracce indelebili di quel momento. Allora cosa m'impediva di iniziare a scrivere? Poi ho capito. Non ne valeva la pena; l'incontro non c'è mai stato.

La casa di via Chelini era come sempre buia e fresca come una tomba. Nell'aria odore di cibo, di sigarette e di naftalina. Mia madre, avendomi sentito entrare, mi attendeva in fondo all'ingresso con indosso un kimono rosso con un drago d'oro sulla schiena, usato come vestaglia (andava tanto di moda).

Dopo avermi baciato, leggera come sempre, con un gesto da direttrice di sala, indicò il corridoio e lo studio, l'antro dell'orco.

La porta era accostata. Non era Romano ad accostarla per questioni di privacy, era Maurizia a farlo per non sentire la televisione.

Bussai leggermente per annunciarmi ed entrai. Lo studio era vuoto. Stavo già per uscire quando il mio udito, da subito risintonizzato sui rumori della casa, riconobbe lo scroscio dello scarico del bagno grande. Tempismo perfetto. Finito il suo riposino pomeridiano, Romano era in bagno. Entro breve i suoi passi in corridoio e dopo dieci secondi sarebbe entrato nello studio. Ne passarono venti di secondi, un disordinato scalpiccio di pantofole, poi un uomo entrò nella stanza.

Non era Romano. Al suo posto entrò un vecchio dall'aria confusa e che trascinava i piedi... che cazzo stava succedendo? Dov'era il grande masticatore di cibo e rabbia? Dove si era rintanato Romano?

Come avrebbe detto Nick Carter: "Quest'uomo non è Romano Camilli bensì... Stanislao Moulinsky in uno dei suoi migliori travestimenti!". E Moulinsky (togliendosi la maschera di Romano): "Ebbene sì, maledetto Carter... mi hai scoperto anche stavolta".

Magari, almeno mi sarei fatto una risata. No, i fumetti non c'entravano niente. Quello che stava succedendo era ovvio, tanto che alla fine lo capii pure io: mia madre si stava prendendo gioco di noi, ancora una volta.

Io non ero stato capace di leggere tra le righe della sua spavalderia e come un babbeo ero caduto nella trappola di quel suo subdolo: "Parlaci..." (la immaginai dietro la porta che si teneva la pancia dal ridere) e Romano, consegnato dalla demenza nelle sue mani, le aveva permesso di trasformarlo da burattinaio nel più grottesco degli automi della sua Wunderkammer.

E l'automa iniziò a parlare: «Sei mio figlio... ho fatto i calcoli».

«Che calcoli?»

Silenzio.

«Io quella volta ti ho dato uno schiaffo...»

«Quale schiaffo? Quale volta?»

Silenzio.

Dopo pochi minuti di questi irritanti farfugli, il vecchio seguendo la sua confusa e imperscrutabile linea di pensiero sembrò convinto di aver appagato ogni mia "curiosità" e, neanche mi fossi smaterializzato, iniziò a fare altro, a cercare, preoccupato, qualcosa per la stanza.

Capii che si trattava del telecomando della televisione. Il telecomando era davanti a me sulla scrivania nascosto in parte da un giornale. Non mossi un dito, osservando per un po' la sua goffa frenesia (chissà cosa cazzo doveva vedere). Poi mi sentii meschino. Presi il telecomando dalla scrivania e glielo porsi. «Eccolo qui.» Quasi me lo strappò dalle mani e non ringraziò. Uscii dallo studio mentre la stanza si riempiva delle note della sigla di "90° minuto". Che strano... non mi ero accorto che era domenica.

È probabile che mia madre fosse in corridoio ad aspettarmi per godersi divertita la mia reazione. È probabile che ci dicemmo qualcosa, che io abbia provato a fare l'indifferente per non darle soddisfazione, ed è molto probabile che non ci sia riuscito (anche se abituata a ignorarla, mia madre conosceva bene la delusione nei miei occhi). Mentre andavo via, un ultimo sguardo al bunker e alla silhouette di mia madre nella penombra del suo ingresso, realizzai forse per la prima volta che in quel luogo, in quella casa, in quella famiglia, non avevo e non avrei avuto mai più niente da fare.

Tutto qui. Inutile, l'ho già detto. Che senso aveva integrare, ampliare, abbellire? Sarebbe stato come cercare di dare un senso a un dialogo tra sordi, perdendosi nell'analisi filologica dei loro fischi per fiaschi.

Mi rendo conto che quest'episodio possa sembrare solo la descrizione di un fallimento. Ma non fu così.

Una volta tornato a casa, non mi sentii deluso o peggio ancora come al solito la povera vittima. E questa fu già una sorpresa. Anche se nulla era andato come immaginato, il vissuto più forte era un'inspiegabile sensazione di perdita, svuotamento e al tempo stesso leggerezza. "È così che ci si sente alla fine di una guerra" mi avrebbe detto un nonno saggio. Sentii che dopo trent'anni era finita quella con Romano.

14

All'improvviso un vuoto. L'uscita inaspettata da un esteso e intricato ingorgo stradale. Be'... sì, in effetti la sensazione fu quella ma... no. No, perché se a quel punto avessi potuto monitorare dal satellite la mia posizione con una delle app di oggi, avrei scoperto che col cavolo che ero fuori dal caos; quello spazio non era altro che una piccola zona franca al suo centro, una minuscola oasi di pace, un occhio del ciclone. Per fortuna non esistevano ancora le app.

Non sono mai stato bravo nella gestione dei vuoti, anzi a essere sincero faccio fatica a concepirli, non mi appartengono. Diventando adulto ho dovuto capire e in parte accettare che la parola "vuoto" associata alla parola "tempo" diventa spesso un concetto dalle molteplici e personalissime interpretazioni. La mia è che qualsiasi momento, dal più dinamico al più contemplativo, non può tranne che in rari casi limitarsi a essere solo un passivo ed ebete ingurgitamento d'immagini, suoni e parole. Non si può ridurre tutto solo, nel migliore dei casi, a: piacevole o spiacevole. È intollerabile l'obesità mentale ed emotiva, non è sano rimpinzare anima e cervello senza dargli la possibilità di smaltire in qualche modo. Come? Elaborando, trasformando... creando? Mia moglie Gaia dice che questa è una sciocchezza, una visione delle cose fuori dalla realtà, da artista, e che in più ho problemi col cibo derivanti dalle abboffate di Romano. Anche questa è un'ipotesi.

Detto questo, il mio "vuoto" era pieno di materiale non smaltito: amici (vivi e morti), storie sentimentali (senza sentimento), il lavoro, i miei fratellastri.

Dico fratellastri anche se ne avevo in mente solo uno: Marcello. Avevo archiviato senza giudicarlo (un *escamotage* dell'orgoglio) il disinteresse di Marco nei miei confronti, imputandone le cause soprattutto alla differenza di età. Tra l'altro avevo notato, per quanto ne sapevo e ne potevo capire, che il suo comportamento non era tanto diverso con Marcello e Massimo. In sostanza, Marco si faceva gli affari suoi e io/noi, i nostri. La differenza di età stava caratterizzando anche il mio rapporto con Massimo: quattro anni di differenza non erano pochi e così anche con lui le poche occasioni di scambio, sebbene meno rare e molto più calorose di quelle con Marco, non erano state sufficienti a creare una continuità, un'amicizia. A parte questo, poi, negli ultimi tempi Massimo si era allontanato dagli ambienti romani più votati al cazzeggio giovanile.

Con orgoglio e speranza di tutta la famiglia (me compreso) Massimo, prendendosi l'onere e il pesante fardello di essere il primo a tentare il confronto con la leggenda, a febbraio dell'anno prima aveva fatto il suo debutto a Sanremo! Come interprete, non come cantautore. Pensai fosse una buona idea, così facendo, pur rimanendo sullo stesso terreno, evitava buona parte del confronto con Mimmo. Non solo, da un punto di vista canoro Massimo non aveva niente da invidiare a nessuno, nemmeno al padre.

Non era andata benissimo: un pezzo debole, retorico nella musica e nel testo, un'esibizione emozionata, contratta... e *Uomo allo specchio* si era piazzato all'ottavo posto e anche le vendite furono deludenti. Non importava, Massimo era un cantante di Sanremo e si chiamava Modugno e ciò era bastato a procurargli in seguito un discreto numero di serate e altre occasioni per portare avanti la sua carriera. Ora era arrivato per lui il momento di incidere un disco, passo decisivo e impegnativo per chiunque, ma reso per Massimo ancora più impervio dall'aver introdotto nel disco il brano *Delfini (sai che c'è)* da cantare in coppia niente meno che con Mimmo.

Marcello mi aveva accennato al panico e alle difficoltà che Max aveva dovuto affrontare nel portare a termine questa prova, non ultima la severità di nostro padre nel lavoro. Era ed era sempre stato un perfezionista, e anche se una recrudescenza della malattia l'aveva indebolito e costretto a ulteriori cure e rinunce negli ultimi mesi, quando era entrato in sala di registrazione i presenti avevano subito capito che non sarebbero usciti da lì finché non avesse ottenuto da tutti il meglio, lui compreso. Marcello (mascherando mi parve una punta d'invidia) mi aveva raccontato anche dell'emozione, del turbamento di Massimo quando si era trovato ad affiancare, sovrapporre, armonizzare il suo canto con quello di quel vecchio a cui a volte tremava la voce e che assomigliava sempre meno a un mito e sempre più a un uomo che conosceva poco, suo padre.

Non avevo potuto far altro, dunque, che individuare nel coetaneo Marcello (io di agosto, lui di ottobre, stesso anno) il mio referente naturale, la mia porta di accesso... se mai ce ne fosse stata una.

Dopo il 1987, una volta finita, grazie a Silvia, l'unilaterale consapevolezza di Marcello sulla nostra consanguineità, nonostante fossero noti sulla carta i mille substrati che avrebbero potuto pregiudicare o interrompere in qualsiasi momento il nostro tentativo, provammo a essere amici.

Era lontana per entrambi l'età di quegli slanci spontanei e giovanili, quelli che con Fabio avevano fatto sì che uno stupido confronto di date di nascita e segni zodiacali ci avesse convinto in un attimo di essere da sempre, l'uno nel destino dell'altro, fratelli, anche se di fatto non lo eravamo. L'amicizia con Fabio, però, per quanto ingenua nella sua escalation affettiva, era stata pur sempre una crescita, un percorso nell'ordine delle cose. La costruzione di un palazzo bello alto. Piano dopo piano, anno dopo anno e solo all'attico avevamo trovato incisa sulla porta la parola fratelli. Era bello ripensare al percorso, soffermandoci a rimirare ogni piano del palazzo.

Io e Marcello ci eravamo ritrovati direttamente nell'attico, e anche se in segreto lo condividevamo da amanti, era bastato sporgerci dal terrazzo, per renderci conto, rabbrividendo, che l'appartamento non aveva sotto un palazzo a sostenerlo, fluttuava nell'aria, sfidando ogni legge della fisica. Non soffrendo nessuno dei due di vertigini, eravamo andati avanti.

Vorrei tornare un attimo indietro, ai nostri primi incontri al Tommy's Bar, a quei primi approcci. Succedeva per caso, brevi e casuali contatti, per me normali nel corso di una serata. Per Marcello, potrebbero essere stati dei veri e propri choc: era il 1985, lui già sapeva da un anno. Mi sono sempre domandato se anche a lui era successo quello che era accaduto a me "dopo". Se anche lui si fosse ritrovato a fissarmi, di sottecchi, incredulo e affascinato da quell'inequivocabile somiglianza. In fondo è partito tutto da lì. Quante risate a denti stretti deve essergli costata al principio. Chissà quante volte, conoscendo com'era, avrebbe voluto prendere a schiaffi l'incauto fisionomista del momento. Sarebbe stato utile confrontare le nostre esperienze e può darsi anche divertente. Avremmo potuto ricavarne una ricostruzione grottesca, per non dire comica, (per assurdo anche una *pièce*) da consegnare ai posteri. La nostra catarsi, il loro divertimento.

Macché, non se n'è mai parlato di quel periodo (di nessun altro d'altronde). Ora so perché. Non è che Marcello non volesse parlarne, non poteva farlo. Non poteva farlo senza dover sviare, omettere o mentire in continuazione. Non riusciva a mostrarmi quell'unica faccia empatica, la sua. L'unica di un poliedro di cui non voleva intuissi che le altre 99 erano ostili. Questo probabile coacervo di attrazione (che in parte sentivo) e di repulsione (ben nascosta) nei miei confronti, suppongo fosse ciò che provocava in una strana vibrazione, che io scambiai per misteriosa (affascinante) introversione. Misteriosa sì, perché continuando a ragionare in un modo stereotipato, tanto che oggi me ne vergogno, male interpretando la sua storia affettiva, davo per scontato che quel bel ragazzo, con spiccate doti artistiche, ricco e famoso, non poteva che essere anche felice.

C'era perciò da aspettarselo che a me, vissuto in quell'arida distesa affettiva, in quell'arsura malsana da terra dei fuochi che era stato il mio habitat, lui apparisse come un'insperata sorgente d'acqua non contaminata. E una volta poi, venuta a galla anche quella "pazzia" che eravamo fratelli, osai pensare per un attimo (ed era un pensiero che dava le vertigini) che quella sorgente sarebbe stata inesauribile.

Perché sì, io speravo. Speravo che fosse il momento, secondo destino, di riscuotere il credito affettivo lasciato in sospeso dai Camilli. Speravo, contro la logica di ogni esperienza passata, che la schiettezza di quel sentimento gli impedisse di cadere nelle solite, sordide trappole dell'ipocrisia. Speravo, in base all'insiemistica, che due realtà distinte, io e Marcello come due insiemi, intersecandosi avrebbero dato vita a un terzo, emotivo e autonomo. Insomma, quello che speravo, era che "non fosse troppo tardi per farsi un'infanzia felice".

Speranza, è questa la parola che avevo sin da subito associato a Marcello e quella nostra storia subita, segreta, nascosta a tradimento sui nostri volti. Ho sperato per un sacco di tempo, ben undici anni, finché una denuncia per truffa (tra le altre cose) non mi ha fatto capire quale fosse la parola che racchiudeva e avrebbe sempre racchiuso i sentimenti di Marcello verso di me: paura.

Allora non lo sapevo, e voglio pensare che in un certo senso non lo sapesse neanche lui.

Col fine dunque di arrivare alla famosa "intersezione", a quell'accavallamento che avrebbe dato il via a un nuovo circolo virtuoso, tra me e Marcello ci fu un periodo di propedeutici incontri a tu per tu.

Ci piaceva vederci a pranzo. Accadeva spesso che al tardo risveglio di entrambi uno dei due telefonasse all'altro: «Che dici... pranzetto?».

Non avevamo vincoli d'orari e spesso e volentieri ci piaceva prolungare il dopo pranzo in luoghi tranquilli e appartati del centro, dove, fumando, ci perdevamo in chiacchiere per lo più superficiali e ridanciane. Erano questi i momenti che prediligevo.

Marcello no, Marcello era un buongustaio e una buona forchetta. All'inizio, per cortesia, si era lasciato convincere a pranzare in alcune delle mie abituali ed economiche insalaterie, ma era tale la tristezza che leggevo nei suoi occhi mentre ingurgitava a forza carote e ravanelli che a un certo punto smisi di proporgliele lasciando via via sempre più spazio alle sue costose proposte gourmet. A quel punto fui io a dover mangiare a forza brasati e patate al forno con ancora in bocca il sapore del miele della colazione. Divergenze alimentari a parte, l'aspetto che più m'interessava dei nostri pranzi non era tanto il durante quanto piuttosto il dopo, quando senza più la bocca piena speravo si potesse alzare il livello della conversazione. Non siamo mai riusciti ad alzarlo, nel vero senso della parola, e quanto sembra sciocca e ingenua oggi quella mia pretesa.

Non voglio essere frainteso, non sto tacciando Marcello di superficialità, sarebbe ingiusto e riduttivo. Io stesso, quando parlo di alzare il livello della conversazione, non sarei stato in grado di farlo meglio di lui, visto che avevamo poco meno di 30 anni. E sarebbe ingiusto nei confronti di Marcello, di cui non avevo una vera conoscenza emotiva e a essere sincero (in virtù dei sopracitati banali ragionamenti), neanche m'interessava.

Quello che avrei voluto in più dalle nostre chiacchierate era solo che ogni tanto Marcello avesse riaperto "l'argomento". Dopo quel nostro primo confronto a Campo de' Fiori, nel quale avevo dovuto schernirmi imbarazzato, spiazzato dalla mancanza di filtri di Marcello che aveva parlato di un padre comune, di sangue comune, addirittura di malattie comuni alle quali sarei dovuto stare attento (roba di circolazione), questo genere di argomenti tra di noi era in seguito svanito del tutto.

Marcello mi aveva fatto vedere la prima puntata di una serie che mi aveva scioccato ma che (lo poteva immaginare) aveva anche senz'altro catturato la mia attenzione: non capivo perché cazzo non mi facesse vedere il resto. Mi si potrebbe obiettare: "Perché non glielo chiedevi tu di mandare in onda le altre puntate?". Non lo so, è probabile per mancanza di coraggio, o solo per una questione d'imprinting. Era stato lui a squarciare il cielo sopra la mia testa, facendo cadere su di me le prime gocce. Terra secca e spaccata, io gliene ero stato grato, ora che senso aveva negarmi la pioggia? Cosa avrei potuto dargli in cambio, se era una contropartita ciò che voleva? Cosa mai potevo avere io da dare a uno come lui? Ah ecco forse... la "Dea Kalì"? Informazioni sull'amante? Su mia madre?

Ma chi? Quella zoccola tra le tante che sono passate sotto le grinfie di Mimmo? Quella con i capelli rossi... malefica e scaltra? Quella ladra... quella che era riuscita a rubargli il seme e che ora servendosi del suo bastardo li avrebbe sputtanati, se non rovinati, mettendo in atto la sua fredda vendetta? No, no, non ce ne era bisogno. Su quest'argomento presumevo che mamma Franca avesse già ben "chiarito" le idee a tutti.

Un bel giorno, all'ultimo boccone in una trattoria a via del Pellegrino... «Ho una novità, ho preso possesso di via Giulia... ti va di vederla... andiamo da me?» Marcello si riferiva a uno degli appartamenti di famiglia in cui, mi aveva già accennato, si sarebbe presto trasferito per cominciare anche lui la sua esperienza di vita da solo. Pur senza avere l'urgenza che aveva caratterizzato la mia fuga dal bunker, era arrivato anche per lui il tempo di fare quel passo. Contento e curioso di vedere la casa accettai: «Ficata! Vamonos».

Camminammo più rapidi del solito, più che altro mi adeguai al passo di Marcello, quello di un bambino che non vedeva l'ora di mostrare il suo nuovo giocattolo all'amichetto. Arrancavo dietro di lui, dentro di me divertito. Ricordavo bene quella sensazione quando avevo mostrato (a lui compreso) la mia casetta.

«Sei contento?» chiesi, ma era una domanda retorica per rompere il silenzio affannato di quella nostra breve passeggiata.

«Hai finito il trasloco... ci hai già dormito?»

«Quasi... vedrai.»

Risposta sibillina, più che altro per il "vedrai" che interpretai riferito alla bellezza della casa. Macché.

Salendo nel minuscolo e lentissimo ascensore del palazzo, Marcello iniziò a darmi le prime informazioni, la prima sorpresa.

«È qui che papà ha scritto un sacco di canzoni, tipo...»

E ancora: «Era uno dei luoghi preferiti di Mimmo...».

Sì, anche Marcello quand'era con me lo chiamava solo Mimmo. Oppure diceva papà: «Questa era la chitarra preferita di papà...». Non diceva mai "mio padre" e le poche volte che questo semplice e posso capire anche spontaneo sintagma gli sfuggiva, con un sorrisetto tra il complice e l'imbarazzato, si affrettava a correggersi buttando lì a mezza voce un rapido "nostro padre". Lo trovavo a dire il vero un eccesso di zelo, io stesso ancora oggi devo fare a volte mente locale per non chiamare Romano mio padre. Oppure timidezza, che senz'altro condividevo verso quello strano argomento, così concreto e presente tra noi, quanto ambiguo e ancora non sviscerato.

L'estenuante salita in ascensore diede modo a Marcello di proseguire la sua introduzione stile guida turistica e concluse dicendo che era riuscito a entrare in possesso della casa solo perché Mimmo aveva deciso di non venirci più. Dopo l'ictus era diventata per lui un luogo impervio da raggiungere e scomodo al suo interno per chi ormai era costretto a muoversi solo con stampelle o bastone. Ci aveva provato, fino a che incazzato nero, aveva dovuto rinunciare al suo amato rifugio di via Giulia. Non so se fu quel riferimento di Marcello alla condizione fisica di Mimmo o, come direbbe la mia amica Raffaella molto new age: «Tu, Marcello, quella casa... cioè, un insieme di energie».

Fatto sta che uscendo dall'ascensore, non potei fare a meno di vedere papà.

Tutto sotto controllo, non sto parlando di una vera visione, sto parlando solo di un'onda incontrollabile d'immaginazione talmente forte e improvvisa da avere un che di materico... un vecchio che urtando con le stampelle usciva a fatica dall'ascensore, imprecando contro le ridicole dimensioni di quell'abitacolo e verso un Dio vendicativo che senza pietà lo aveva ridotto in quel modo. Pochi secondi, il tempo che Marcello ci mise ad aprire la porta, il tempo di "non capire" che era solo l'inizio.

Un fascio di luce accecante c'investì invadendo il pianerottolo, l'appartamento esposto a ovest verso il Gianicolo era inondato dal sole trasversale del pomeriggio. Seguii Marcello e quella luce, intanto che le pupille a fatica cercavano di riadattarsi. Quando smisi di strizzare gli occhi e tornai a vedere, era successo qualcosa.

Attico e superattico sui tetti di Roma. Al contrario di quanto si possa immaginare, però, anche se aveva due piani non era una casa molto grande, con un'architettura interna in alcuni punti arzigogolata che creava spazi anche angusti, d'altro canto era un luogo dal fascino immediato. "Wow!" Però di case belle ne avevo viste e sentii per certo, appena pronunciata quell'esclamazione, che non si riferiva a quello.

L'appartamento sarebbe stato "wow" per chiunque. Per me... era qualcos'altro. È difficile anche ora dire cosa. È difficile descrivere l'appagamento di un desiderio che non sapevi di avere e che solo nel momento in cui si sta realizzando, scopri con quanta forza avevi sperato che accadesse. Fino a pochi secondi prima, prima di attraversare la porta di quella casa, il mio spazio mentale si divideva grosso modo in tre aree, in quest'ordine: nella prima, un'area nota, al momento congelata e di poco interesse, c'erano i Camilli. Nella seconda, un cantiere in costruzione (di cui ancora ignoravo il fatto che fosse abusivo e senza regolari permessi) c'eravamo io e Marcello e nella terza, Domenico Modugno... il mito della canzone, il Mimmo nazionale, Mister Volare, il finto siciliano... Eh già, il livello di confidenza che avevo raggiunto con un'immagine di lui più domestica, per non dire di padre che sarebbe esagerato, era pari a zero. Non mi ero allontanato neanche di un millimetro da quelle prime e confuse rappresentazioni di lui che mi avevano assalito dopo la telefonata nei giardini dell'ospedale militare.

Ora, dopo aver varcato la porta di quella casa, risalendo un raggio di luce come in un banale film di fantascienza, be', fantascienza o no, ero in un'altra dimensione.

"E il mito scese tra noi e per noi si fece uomo."

«Fatti un giro, io faccio i caffè.»

«Per me no, grazie.»

Poi Marcello sparì dietro un angolo acuto della casa. Farmi un giro? Perché, non lo stavo già facendo?

Stormi di uccelli nel cielo di Roma, fantastiche evoluzioni di migliaia di piccoli corpi con le ali che in un sincronismo perfetto creano con i loro volteggi figure magiche e sempre in movimento. Finché all'improvviso, forse rispondendo a un invisibile richiamo o un'irresistibile attrazione, lasciano il cielo per posarsi tutti su un platano, ricoprendo ogni centimetro dei suoi rami e non si capisce se lo vogliano soffocare succhiandogli tutta la sua linfa o ancora peggio strapparlo dalle radici e portarlo via con loro.

La stessa cosa faceva il mio sguardo che, anticipandomi e lasciandomi immobile a pochi passi dalla porta d'ingresso, dopo aver fatto rapido le sue evoluzioni, stava già ricoprendo ogni cosa.

Un pensiero mi si formulò spontaneo dopo quei primi secondi: Marcello non aveva detto che andavamo a casa sua? E, non che non avessi notato subito anche le sue di tracce, per dirne una la maniacalità dell'ordine, tipica di Marci (o Marc con la c dolce per gli amici). Anche il pianoforte elettrico sistemato nel living davanti a una finestra che inquadrava l'ingrigita cupola di San Giovanni dei Fiorentini era senz'altro di Marcello. Era la prima volta che vedevo quel piano, ma avendomene già parlato Marcello ne riconobbi la marca. Dettagli resi insignificanti da uno strabordante e alternativo contesto. Insomma, aveva detto "Dai ti faccio vedere casa mia... mi sono trasferito da poco", io avevo immaginato quadri appoggiati a terra, scatoloni non svuotati, valigie non disfatte... non che Marcello, quel pomeriggio, mi volesse presentare nostro padre.

E adesso? Senza preavviso, senza un minimo di preparazione (anche se, quando mai ce l'ho avuta in questa storia) avrei ricordato tutto? Tutte quelle tracce, quelle prove. Prove importanti che testimoniavano del suo essere sulla terra non solo come mito, anche come essere umano. Avessi avuto almeno carta e penna...

Vabbè chi se ne frega, carta e penna non erano importanti, avevo buona memoria. Quella che di sicuro non era ancora buona, era la mia capacità di leggere i differenti livelli di questa storia. Ne capivo ancora davvero così poco, che addirittura, arrivai a pensare che lì, proprio lì (con la benedizione e l'aiuto di Marcello), in un solo pomeriggio, cioè all'istante, sarei riuscito ad alzare il mio, seppur platonico, livello d'intimità con mio padre. E mi sembrò ovvio anche pensare (vaneggiavo in preda all'emozione) che con il tempo, quell'intimità sarebbe potuta diventare... non dico un rapporto d'amore padre/figlio (vaneggiavo sì, ma non così tanto), magari... un rapporto?

Marcello tornò dalla cucina molto soddisfatto, esaltando le doti della sua nuova macchinetta per il caffè espresso. E questa volta il giro lo feci davvero, accompagnato da lui. Riprese il suo tono da cicerone di poco prima in ascensore, tono per il quale prima avevo provato un certo fastidio e che ora al contrario mi faceva pendere dalle sue labbra.

Marcello partì alla carica. Passammo in rassegna molti oggetti, davanti ai quali lui si soffermava pochi secondi per una rapida cronistoria o qualche breve aneddoto a essi collegato. Lo seguivo passo passo, felice e grato, concentrato nell'apprendimento con sospesa sacralità, un turista giapponese ai Musei Vaticani; quadri, mobili, premi, chitarre, foto... Impiegammo una ventina di minuti nel tour (non è poco per i Musei Vaticani?): lui parlava, io ascoltavo o piuttosto assorbivo... no, non è neanche questo il termine giusto. Faccio fatica a trovarlo. Non era come la carta assorbente che si imbeve di inchiostro, cioè due elementi fino a quel momento estranei tra loro e che tali rimarranno anche una volta costretti a compenetrarsi, a conoscersi. Ciò che mi arrivava dalle parole di Marcello e da quegli oggetti che senz'altro vedevo per la prima volta, non mi risultava così estraneo. Quel nutrimento aveva un inspiegabile sapore di reminiscenza proustiana. Com'era possibile? Risentivo in bocca il gusto delle madeleine senza averle mai mangiate!

A un certo punto per fortuna Marcello volle mostrarmi le terrazze. Dico per fortuna perché devo ammetterlo, la ridondanza di parole e immagini immagazzinate a quella velocità, aveva di gran lunga superato le mie capacità d'apprendimento. Aria. Tramite una scaletta a chiocciola di ferro battuto ci arrampicammo fino al terrazzino più alto. Una manciata di metri quadri sui tetti di Roma, a pochi passi dal cielo. Un cielo che, per un attimo, m'illusi di poter toccare con un dito.

Guardai Marcello, anche lui sembrava provato dalla sua performance. Lo guardavo riprendere fiato con lo sguardo perso nell'orizzonte e per la prima volta, dopo le migliaia di altre volte che lo avevo guardato, notando solo sul suo volto le tracce del mio, soffermandomi solo su ciò che m'interessava, ora per la prima volta, notai delle differenze: i suoi occhi.

Occhi grandi, scuri, levantini, con i lati esterni un poco abbassati che conferivano allo sguardo un'aria malinconica e pacata. Occhi che, però, sapevano essere anche ostili, inespressivi e gelidi, portatori di un rancore atavico e inspiegabile, occhi di notte preda degli incubi e che al risveglio potevano trasformare in incubo la realtà. Gli occhi di Marcello. Gli occhi di sua madre.

Un unico, quanto (bisognava riconoscerglielo) caparbio gene materno che, nonostante l'evidente prepotenza di quelli paterni, era riuscito ad accaparrarsi uno dei territori più importanti, quello che viene chiamato a ragione specchio dell'anima, lo sguardo.

Primo effetto del tour. Nel senso che, quell'accostamento tra gli occhi di Marci e quelli della madre, era senz'altro una conseguenza diretta di tutte le foto della signora Gandolfi che avevo appena visto sparse per casa. Gli stavano bene quegli occhi a Marcello, era un bel ragazzo, non si poteva negare. Ma devo anche confessare che lì per lì non riuscii a trattenere un pensiero meschino, o chissà solo puerile, la conseguenza di un'immaginaria e sciocca competizione tra fratellastri per lo scettro di figlio prediletto. Quasi come se le dettagliate descrizioni di Marcello non fossero state altro che una provocazione, un suo modo per dimostrare, sbattendomela in faccia, fuor d'ogni dubbio, la sua schiacciante supremazia per conoscenza e vissuto a proposito di quel padre, si fa per dire in comune. Allora pensai: "Sì... però gli assomiglio più io".

Non lo so, può essere che non fui abbastanza rapido. Era il momento buono, dovevo dire qualcosa, volevo dire qualcosa, avrei dovuto dire qualcosa. Il silenzio tra me e Marcello si stava prolungando e a breve avrebbe cominciato a colorarsi d'imbarazzo. Quale momento più adatto. Altro che posticini ameni in giro per Roma, eravamo sul tetto del Sancta Sanctorum! Anche se imprevista e inusuale, la sua era stata un'apertura (sembrava) non da poco, mi aveva portato lì, ed era chiaro che non fosse solo per farmi vedere casa "sua"... cazzo, di' qualcosa. Gli ero grato ecco, questo era certo... bravo, digli questo, digli grazie...

«Grazie.»

Marcello, di ritorno da altri pensieri, si voltò con sguardo interrogativo.

«Di che?»

Merda.

«... di questo magnifico panorama.»

Pusillanime, lo ammetto, anche se opportuno. Fu come riattaccare la spina a un giradischi che non vedeva l'ora di riaccendersi, e sul piatto c'era ancora la stessa canzone, quella della guida turistica.

Marcello ricominciò: «E quella è Santa Maria in Vallicella in piazza della Chiesa Nuova... quella è Sant'Andrea della Valle... laggiù si vede l'Altare della Patria...».

Oh, nooo!

Mentre rientravamo dal terrazzo squillò il telefonino di Marcello. Scusandosi con un gesto per l'invadenza della telefonata (una forma di galateo sui telefonini ormai perduta) rispose rimanendo fuori a parlare. Non più incalzato dai ritmi frenetici della guida, rischiando una probabile sindrome di Stendhal, il turista giapponese si ritrovò da solo nel museo.

Un altro gesto di scuse al mio indirizzo e il tono mieloso e sussurrato di Marcello, nonostante fosse in terrazza, mi fecero intuire che la telefonata si sarebbe prolungata. Avevo tempo a disposizione. Per la prima volta da quando ero entrato in quella casa, sentii abbassarsi quel livello di iperattenzione che fino a quel momento, alla stregua di un paraocchi per cavalli, mi aveva costretto a mettere a fuoco solo i singoli elementi e che ora, attenuandosi, ridava sollievo al mio sguardo riportandolo a una visione più distaccata, d'insieme.

Il piano di sotto era un ambiente unico, una sessantina di metri quadri, interrotto solo a tre quarti della sua larghezza da una stretta scala di legno che portava al piano superiore. Nello spazio principale, quello che fungeva da soggiorno, vi si accedeva con un gradino, in un gioco di dislivelli che caratterizzava tutta la casa. Tre portefinestre di accesso al balcone sul lato ovest, quello che affacciava su via Giulia per intenderci, inondavano la casa di luce. Sulla stessa parete, in mezzo a due delle finestre, spiccava, pur essendo in controluce, un grande dipinto a olio. Un tratto di mare addormentato tra due promontori che, risvegliato dalla luce dell'alba, stiracchiandosi, s'increspava luccicando. Molto bello.

Scoprii in seguito che i due promontori erano l'Argentario e Ansedonia, e che quella era la vista di Mimmo dal suo studio. Davanti a questo quadro, forse a lui dedicato, era disposto un piccolo salottino, due poltrone di pelle da club inglese e un divano Chesterfield a tre posti a chiudere, in mezzo un tavolo basso composto di due lastre di cristallo sorrette da una struttura di ottone, ricoperto da una serie ordinata di libri e cataloghi d'arte. Alle spalle del divano, di poco più basso, c'era un fratino ingombro di numerose foto incorniciate d'argento. Nella parete opposta, accostata al muro, un'elegante madia ottocentesca su cui troneggiava un bello specchio molato con una spessa cornice in legno intagliato, più o meno della stessa epoca. La madia era ricoperta in parte da una stoffa antica dall'aspetto orientale (direi indiana), su cui a loro volta erano state collocate delle scatole di legno portasigari (Marcello li fumava), e due vasi di cristallo, senza fiori. Un'ottomana di velluto orientata verso la finestra, con alle spalle un'elegante lampada da terra déco, completavano la mobilia sotto una parete fitta di quadri di cui non mi azzardo a ricordare i noti autori.

Salendo la poco pratica scala in legno, non si accedeva a un vero e proprio piano superiore, piuttosto un mezzanino dove si trovava l'unica camera da letto con bagno. La scala poi continuava fino a una terrazza superiore. Ai piedi della scala, nel lato opposto al living, dopo un altro gradino, si accedeva alla cucina. Piccola, stretta e di conseguenza poco attrezzata, ma con il pregio (non indifferente) di avere due delle quattro pareti costituite da vetrate; dava l'illusione di essere racchiusi in uno scrigno di cristallo adagiato sui tetti. Infine, alle spalle della scala un altro piccolo tratto, troppo breve per chiamarlo corridoio, conduceva a un bagnetto per gli ospiti e a uno sgabuzzino-lavanderia. Un incrocio di antiche e grosse travi di legno componeva il soffitto e sul pavimento un meraviglioso parquet scuro levigato dal tempo. Il risultato era un ambiente molto caldo, ligneo, di gusto anglosassone. Incongruo per una star del pop. Se non fosse stato per le chitarre, il piano di Marcello e qualche disco di platino di Mimmo che spiccava brillando dalle pareti, mi sarei potuto trovare nel casino di caccia di un Lord inglese.

Erano molte le cose che Marcello mi aveva mostrato poco prima e su cui non mi aveva dato il tempo di soffermare l'attenzione. Alcuni di quegli oggetti non raccontavano solo una storia, ma ne portavano addosso anche i segni, le prove, le tracce. Per esempio, le chitarre di Mimmo.

Quando Marcello me le aveva mostrate, un po' di corsa durante il tour, aveva elogiato la qualità della liuteria: il pregio dei legni, la limpidezza dei suoni, la tenuta dell'accordatura... per carità, l'avevo trovato interessante, ero chitarrista anch'io e al solo guardarle mi era venuta voglia di suonarle. Ma io avevo notato dell'altro... quella moltitudine di solchi scavati dal plettro e dalle unghie sulle casse armoniche, lasciati quasi di sicuro picchiando la chitarra durante il ritmo impazzito di una pizzica, i manici scoloriti dall'indugiare costante della mano, e di quella mano ne avevo percepito la forza, la pressione delle dita sui tasti che negli anni li aveva consumati in alcuni punti.

Le foto erano tantissime, alcune appese alle pareti e il resto sparse sui mobili; a parte quelle "ufficiali" (Mimmo con personaggi altrettanto noti o che ritirava qualche prestigioso premio), sul resto, quelle di famiglia intendo, Marcello aveva pudicamente sorvolato. Ed è facile intuire che fossero quelle che più stuzzicavano il mio voyeurismo. Un nutrito gruppo di foto era esposto sul fratino, e tornai a guardarle. Mi era balzato subito agli occhi un comun denominatore tra quelle foto: l'acqua. Giochi dei ragazzi in piscina nella villa sull'Appia, Mimmo e Franca che nuotavano nello specchio di mare sotto la villa di Ansedonia o con amici intorno alla piscina della stessa villa. E poi Franca distesa sulla Spiaggia dei Conigli e accanto a lei ancora acqua; Marco e Marcello bambini a mollo nel mare incantato di Lampedusa. Una vera passione per l'acqua (scoprii in seguito) quella dei Modugno... me compreso.

Un'altra foto, più grande delle altre e "asciutta" attirò la mia attenzione. Vi era immortalata tutta la famiglia Modugno: Mimmo, Franca, Marco, Marcello e Massimo (è stato un vezzo di Mimmo quello di chiamare tutti i figli con la M. Chissà come mi sarei chiamato... Mario, Matteo, Manlio, Melampo?). La foto in bianco e nero risaliva agli anni Settanta, scattata nella villa dell'Appia: mamma e papà con i tre figlioletti su un grande divano, un altro Chesterfield (anche questa una passione) e alle loro spalle a fargli da prestigioso e prezioso sfondo un bellissimo "sacco" di Burri. A differenza delle altre, era una foto posata che immaginai fosse stata fatta per qualche giornale dell'epoca. Da un punto di vista mediatico, doveva aver avuto un certo impatto. Successo, complicità degli affetti, denaro. Atavici desideri umani concentrati in uno scatto, nonché la prova tangibile della possibile rivincita dell'uomo qualunque.

Quella foto ai tempi doveva aver catalizzato sui Modugno l'invidia di tutti gli italiani. Da vero patriota, non mi sentii di negargli anche la mia.

Però un attimo, non vorrei denigrarmi più di tanto solo per fare una battuta, non più di quanto sia stato già necessario farlo fin qui: la mia non era invidia. Sia ben chiaro che il fallimento del progetto affettivo della famiglia Camilli (progetto nato morto per totale mancanza di fondamenta) mi aveva lasciato dentro non solo un vuoto, ma anche un irreversibile rifiuto dell'istituzione famiglia, del suo schema.

Non avrei mai potuto invidiare qualcuno che, nonostante gli sforzi delle sue ipocrite rappresentazioni, consideravo fregato già in partenza. Non cercavo un'altra famiglia e ancor meno quella modalità d'affetto, non sia mai! Anzi, avevo puntato la mia sopravvivenza sulla certezza che di affetto ce ne fosse anche di un altro tipo. Perciò, no, non era invidia, quanto piuttosto un gioco, un *divertissement* fatto di rapidi fotomontaggi mentali: il volto di mia madre al posto di quello di Franca, il mio tra quelli dei miei fratelli in quello spazietto tra mia madre e Mimmo...

Mi viene in mente che se cercassi di comporre (anche solo in modo virtuale) un album di foto di casa Camilli, non troverei neanche una foto mia con Romano. Be'... neanche una foto di Romano con Rossella, né di Maurizia e Romano (escluso il matrimonio), meno che mai con me, Rossella, Romano e Maurizia tutti insieme... si potrà mai provare un giorno che i Camilli siano davvero esistiti?

Marcello finita la telefonata rientrò in casa con aria soddisfatta. Su di giri e accentuando in maniera grottesca il suo tono nasale annunciò: «Stasera si scopa...». Subito dopo cominciò ad agitarsi, a muoversi, a mettere a posto... (cosa?). Era solo eccitato. Non eravamo ancora così in confidenza da potergli chiedere chi fosse la "fortunata" e comunque non so se l'avrei fatto, eravamo entrambi tipi poco propensi a vantarci delle nostre conquiste. Non ce ne era bisogno, si venivano (purtroppo) sempre a sapere.

Fu chiaro che da quel momento i pensieri di Marcello avevano voltato pagina. Niente di strano. Accadeva ancora spesso che l'universo parallelo di uno dei due entrasse senza preavviso a gamba tesa in quei nostri momenti privati. Poteva essere una telefonata come in questo caso, o peggio l'incontro con qualche amico che ci si appiccicava indesiderato. Eravamo abituati a quei cambi repentini di mood. Però, questa volta, pur rispondendogli subito con tono mondano «Mi hai dato una buona idea... ora vedo anch'io cosa posso fare», sentii una piccola ritrosia, un lieve rammarico nell'interrompere quel momento, tanto che, quando in procinto di lasciare l'appartamento gli chiesi un bicchier d'acqua, una volta in cucina, sperai che partendo dall'acqua cominciasse a raccontarmi anche la storia delle tubature.

Uscendo da casa di Marcello (anzi di Mimmo) ancora sotto l'influenza del tour, non potei fare a meno di voltare lo sguardo verso il palazzo, la voce di Marcello mi ronzava ancora nelle orecchie: «Nel palazzo ci ha abitato Raffaello Sanzio...». M'incamminai verso ponte Sisto, avevo il motorino a piazza Farnese.

15

C'è voluto molto tempo per vedere quello che era successo sotto un'altra luce, diversa da quella calda che, filtrando dalle stradine laterali, rendeva in quel momento bellissima via Giulia e prezioso quel pomeriggio. Ne sono dovute succedere tante prima di capire cosa, inconsciamente, Marcello mi avesse voluto dire in quel mare di parole. Solo conoscendolo meglio ho capito che quel giorno la sua onniscienza su Mimmo non era una provocazione, al contrario era una forma di difesa, di pudore. Pudore, sì: si era nascosto dietro il ruolo di guida turistica e io, per ignoranza, ne avevo colto solo il lato ironico. Aveva snocciolato date, situazioni e aneddoti come se li stesse leggendo da una brochure sul "grande artista", inserendo ogni volta nella trama se stesso o qualsivoglia altro membro della famiglia solo nel ruolo di *claque* o di meri spettatori.

Insomma, quello che il mio fratellastro continuava a mostrarmi e che io non vedevo, in sostanza, era l'impossibilità anche per lui di buttar giù, o anche solo far scendere per un secondo, il "mito" dal piedistallo. Dietro l'apparente e fuorviante scopo di voler incoraggiare un mio legittimo avvicinamento alla figura paterna, di darmi la possibilità di accorciare le distanze, Marcello dichiarava senza rendersene conto un'altra cosa, un'altra distanza, anch'essa disperata e incolmabile nei confronti di un padre: la sua.

Non me ne accorsi quel pomeriggio, neanche quello dopo, e se è per questo neanche quello dopo ancora. Come avrei potuto, senza sapere che avrei dovuto capire qualcosa che non aveva capito neanche chi me l'avrebbe dovuta dire? Scioglilingua a parte, il motivo è che non avevo i mezzi ed ero del tutto concentrato su di me. Non potevo immaginare che anche per lui era così difficile avere un padre come Mimmo. Non pensavo che anche Marcello andasse salvato.

Quel "pomeriggio al museo" nell'immediato portò ad alcune bizzarre conseguenze. Direi che non ebbe l'effetto sperato (da me). Spero che il paragone renda l'idea: se io e Marc fossimo stati una coppia nella fase del corteggiamento, quell'ora trascorsa a casa sua era stata per me la gioia di un fugace bacio. Un salto inaspettato dalla vaghezza del desiderio alla sua realizzazione, dall'immaginario al reale, dal metafisico al fisico.

Se fosse stato così, appunto, ma a sorpresa nei giorni seguenti Marcello si comportò come se dall'inizio del corteggiamento si fosse scordato di mettere in chiaro tra noi un piccolo particolare: che era già fidanzato. Non solo.

Risultò evidente che Marcello, da sempre (e per sempre) incapace di sottrarsi alla centripeta forza di attrazione di un amore materno poco emotivo ma morboso e claustrofobico, non si era affatto trasferito a via Giulia: aveva iniziato a usarla, sì, ma solo come una garçonnière, impreziosita dalla sua valenza museale (strumentalizzava anche lui il "mito" non molto diversamente da come avevo fatto io).

Quella che, influenzato dall'urgenza, avevo scambiato per un'apertura, per un salto verso una maggiore intimità e, mi si perdoni l'ingenuità, addirittura per un passo su quell'irta e polverosa strada che mi avrebbe condotto al cospetto di mio padre, non era altro che uno specchietto per le allodole. Per quanto sia un grazioso animaletto, non è mai bello sentirsi un'allodola, una delle tante prede finite tra gli ingranaggi degli abituali meccanismi di seduzione di Marcello. Sì, va bene, chi meglio di me poteva capire il bisogno di quei meccanismi; è vero, per questo dico... proprio con me? Non meritavo di meglio?

Tutto ciò accadeva prima dell'estate. Prima della mia terrificante estate, quando non ebbi più la testa per rammaricarmi dei comportamenti sfuggenti di Marcello: a breve, ahimè, sarei stato intento nella pianificazione del mio criminoso piano balneare. E comunque l'estate, piani criminosi o no, così come il Natale, la Pasqua, i compleanni eccetera, faceva parte di quei pianeti dell'esclusiva galassia Modugno, la cui orbita avrebbe eclissato ciclicamente, come di consueto per un periodo il nostro rapporto.

La mia non era stata certo un'estate da raccontare agli amici, e di raccontarla a Marcello non ne avevo voglia. Anche se nel clangore della battaglia mi era tornato in mente il nostro "bacio", anche se non mi ero scoraggiato in seguito per la sua ritrosia, perché sapevo che non sarebbero mancate presto nuove occasioni... ora, vedere o addirittura parlare con Marcello... no. Poi, anche se era vero che non mi ero scoraggiato, ero pur sempre a mia volta un maestro di seduzione: "L'amante è come l'ombra: se la insegui ti sfugge, se la fuggi ti insegue".

Con Marc no... ok, ma con qualcun altro sì, di parlare ne avevo un gran bisogno. La massa, la massa accumulata. Chissà se si potrà arrivare un giorno, con una nuova ecologia dell'anima, alla raccolta differenziata delle emozioni. Certo che no. Però non sarebbe male: questo si butta qua, questo si butta là, questo non si butta... e inoltre mi sarebbe stata molto utile allora. Perché nonostante non sapessi ancora il modo, sapevo bene cosa andava fatto. C'era un'unica parola d'ordine nella mia testa: riciclare. Dovevo trovare una dialettica per la massa, trovare il suo punto critico, portarla a una catarsi, tutte cose molto più facili a dirsi che a...

A parte Marcello, con il quale questo lavoro sarebbe stato impossibile, perché il resto del mondo era sempre stato un argomento dissonante all'interno del mutismo delle nostre conversazioni, gli interlocutori, gli amici, per fortuna non mi mancavano.

Riaprii casa. Approfittando del bel tempo ricevevo in terrazzo facendo accomodare gli ospiti, stupefatti e ammirati, in mezzo a una foresta di marijuana ormai prossima al raccolto. Mi faceva da abituale co-anfitrione Federico. Nella confusione più totale per le sue imminenti e non più procrastinabili *sliding doors*, piuttosto che rinchiudersi nel tentativo di razionalizzare in solitaria i suoi pensieri per arrivare a una scelta, preferiva aspettare sulla mia terrazza un segno che gli indicasse la strada. Intanto cucinava.

Fede era un cuoco sopraffino, per lui era una vera passione. Aveva imparato dalla nonna, gran cuoca e dalla madre che ne aveva conservata l'eredità culinaria. Senz'altro devo a lui e a quelle serate in cui ci nutriva in quel modo insolito e raffinato, puntando sempre sulla qualità e mai sulla pentolata da caserma, anche quando lo costringevamo a spuntini notturni, parte della mia riconciliazione col cibo in quanto momento di piacevole aggregazione e non come dovuto risarcimento di tutti i mali del mondo. Non eravamo mai in tanti, le dimensioni della casa non lo avrebbero permesso e oltretutto aborrivo, in tema di convivialità, la scuola di pensiero del "Più siamo meglio stiamo".

Quattro, al massimo cinque persone di una cerchia ristretta era il numero giusto per evitare, finita la cena, che il gruppo si frammentasse e con esso la conversazione.

A unirsi a me e Federico, sempre più in qualità di ospiti fissi c'erano Fabio, Laura e Rocco.

Fabio, al rientro dalle vacanze, si preparava per un nuovo lavoro. Dopo aver collaborato con lui in qualità di architetto nell'allestimento di alcuni concerti, Fabio stava aprendo una società con Dory Zard, fratello del più noto David, entrambi organizzatori di eventi musicali, nonché ... compagno di mia sorella (quello del kibbutz!).

Laura era una new entry per il gruppo, anche se per me e Fabio non lo era affatto. Era un'amica d'infanzia, del gruppo fiorentino di Castiglioncello. L'avevo conosciuta che lei aveva 13 anni e io 12, quando aggregandomi a un gruppo di amici più grandi l'avevo seguita fino a casa per scoprire dove abitava la più bella ragazzina di Castiglioncello. Una massa selvaggia di capelli castani schiariti dal sole, lunghi, ondulati. Non molto alta ma con un corpo perfetto e appena sbocciato, che non lasciava scampo. Un sorriso ambiguo, sornione, a sottolineare due occhi verdi da gatta, che rendevano impossibile intuire se avvicinandoti avrebbe fatto le fusa o ti avrebbe sfregiato con i suoi artigli. Cominciando lì la sua ascesa di principale icona di bellezza della piccola cittadina balneare, Laura aveva turbato per anni i sogni estivi di una generazione di pischelli (e non), me compreso. L'avevamo seguita, amata e dopo anche odiata, quando tra la disperazione generale regalò la sua "prima volta" a un bulletto tennista di Milano, con la macchina. Alla fine, crescendo, era diventata un'amica. Un giorno la sua famiglia aveva cambiato posto di villeggiatura e c'eravamo persi di vista. Me l'ero ritrovata davanti la primavera scorsa una sera all'Hemingway. Si stava trasferendo a Roma e fu l'occasione per baci, abbracci e feste reciproche. Erano più di dieci anni che non la vedevo. Non era più la conturbante ragazzina che a Castiglioncello girando per il paese in costume da bagno mandava i papà delle sue amiche a sbattere con la macchina, ma era sempre molto bella. Nel classico... cosa hai fatto, cosa non hai fatto... dove sei stata, dove non sei stata, la cosa davvero interessante che era venuta fuori con mia piacevole sorpresa era che anche lei aveva intrapreso l'arduo sentiero della recitazione, anche lei era un'attrice. Dopo aver frequentato la bottega di Gassmann a Firenze e aver preso parte ad alcuni spettacoli, si stava trasferendo a Roma per giocarsi anche le carte del cinema e della tv. C'eravamo ripromessi di vederci e così era stato.

Anche Rocco era entrato da poco a far parte del nostro gruppo, poco prima di Laura: era anche lui un attore, di qualche anno più grande di noi, molto simpatico. Si era trasferito a Roma da Lauria, dov'era nato, un paesino lucano vicino a Lagonegro (un'uscita della Salerno-Reggio Calabria nota a ogni errante attore di tournée per essere un tratto montuoso d'autostrada con il tempo metereologico più infame d'Italia). Privo di preparazione accademica, più che un attore Rocco si definiva con autoironia un fantasista lucano. Con la caparbietà tipica di chi vuole fuggire dai propri luoghi natii, spesso meravigliosi però dalle scarse possibilità, aveva convinto i suoi genitori, Giacomo (impiegato alle poste) e Giacomina (casalinga), a mandarlo nella capitale a studiare ingegneria. Non era una totale panzana, l'ingegneria, non era solo una scusa per mascherare la fuga da Lauria in cerca di fortuna: la matematica in generale era davvero la sua seconda passione. La prima era quella che teneva rinchiusa in una custodia di finta pelle, quella che si era premurato di caricare per prima sulla malandata 127 con cui aveva compiuto la lunga risalita fino a Roma: la sua chitarra, e con essa il mondo dello spettacolo.

Io e Fede avevamo conosciuto Rocco a casa di una coppia di amici anch'essi attori, Silvio e Lilli, ex membri del gruppo comico La Tresca, in un periodo in cui il loro appartamento si era trasformato (con il loro consenso) in uno dei ritrovi after hours più in voga del giovane mondo del teatro e cinema romano. Un primo piano minuscolo, una specie di corridoio che affacciava su via Monserrato, dove con un pianoforte e un paio di chitarre a disposizione, chi voleva poteva far scoppiare deliri musicali (e non) che si protraevano fino all'alba. Rocco era spesso l'anima di queste serate. Con la chitarra e il suo vasto repertorio di standard catturava l'attenzione per poi, a pubblico caldo, proporre dei suoi pezzi, dal tono e dai testi molto ironici e scanzonati, che riscuotevano sempre un enorme successo. Non solo, subito imparati a memoria da tutti, erano diventati presto i brani preferiti di quelle schitarrate. Avevo introdotto a queste serate anche Marcello. Si era subito distinto per le sue doti canore e di pianista e confesso che ne ero stato orgoglioso. Il mio contributo alla "caciara" era più che altro canoro e quando mi succedeva di duettare con Marcello incrociando le nostre voci in qualche controcanto la cosa mi emozionava a tal punto che rischiavo di steccare.

Anche Marc avrebbe avuto dei suoi brani da far ascoltare, certo di tutt'altro tipo rispetto a quelli di Rocco, che avrebbero costretto tutti a un repentino passaggio da un'atmosfera carnascialesca a una molto più pop-romantica e senz'altro questo lo bloccava, lo capivo. Anche se penso che in realtà il motivo per cui non smascherasse la sua creatività fosse un altro: se ne vergognava. Era inibito, non si sentiva all'altezza. Ma non di quei quattro (con affetto visto che c'ero in mezzo pure io) sconvoltoni che aveva davanti e che aveva appena mandato in brodo di giuggiole con l'impeccabile e toccante interpretazione di un brano di Elton John. Il vero complesso, quello che gli impediva di far ascoltare le sue canzoni, il ritmo del suo cuore e la voce della sua anima, Marcello ce l'aveva nei confronti di "Lui" (potrei continuare a chiamarlo solo così? Lui. Come fa Eva Kant con Diabolik. Mica Eva dice mai "Dove sarà Diabolik?" o "Perché Diabolik non torna?". No, dice "Lui dove sarà...", "Perché Lui non torna?"). Lui, suo padre, Domenico Modugno, l'uomo che con il cuore e con l'anima aveva conquistato il mondo.

Oggi mi sento di dare a Marcello tutta la mia solidarietà e comprensione, dopo aver sperimentato anche sulla mia pelle cosa vuol dire provare ad accendere un cerino davanti a una supernova.

Anch'io come i miei fratellastri ero vittima di una cromosomica predisposizione alla musica e alla poesia della composizione (non ho saputo trattenermi dallo scrivere tante "ipotesi" di canzoni), e mi sono accorto che man mano che diventavo più consapevole, che mi appropriavo della figura di Domenico Modugno come padre, questa mia dote arretrava intimorita. Figuriamoci per Marcello e gli altri che avevano vissuto con lui. Per spiegarmi meglio, oggi che dopo vent'anni di cause mi chiamo Fabio Modugno, non suono quasi più la chitarra (ci sto lavorando, intanto scrivo: perlomeno sono sicuro di non mettermi in competizione con nessun parente).

In quelle serate, quando riuscivo a convincerlo ad aggregarsi a quelle strampalate session notturne, Marcello non era mai davvero presente, trasudando rigidità o, se si vuole, una forma esasperata di buona educazione, non si lasciava mai andare, risultando il più delle volte distaccato dal mood generale. Non legava con nessuno a parte noi e succedeva non di rado che dopo aver dato (educato) il suo minimo contributo musicale, adduceva qualche scusa per sgattaiolare via.

Torniamo a Rocco. Per me, Fabio, Laura e Fede fare amicizia con lui era venuto spontaneo. La simpatia, l'estro e quel suo modo di fare naïf che lasciava trapelare (ancora per poco) una purezza d'animo anomala per quell'ambiente, in effetti, facevano sì che per chiunque fosse impossibile non fare amicizia con Rocco.

Dopo aver rinunciato al suo percorso universitario, per il giovane lucano non era stato facile intraprendere una strada artistica, considerando la sua provenienza da un ambiente tanto diverso, quello scientifico-universitario. Aiutato per fortuna dalle sue sopracitate doti (simpatia, estro ecc.) c'era riuscito. Era riuscito a fare i primi passi nel mondo dell'intrattenimento che tanto sognava. All'inizio ne era stato solo contento. Era entrato, aveva sfondato quella porta e poteva dimostrare a Giacomo e Giacomina che anche se non sarebbe diventato un ingegnere come avevano sperato, averlo mandato a Roma non era stato un errore così madornale. Poi, ahimè, l'inevitabile rovescio della medaglia, e di quell'ambiente era venuto fuori anche il lato ambiguo, crudo e spietato. Rocco aveva dovuto prendere atto che gli amici fraterni di quelle spensierate nottate, il giorno dopo potevano non ricordarsi di lui o peggio ancora, da amici trasformarsi senza soluzione di continuità in accaniti competitor, pronti a investirlo con la macchina pur di arrivare prima di lui a un provino. L'appartamento di via Monserrato, come gli altri in cui andavamo a fare un po' di *bailamme*, non erano che palcoscenici dove la faceva da padrone l'esibizionismo, il rampantismo, non certo il desiderio di reciproca conoscenza; l'amicizia non ne parliamo.

Malgrado un'ingenuità paesana da cui non poteva prescindere, Rocco si era dovuto presto rendere conto che in quella strana "corte" fatta solo di giullari, il suo ruolo, per quanto originale, rischiava di non andare oltre quello di giullare... dei giullari. Un'immagine aberrante.

Io non ero come gli altri (e da un lato dico purtroppo), ero l'unico a portare (a parte Laura) a quelle serate anche amici fuori dal "palazzo" (Fabio, Fede, Ugo il medico), il che tradotto voleva dire che ero l'unico ad avere degli amici. A Rocco, ragazzo di Lauria, in debito di rapporti meno criptici e ambivalenti e senz'altro nostalgico di due chiacchiere senza secondi fini con un amico, appollaiati su un muretto davanti al bar del paese, il nostro gruppetto (così ci chiamava) non era sfuggito. Mica perché ci fossimo mai messi in un angolo a confabulare tra di noi di chissà cosa, anzi, Fabio, Fede e Ugo erano ragazzi svegli che si erano subito integrati, mimetizzati (e quando venivano "scoperti" sfruttavano anche il fascino dello "straniero"). Rocco d'altronde si era accorto che noi, al contrario degli altri, non finivamo mai le nostre serate biascicanti o straparlanti su qualche divano, non eravamo mai tra quelli che Silvio e Lilli erano costretti, esausti, a buttare fuori di casa all'alba. Aveva notato che arrivava sempre il punto in cui il misterioso gruppetto, dopo un giro di sguardi complici e senza perdersi in saluti si congedava come un sol uomo dalla festa per andare chissà dove... Dopo aver tenuto a bada per poco la curiosità, Rocco ce l'aveva chiesto.

Non avevamo avuto problemi a rispondergli. Andavamo il più delle volte da Fede. Era l'unico tra noi ad abitare in centro, a piazza Sforza Cesarini, una minuscola e graziosa piazzetta quadrata piena di querce in fondo a corso Vittorio. Se la piazza era piccola, casa di Fede era minuscola, più piccola della mia, frequentata comunque spesso dal gruppetto per la sua posizione strategica. Un'oasi di pace a due passi dal delirio di via Monserrato. Finivamo lì le nostre serate, su da Fede o, se non faceva freddo, nella piazzetta deserta, seduti ai tavoli dei ristoranti chiusi. Il rito era la cosiddetta canna della buonanotte, che voleva dire un'ultima oretta di chiacchiere più intime fuori dal casino. Cominciammo a estendere l'invito a questi piccoli summit pre-sonno anche a lui. Una delle tante cose buffe di Rocco era che sembrava ci tenesse a dire sempre il suo nome accompagnato dal cognome. Sentendolo non si poteva fare a meno di sorridere a quello strano e onomatopeico rotolamento di lettere.

Una notte, a casa di Fede, suonò il citofono.

«Chi è?»

«Ci siete?... Sono Rocco Papaleo.»

Si era aggregato al gruppetto.

Riunitasi dunque verso metà settembre tutta la squadra, oltre ad apprezzare la cucina stellata di Federico, ricominciammo in drappello anche un'altra serie di attività di cui condividevamo l'interesse: cinema, teatro, concerti... spettacoli in generale. Poi, tra un soufflé e una quiche di Fede, passavamo ore a sviscerarne come dei critici il contenuto. Non potevano che scaturirne discussioni anche molto accese, che di rado restavano confinate alla semplice dialettica. Si sa, d'altro canto, che la diatriba "artistica" è una fiammata di fulmicotone che brucia rapida. A quel punto era facile trovare un appiglio per iniziare a parlare d'altro, e allora parlavamo di noi. Non mi dilungo sugli argomenti, molti condivisi e intuibili, visto che parliamo di un gruppo di trentenni, e altri invece legati alla sfera personale di ognuno di noi, alle nostre storie senz'altro diverse l'una dall'altra. Non ero l'unico ad aver accumulato macerie.

Finì settembre e passò buona parte di ottobre. Fabio e Rocco furono costretti, pressoché in contemporanea, ad abbandonare quasi del tutto il gruppetto risucchiati dal lavoro. La Don Chisciotte, la società di Fabio e Dory, era subito decollata, e lui cominciò a viaggiare per l'Italia (con Rossella) allestendo concerti. Per quanto riguarda Rocco, aveva iniziato le prove di uno spettacolo con un comune amico, il comico Rodolfo Laganà. Era un lavoro sicuro e per questo Rocco ringraziava il Padreterno... o chi per Lui, ma non ne era soddisfatto. Lo spettacolo era un *one man show* di Rodolfo; lui era un contorno, una spalla.

Noi tre "orfanelli" disoccupati, io, Fede e Laura, continuammo a vederci sfruttando ancora casa mia e la terrazza, cominciando poi ai primi freddi a non disdegnare di riunirci anche in centro nella microaccogliente casa di Fede. Non andavamo mai da Laura perché in quello che potrebbe sembrare un gioco di matrioske immobiliari la sua casa (regalandogli con generosità questo rango) era la più piccola di tutte: un letto con quattro mura intorno e un bagnetto.

La frammentazione del gruppo ci colse alla sprovvista. Fabio e Rocco erano scesi al volo dal nostro treno. Un lungo treno merci che si era formato vagone dopo vagone in quei mesi trascorsi insieme. Un convoglio su cui, senza rendercene conto, avevamo caricato, riempiendolo, dubbi, paure, desideri, gioia, rabbia. C'eravamo mostrati senza pudore l'uno agli altri, comprese le nostre miserie. Quindi, una volta terminato il carico (o sarebbe meglio dire, quando sul treno ormai non entrava più niente), senza troppa convinzione avevamo acceso la caldaia della sua locomotiva. Era più che altro un modo per bruciare le ultime scorie del nostro inconscio, ma con nostra grande sorpresa il treno aveva cominciato a muoversi.

In un primo momento il moto era risultato impercettibile, una beffa, un effetto ottico che faceva sembrare il treno fermo e la realtà in movimento. Dopo non molto, però, le immagini avevano cominciato a scorrere sul serio, nel verso giusto, veloci, sempre più veloci, fino a che non fu più possibile negare che quel treno fosse effettivamente partito. Per andare dove? Be', per questo ci sarebbe voluta la sfera di cristallo. Non ci importava, io, Fede e Laura, pur non avendo ancora capito se eravamo rimasti a bordo e alla guida di quel treno per nostra volontà o perché sorpresi dall'improvvisa partenza, di una cosa fummo subito certi, che lo avremmo portato da qualche parte.

Circa tre mesi dopo, a gennaio, eravamo pronti per rientrare in stazione: Roma Trastevere, teatro Argot (non c'eravamo allontanati di molto, in pratica un lungo giro su noi stessi). E ciò che scaricammo dal treno dopo quel giro, il frutto di quel viaggio, fu una *pièce*. La chiamammo *Trompe l'œil*, che tradotto letteralmente significa inganno dell'occhio. Una falsa prospettiva, un raggiro della mente o, semplificando, qualcosa contro cui, se distratti, ci si poteva rompere dolorosamente la faccia.

Personaggi e trama: Claudio e Bianca, una coppia benestante di trentenni, non sposati, senza figli (io e Laura). Nico, un amico molto legato alla coppia, single ingenuo, problematico, dalla sessualità ancora indecisa (Rocco). Nico è un po' il figlio che la coppia non ha ma che presto vorrebbe avere. Presto sì, ma non prima di aver stabilizzato le rispettive carriere, almeno una delle due. Claudio però è meno rampante rispetto a Bianca e il suo desiderio di paternità non può più aspettare. A questo scopo Claudio (e da qui partiva la nostra storia) riesce a convincere Bianca a fare un primo passo, a trasferirsi in un appartamento più grande. Durante il trasloco conoscono Giampiero, un "Lucignolo" del piano di sopra: misterioso, mellifluo, pericoloso, un pusher di cocaina. La conoscenza e ancor più la vicinanza di Giampiero per il terzetto si rivelerà fatale e nefasta. Avvolti dal subdolo Giampiero in una nuvola euforica di cocaina, e accecati dalle sue false prospettive (*Tromp l'œil*) Claudio, Bianca e in special modo Nico (il più debole), incuranti perché ignari di pagare quell'illusione con pezzi della propria umanità, si perdono. Cominciano a guardarsi senza riconoscersi, o peggio ancora individuando nell'altro il nemico. A quel punto non può che diventare un gioco al massacro, poi non è più un gioco. Una zuffa di cannibali. E il finale non è consolatorio.

Non fu semplice scegliere l'attore per il ruolo del pusher. Proposi anche Marcello. Mi fecero notare però che nessuno di noi, me compreso, l'aveva mai visto recitare in teatro e che non potevamo affidargli quel ruolo, sulla carta il più complicato dei quattro, a scatola chiusa. Inoltre, la fisicità che avevamo in mente per quel personaggio era molto poco corrispondente a Marci. Mi arresi all'evidenza dei fatti. Anche con Rocco c'era stato il problema della recitazione, anche lui non l'avevamo mai visto impegnato in un ruolo a tutto tondo, se si escludevano gli sketch con Laganà. Fatto sta che avevamo pensato a lui già durante la scrittura, gli avevamo cucito il personaggio addosso.

Tornando al cattivo della storia, al pusher, la scelta alla fine cadde su un mio ex compagno di Accademia, Luca Zingaretti. Luca in quegli anni era già un attore teatrale dal curriculum lungo e prestigioso (Branciaroli, Sepe, Peter Stein, Ronconi), stufo però di quei ruoli classici e stereotipati che gli avevano dato sì prestigio ma poco divertimento, all'idea del pusher si entusiasmò e accettò volentieri.

Si stabilì che Fabio si sarebbe occupato della scenografia, affidammo le musiche a un altro amico, Bruno Moretti (ex collaboratore di Nino Rota), e Federico avrebbe debuttato nella sua prima regia… pronti.

Non posso ora dilungarmi sul racconto di tutti i passaggi della messa in scena di questo spettacolo, anche se lo meriterebbe: magari in un altro libro. Cercherò quindi di riassumerla in due parole. Due parole di per sé già molto eloquenti sempre e per chiunque, di cui però, in questo caso, potranno afferrare il significato profondo (e mi dispiace per gli altri) solo coloro che hanno fatto questo tipo di esperienza e che sanno anche che non esiste un altro modo di affrontarla: lacrime e sangue.

Fu un successo. Anzi, senza falsa modestia, le lacrime furono copiose e il sangue scorreva a fiumi: fu un grande successo.

16

Io e Marcello ci eravamo un po' persi. Non era stato facile trovare il momento e il modo giusto per parlargli del nostro progetto teatrale, temevo che avrebbe colto solo l'aspetto della sua esclusione. Il timore, però, si rivelò infondato: Marcello, dopo essersi complimentato per i nostri intenti, ebbe l'urgenza di raccontarmi i suoi.

L'esordio di Massimo come cantante, che lui aveva sostenuto e incoraggiato, aveva rappresentato per Marcello anche un forte input, o sarebbe meglio dire un bel calcio in culo. Massimo l'aveva reso sì orgoglioso, ma gli aveva dato anche uno smacco. L'incosciente arroganza del fratellino piccolo che, scavalcandolo, non si era fatto scrupolo di stravolgere la naturale gerarchia degli eventi. Lui, al contrario, aveva saputo aspettare, maturare, studiare e grazie alle sue cronometriche e ben diverse modalità d'approccio, sapeva che era giunta anche per lui l'ora X. Marcello aveva deciso di dire la sua, anzi di cantarla. Rimaneva solo il problema di come recuperare quel ritardo, di come non sembrare un codardo che aveva mandato avanti il fratellino minore. Come fare, rubando l'esempio al tennis, per non essere scambiato solo per una seconda palla?

La soluzione, in realtà, era stata semplice, anche se la più ardua: rilanciare. Massimo in un ipotetico trampolino a piattaforme alto cinquanta metri aveva optato per un onorevole e non troppo rischioso tuffo dai venticinque. Marcello si sarebbe arrampicato in cima a quel trampolino, e con un tuffo molto più coraggioso e perfetto avrebbe stupito il mondo e lavato l'onta. Tuffo... tuffo si fa per dire, quello era più un gesto da Massimo, da fisicati esibizionisti con gli Speedo attillati... no, no, neanche per sogno. Marcello si sarebbe presentato in cima a quel cazzo di trampolino in smoking e a bordo di un'astronave, di una macchina perfetta a prova di errore. Altro che tuffo (da cantante), il suo sarebbe stato senza margine di rischio, un impeccabile decollo (e non dico "volo" per non richiamare banali risonanze), da vero cantautore.

Marcello stava dunque lavorando a tutto questo, alla costruzione del suo disco... della sua astronave. Sì, per il momento aveva solo parte del carburante, parte della musica, ma era sicuro che presto (che detto da un maniaco della perfezione andava interpretato) avrebbe messo insieme tutti i pezzi. La trovai un'ottima cosa sotto tutti gli aspetti. Non solo perché i suoi piani mi mettevano a posto la coscienza, dal momento che era evidente che nessun progetto teatrale tra amici (per quanto fraterni) l'avrebbe distolto dal suo obiettivo musicale, ma anche perché mentre ne parlava Marcello aveva negli occhi un ardore mai visto prima. Nel suo sguardo c'era la risolutezza di una decisione presa, quella più importante: di mettersi in gioco e di sfidare se stesso, o almeno di provarci. Fui molto contento per lui. Certo, fatta la tara del tempo da dedicare ai rispettivi sforzi creativi, ne sarebbe rimasto ben poco da dedicare alla costruzione del nostro rapporto, già così in ritardo.

E fu così, in effetti. Tra le mie prove, la sua musica e, non va dimenticato, il fottuto Natale (per me quell'anno era come se l'avessero cancellato dal calendario, per lui rimaneva sempre centripeto e familiare), per un paio di mesi non c'eravamo più visti. Ogni tanto una telefonata, dove però io non avevo voglia di riassumergli le vicende della mia burrascosa messa in scena e lui, anche volendo, non avrebbe potuto farmi ascoltare un nuovo giro musicale. Telefonate inutili, di cortesia come si dice. Ogni tanto durante la baraonda delle prove, tra una zuffa e l'altra mi era capitato di pensare a Marcello: a via Giulia, seduto al piano, lo sguardo perso sui tetti... da solo, beato lui.

Alla prima dello spettacolo erano venuti tutti: Marcello, Massimo e addirittura Marco e avevano portato anche altri amici. Devo fare una precisazione: non ci fu un'unica "prima". Il teatro Argot, per quanto in voga, era una sala molto piccola, una cinquantina di posti: solo i parenti della compagnia sarebbero bastati per riempirla. Questo faceva sì che in quello e in altri teatri simili si usasse diluire in almeno un paio di serate il pubblico "obbligato". Non nascondo che la cosa mi era tornata utile per suddividere i miei rami parentali sottraendomi e sottraendoli all'imbarazzo di un casuale e inopportuno faccia a faccia. La prima di cui sto parlando, quella con i Modugno, era in realtà la seconda. La *pièce* era piaciuta e non avevano risparmiato complimenti. Dopo lo spettacolo avevo invitato Marcello a unirsi alla compagnia per festeggiare a cena insieme a noi. Non era solo per coinvolgerlo in un prosieguo apologetico, volevo anche sapere di lui, della sua musica, a che punto fosse con il brano di punta, il singolo, se avesse maturato un testo adatto e se sì su quale argomento: in sintesi i suoi progressi. Ma lui aveva declinato l'invito, dicendo che da un po' si sentiva più ispirato e creativo la mattina e aveva preso l'abitudine di svegliarsi molto presto, a quell'ora già gli si chiudevano gli occhi.

Per le successive tre settimane mi godetti con il "gruppetto" il nostro piccolo momento di gloria. La chiamano la magia del teatro. A poche ore dal debutto (come spesso accade), dandoci l'un l'altro la colpa di quel sicuro e imminente insuccesso, avevamo rischiato, in uno showdown alla Tarantino, di scaricarci addosso una pioggia di piombo. Tra le ultime urla eravamo andati in scena con l'animo di condannati a morte che, una volta appoggiata la testa sul ceppo, sapevano bene che il pubblico, implacabile boia, non li avrebbe mai risparmiati. Poi... gli applausi, i complimenti, le fantastiche critiche sui giornali e... voilà! Di nuovo tutti amici. Di nuovo tutti insieme a sgambettare sugli allori, respirando il suo inebriante profumo taumaturgico. Un classico, per chi sa di cosa sto parlando.

Un lunedì pomeriggio di fine gennaio, a poche repliche dall'ultima di *Trompe*, uscendo da casa di Fede dopo aver pranzato lì col "gruppetto" per discutere delle future strategie dello spettacolo (tournée, ripresa...), dirigendomi allo scooter, mi resi conto che non avevo nessuna voglia di tornare a casa. Pur avendo cercato di dare un mio contributo durante quella piccola riunione strategica, l'avevo fatto in maniera meccanica, distratta, accodandomi alle decisioni altrui; i miei pensieri erano andati da un'altra parte. Più che da un'altra parte, da nessuna parte.

Nell'ultimo periodo i rapporti con i Camilli si erano ridotti all'osso, solo sporadiche telefonate di servizio con mia madre e brevi chiacchierate con mia sorella nelle quali, più che altro, entrambe avevano tenuto ad aggiornarmi sui regressi della salute di Romano.

Maurizia era sempre più inquieta, incazzata. Era certa che Romano stesse tramando col destino la sua nemesi: si vedeva inchiodata al suo capezzale, costretta ad accudirlo fino all'ultimo giorno dopo che per trent'anni era riuscita ad arte a ignorarlo. Rossella era solo ogni volta più preoccupata. Per quanto mi riguarda, con tristezza devo ammettere che non me ne importava niente. Maurizia e Rossella erano venute alla "prima" (delle prime) di *Trompe*. A mia sorella era piaciuto molto. Anche a mia madre e si era congratulata con tutti, ma pur non avendo pregiudizi morali in merito, credo che l'argomento "cocaina" l'avesse trovato scabroso e di poco interesse.

Fino a quella mattina non avevo più sentito nessuna delle due, quando verso le 11, mentre sorseggiavo il tè della colazione guardando assonnato fuori dalle finestre l'evolversi di un temporale, era squillato il telefono. Era mia madre. Il giorno dopo avrebbe ricoverato Romano in una clinica (un posto dal nome mai sentito) perché non stava per niente bene. Fino a quel momento ero rimasto indifferente all'evoluzione della sua malattia, e l'idea di un suo ricovero non mi turbò, ma di sicuro mi colpì. Non ero riuscito a impietosirmi all'idea di Romano che incurante delle raccomandazioni di medici, amici e parenti, rinchiuso nel suo studio, continuava a impallinarsi a morte il fegato di vodka e amaro Averna, aspettando che gli scoppiasse un giorno davanti a "90° minuto". Triste, ma mai scelta si sarebbe potuta dire più determinata. Eppure ora, l'idea che qualcuno lo volesse strappare dalla sua poltrona, da quel suo amato piano autodistruttivo per costringerlo a curarsi, per imporgli di vivere quella vita verso la quale ormai non aveva più nessun interesse, mi aveva dato da pensare.

È più un modo di dire perché non ebbi il tempo di pensare, poco dopo quella telefonata ero uscito per andare da Fede e lì non mi era passato per la testa di rovinare la consueta e ridanciana atmosfera condividendo con gli altri a caldo la deprimente notizia. E poi, se anche avessi avuto il tempo di pensare (e capisco che quello che sto per dire può non aver senso), non avrei saputo a cosa pensare. La mia mente era andata in stallo, in stand by.

No, anzi, prima dello stallo una cosa l'avevo pensata. Mi ero domandato se il ricovero di Romano non fosse un *escamotage* di Maurizia per liberarsi di lui, almeno per qualche giorno. Il dubbio però si dileguò in fretta quando scoprii che era stato il nostro medico di famiglia a consigliare il ricovero, e che la sconosciuta clinica (dove solo grazie alla sua intercessione avevano accettato Romano con poco preavviso) si trovava sulla via Boccea. Molto, molto distante da casa dei miei. Maurizia sarebbe stata costretta ogni giorno a ore e chilometri di traffico. Be', se era un suo piano non l'aveva escogitato tanto bene, e non era da lei.

Aveva piovuto tutto il giorno, ma ora il cielo, prossimo al crepuscolo, dava cenni di riapertura. Intrappolato tra i palazzi, nel ristretto perimetro della piazza, l'odore intenso delle foglie bagnate cadute dagli alberi mi diede un sentore di bosco e un'irresistibile voglia di passeggiare. Oggi un potente incoraggiamento al consumo che sdegna il divertimento e la gioia legati all'eccezionalità dell'attimo, in favore di un unico tappeto senza soluzione di continuità di euforia indotta e monetizzabile, rende difficile replicare l'esperienza, ma un tempo, fare due passi a fine gennaio per Roma aveva un suo perché. Il detto popolare "L'Epifania tutte le feste si porta via" aveva senso. Dopo il 6 gennaio, dopo la settimana dei saldi e al massimo un'altra settimana per le pulizie (perché un tempo si usava) poi... basta. A quel punto Roma era un salone delle feste, ripulito, messo in ordine e pronto per i prossimi festeggiamenti. La prima a insegnarlo è la musica: anche in un ritmo forsennato, le pause (e non dico silenzi perché ormai pare una bestemmia) sono importanti.

«Gaia, amore... non sembra anche a te che le feste siano diventate come le hit di un dj cocainomane? Una dopo l'altra, una dopo l'altra... senza sosta... e poi si ricomincia... no?»

Gaia senza alzare lo sguardo dal suo perenne stato naturale di lettura: «Mah... sì e no. È vero che ormai i negozi mixano gli addobbi natalizi con quelli pasquali, il forno dietro l'angolo a marzo aveva ancora l'albero, ha detto che non lo toglieva perché gli metteva allegria... però il fatto che a te sembrino così ravvicinate, amore... temo sia l'età... andando avanti, tutto passa più in fretta, tutto corre. Sembri mio padre che ogni volta che deve pagare la bolletta del telefonino si lamenta dicendo che non è possibile perché l'ha appena pagata e invece... sono passati due mesi».

L'età... grazie.

Iniziai la passeggiata uscendo dal bosco, da piazza Sforza Cesarini, e percorrendo i pochi passi del vicolo omonimo sbucai a metà di via dei Banchi Vecchi, la via degli antiquari e restauratori. Nella strada, nei giorni precedenti strangolata dal caos e dal rumore dello shopping, regnava ora un opposto e ovattato silenzio. Riuscivo a sentire i miei passi e il rumore della pioggia residua che si attardava nelle grondaie. Girai a destra. Puntuali al crepuscolo le luci della via e dei negozi avevano iniziato ad accendersi, talvolta surreali ossequi al mio passaggio. Le insegne, alleggerite dei pacchiani orpelli natalizi, godevano anch'esse di quell'aria fresca e di quella ritrovata libertà riflettendosi ora più discrete sulla strada bagnata, che facendo suo e moltiplicando quel riflesso si dava ancora arie da "ribalta" natalizia. I commercianti appoggiati alle soglie delle botteghe, con l'aria stanca ma appagata, si concedevano lazzi tra loro, incuranti dei pochi e svogliati clienti all'interno; ritardatari in cerca di rimasugli a prezzi stracciati. Camminavo riempiendomi gli occhi di quella scenografica e ritrovata tranquillità urbana. Cammina, cammina, e... cazzo, avevo sbagliato lato, dovevo andare a sinistra; via dei Banchi Vecchi a destra è traditrice! Da quel lato la strada, dopo averti cullato con il suo andamento morbido e sinuoso per un centinaio di metri, quando meno te lo aspetti, ti riconsegna tra le caotiche braccia di corso Vittorio. Vicolo Sugarelli! La salvezza. L'ultima provvidenziale svolta a sinistra di via dei Banchi Vecchi. La scappatoia in extremis a salvaguardia della mia passeggiata. Una strisciolina tra i palazzi, senza negozi, silente, paesana, sospesa nella sua tranquilla certezza di immutabilità. Insomma, un vicolo di Roma.

La piccola porzione di cielo che avevo scrutato tra le querce di piazza Sforza Cesarini si rivelò ingannevole: stava ricominciando a piovere. Poche gocce ancora, ma il brontolio di un tuono lontano non lasciava presagire nulla di buono. Non temevo la pioggia, avevo indosso un cappotto della milizia russa risalente alla Seconda guerra mondiale lungo fino alle caviglie e, nel caso si fosse messa davvero male, avevo in tasca un cappello da talebano (originale). Quel cappello era perfetto per la pioggia ed era l'ideale per completare la ridicolaggine del mio look, ma a dire il vero lo usai molto poco. La lana di cui era fatto era così spessa, ruvida e irritante per la cute, che fui costretto ad abbandonarlo, convinto anche che quel cappello fosse uno dei motivi per cui i talebani fossero sempre tanto incazzati.

D'istinto accelerai il passo percorrendo rapido il vicolo che, come un piccolo affluente, si riversava dopo pochi metri su via Giulia. Bene, avrei proseguito per via Giulia... poi a sinistra vicolo delle Carceri... ancora a sinistra di nuovo Banchi Vecchi... Sforza Cesarini... e fine della passeggiata. Ma... un attimo... toh guarda... quello non è il portone di Marcello? Fin troppo facile dire che il mio inconscio sapeva bene che sarei arrivato lì sin dall'inizio; citofonai. Una decina di secondi senza risposta, intanto la pioggia cominciò a fare sul serio. Nel vano tentativo di non bagnarmi mi schiacciai contro il portone e feci un secondo tentativo al citofono.

Marcello rispose: «Sì... chi è?». Aveva la voce roca, impastata... assonnata? Erano le 17.30 del pomeriggio, bizzarro. Non era mia intenzione giudicarlo, ne avevo una sfilza di amici che avrei potuto trovare in pigiama a metà del pomeriggio (per dirne uno: Federico, ma anche senza pigiama perché dormiva spesso vestito), ma no, più che altro non era da Marcello.

«Oh... Marc sono io... disturbo?»

Non mi diede il tempo di finire la frase e fece scattare la serratura del portone.

Lo trovai ad attendermi sulla porta.

«Oh...»

«Oh... Che ci fai qui?»

«Ero da Fede e ho pensato di passare a farti un saluto... ti ho svegliato?»

Domanda pleonastica, indossava una vestaglia tartan, quello che sbucava sotto era senz'altro un pigiama e ai piedi aveva le pantofole.

«Sì... porca miseria... vieni, ero in cucina che tentavo di farmi un caffè.»

(Tentavo?)

Chiusi la porta, mi tolsi al volo il cappotto e lo seguii. La prima cosa che pensai è che ci fosse ancora al piano di sopra qualche bell'addormentata nel suo letto.

«Nottatona?» chiesi abbassando la voce e facendo l'orrido ed eloquente gesto a stantuffo con la mano.

«No, magari... nottatacce» rispose Marci, in un modo però così serio da farmi percepire quella risposta come un rimbrotto al mio approccio volgare e goliardico.

Allora con imbarazzo cambiai subito tono: «Perché, che è successo?».

Quindi, neanche fossimo due bambini su un'altalena a carosello, come se toccasse a lui essere imbarazzato per il mio imbarazzo, Marcello cambiò di nuovo atteggiamento sdrammatizzando.

«No, vabbè... niente di grave. Ieri sera all'Appia una serie di casini interni... ho fatto tardi e dormito pochissimo, poi stanotte sono venuto qui e... be' non sai... sono impazzito.»

"Serie di casini interni", "rotture di famiglia", "impicci a casa", erano formule che, volendo dire tutto e niente, Marci usava spesso per indicare, bypassandoli, endogeni episodi di casa Modugno che secondo lui, anche a raccontarli, non sarebbero stati per me o per chiunque altro di alcun interesse. Per quanto riguarda invece la "pazzia" di cui era stato preda, si riferiva all'acquisto dell'ennesimo e costoso gadget: un registratore analogico di altissima fedeltà. Dopo cena, aveva iniziato a studiarne le meravigliose potenzialità e rapito poi dall'onda tecno-creativa, senza accorgersene aveva fatto l'alba.

Arrivati in cucina mi fu chiaro quel "tentavo" detto prima da Marcello riferito al caffè. Su un tavolo, sparsa in mille pezzi, c'era la sua mitica macchinetta elettrica per l'espresso... o quel che ne restava. Un paio di giorni prima aveva cominciato a dargli dei problemi. Lui, confidando a torto sulla semplicità meccanica di una stupida macchina del caffè, l'aveva smontata. Conoscevo bene le dinamiche dettate dalla passione e dalla presunzione di aggiustarsi le cose da solo. D'altro canto ne conoscevo anche bene, talvolta, i disastrosi risultati. Come quello di Marcello appunto, che non riusciva più a rimontare la sua macchinetta. Mi coinvolse in un ennesimo tentativo. La mia manualità e le mie discrete conoscenze elettriche furono però di poco aiuto, di macchine del caffè non ne capivo un bel niente, e il caffè neppure lo bevevo.

Dopo una decina di minuti, quando stavo iniziando a pentirmi di quell'improvvisata, Marcello per fortuna rinunciò al suo caffè casalingo.

«Vaffanculo lo prendo al bar... e domani me la ricompro.» Sgombrò rapido il tavolo dai resti della macchina buttando tutto nella pattumiera (lusso antedifferenziata), poi sussultò come si fosse ricordato qualcosa.

«Lo vuoi vedere?»

«Cosa?»

«Il registratore.»

«Sì, certo! Basta che non lo dobbiamo smontare.»

Bello anche solo da guardare, tutto nero con rifiniture cromate in acciaio, custodia in pelle, nuovo smagliante, faceva gola. Marcello aveva smanettato sull'oggetto per buona parte della notte e una volta "addomesticato" l'aveva collaudato.

«Fammi sentire.» Marc indossò una cuffia e iniziò a cercare tra i brani incisi quello che considerava più rappresentativo dei suoi sforzi notturni. Nel frattempo, guardandomi intorno notai un insolito disordine, evidente residuo della nottata. Seppur concentrato nella ricerca della musica, non so come, Marcello notò il mio sguardo e da vero paranoico si affrettò a giustificarsi: «Sì, lo so, c'è un casino... scusa, non ho fatto in tempo a mettere in ordine». (In tempo? Per cosa?)

Play: la musica riempì la stanza a un discreto volume. La prima sorpresa fu che udii il suono di una chitarra e non di un pianoforte. Sapevo che Marci suonava bene anche la chitarra, ma non era il suo strumento e la usava di rado.

La musica non era male: seria ma non drammatica, accattivante senza essere scontata... piacevole. Il rumore fuori della pioggia scrosciante poi, le forniva un sottofondo ideale ed evocativo. E fu allora che, incoraggiata forse da quell'atmosfera, la mia mente interruppe il suo stand by. Tornò a dove si era fermata quella mattina: Romano e il suo ricovero.

Un pensiero ne creò un altro ed era come il suo riflesso in uno specchio. Il ricordo di un altro ricovero, quello della madre di Romano, la perfida Pia e di quel giorno che era toccato a me portarla in ospedale. Così come aveva fatto Pia nella mia auto, immaginai Romano afflosciarsi sul sedile di quella di mia madre. Lo vidi lì, muto. Vidi i suoi occhi, occhi in cui la paura aveva ormai cancellato ogni traccia dell'antica e persuasiva ferocia. Occhi con i quali sapeva bene che non sarebbe più riuscito a convincere l'indifferente Maurizia a non strapparlo via da lì, dalle sue cose, dalla sua casa, dalla sua vita... oh... quando finisce 'sta musica? Ah ecco... è finita, meno male. Mi era quasi venuto un groppo in gola! E no, stiamo scherzando?

«Ammazza... bella! E poi con la chitarra... mi piace molto.»

«Be' sì, non è male con la chitarra... anche se al piano viene meglio... stanotte con la chitarra ho fatto meno casino.»

«Ah, ecco.»

Aveva ragione, quando poi me la fece ascoltare al piano era meglio, più corposa, rotonda. Credo sia importante dire che usare il piano e non la chitarra per Marcello non era solo una questione di attitudine a uno strumento piuttosto che a un altro, era chiaro che lo considerasse uno degli aspetti più importanti per riuscire ad affrancarsi da Mimmo, il cantante con la chitarra per antonomasia.

«È un vecchio giro che mi sono ricordato e che poi ho modificato, che dici... se ci mettessi delle parole?»

«È parecchio malinconica ma non è male, con il testo giusto che la sdrammatizzi... la vuoi mettere nel disco?»

«Eh... non lo so, sì forse dovrei mettercela.»

Il riferimento al disco sembrò agitarlo, insomma, non nel vero senso della parola, più come se gli avessi ricordato una rata in scadenza.

«Senti... io comunque se non prendo un cappuccino svengo... ti va di accompagnarmi giù al bar... o non lo so... se vuoi rimani qui, io vado e torno in un attimo... ma ne ho proprio bisogno.»

Rimanere qui? Ma che sei matto? Tuoni, lampi, pioggia

battente e ci mancava solo che poi andasse pure via la luce e di sicuro Marcello mi avrebbe ritrovato arrampicato sui muri inseguito dalle ombre; ombre di vivi... più spaventose dei fantasmi.

«No, vengo con te.»

«Ok... metto qualcosa e andiamo.»

Marcello andò a cambiarsi, io indossai di nuovo la mia divisa da russo. Quando Marci tornò dopo pochi minuti aveva indosso la sua, di divisa (per alcuni versi più anacronistica e ridicola della mia), da giovane borghese anni Ottanta: un Loden blu abbottonato fino al collo, delle Clarks marroni, uno zuccotto di cachemire anch'esso blu e l'ombrello (per me a quell'età un accessorio da pensionato), di contro notai però che sotto non si era tolto il pigiama.

Ci fu di buono che non dovemmo fare molta strada per il cappuccino, l'unico bar della via si trovava a un portone di distanza da quello di Marcello. Volendo, neanche il tempo di aprire un ombrello. Il bar era un microlocale dove Marci, come è ovvio, era di casa.

Correndo per non bagnarmi irruppi nel bar per primo e come spesso accadeva di conseguenza al mio look, nel piccolo locale ci fu un attimo di sospensione, un misto di sorpresa e paura negli sguardi dei presenti. Il subitaneo sopraggiungere in mia compagnia del rassicurante e conosciuto Loden di Marcello ridistese subito gli animi. Il barista, di default, iniziò a preparare il cappuccino di Marci, e io, anche se non avevo voglia di nulla, per fargli compagnia ordinai un succo di frutta. Insistei per pagare io, e non solo perché mi faceva piacere. Cercavo di approfittare (secondo le mie possibilità) di quelle piccole o medie spese per sollevarlo quando possibile da quello che appariva in lui come un dovere morale dettato da un forte senso di colpa: siccome era il più ricco di tutti, doveva pagare sempre lui. Una cosa carina in fin dei conti, ed era vero che era il più ricco, però mi dava fastidio perché in molti se ne approfittavano. Quando lo faceva con me poi, non si tratteneva da aggiungere alla generosità, un pizzico in più di insopportabile solerzia, come se nei miei confronti quel senso di colpa gli si acuisse. Pagai io.

«Torni su?»

Usciti dal bar la pioggia stava dando una tregua, si capiva che non era duratura, ma forse sufficiente per tentare di riprendere il motorino a piazza Sforza e tornarmene a casa.

«No ti ringrazio... ci provo... stasera andiamo a vedere *Lezioni di piano* della Campion, pare sia bellissimo, vieni?»

«Magari... non lo so, devo cenare all'Appia... poi vediamo, ora come ora potrei rimettermi a dormire e svegliarmi domani... dai, se mi riprendo ti chiamo.»

17

A poco servì il mio decantato cappotto, quando arrivai a casa ero zuppo. Sulla strada del ritorno il secondo diluvio universale aveva avuto la meglio sull'Armata Rossa. Con dei tremori da "piccola fiammiferaia" mi infilai sotto la doccia. Aprii solo l'acqua calda e aggiunsi la fredda solo quando iniziò a bruciarmi la pelle.

La visita a Marcello aveva compresso in modo drastico il mio pomeriggio. Finita la doccia, giusto il tempo di ingozzarmi con qualcosa da mangiare e sarei dovuto riuscire per andare al cinema con gli altri, non ce la potevo fare. Feci un giro di telefonate e senza particolari rammarichi il cinema fu annullato. Chi prima chi dopo, durante la giornata aveva preso la sua abbondante dose di pioggia fredda e a nessuno dispiacque di passare una serata rintanato al calduccio.

Il giorno dopo, accompagnato da Rossella e da Maurizia che imprecava per l'assurda e punitiva distanza della clinica, Romano fu ricoverato. Gli fu prescritta una settimana di esami e di flebo disintossicanti per il fegato.

Non sentii Marcello, lo provai a chiamare diverse volte durante il giorno, senza successo. Sentii però la sua musica. La melodia mi era rimasta in testa. Scambiando quell'orecchiabilità per semplicità, tentai anche di ritrovarne gli accordi sulla mia chitarra. Rinunciai subito, era un'armonia troppo complessa per uno schitarrante autodidatta come me.

Il tempo non era granché migliorato, erano giorni che pioveva. Tutti i telegiornali aprivano con servizi sul rischio esondazione di diversi fiumi in Italia, Tevere compreso. Non mancava molto all'inizio delle vere tragedie (in Piemonte l'anno dopo ci furono 70 morti e 159 a Sarno, in Campania, nel 1998) e credo oggi che quelle anomalie meteorologiche fossero le prime avvisaglie di ciò che in seguito avrebbe flagellato e funestato il nostro impreparato paese.

Nel pomeriggio sentii prima Fabio e poi anche gli altri, e dissi a tutti di Romano, era arrivato il momento. Non mi è mai piaciuto (e a chi piace?) annunciare malanni o disgrazie e in special modo dei miei. Davanti alle inevitabili e il più delle volte esagerate reazioni di circostanza, mai consone al mio reale stato d'animo, mi vedo tutt'oggi costretto ogni volta a dei fastidiosi quanto ipocriti sforzi di adeguamento. Verso le diciannove, poco prima che uscissi al consueto orario per recarmi a teatro, arrivò una telefonata di Rossella. Al termine di un breve resoconto sulla prima giornata di ricovero di Romano, mia sorella, cogliendomi alla sprovvista, mi estorse una promessa: «Domani andiamo insieme a trovare papà».

Negli anni, mio malgrado, mi sono dovuto abituare all'odore di cliniche e ospedali, a quel misto di linoleum, prodotti per le pulizie, disinfettanti all'amuchina, fiori appassiti nei vasi asciutti al capezzale dei malati, sudore tenuto a bada da nauseabondi deodoranti al borotalco. A 30 anni no, provavo ancora quella tipica repulsione olfattiva di chi, della vita, (a parte Pia) aveva sentito ancora solo l'odore sano. A quell'età (ancora per poco) ci si sente fuori luogo là dove la gente soffre, l'odore della malattia e l'idea della morte mal si conciliano con la giovanile presunzione d'immortalità.

Imboccando con Rossella il corridoio del reparto malattie epatiche al secondo piano della clinica, notammo mia madre che usciva da una delle ultime stanze in fondo e che, senza accorgersi del nostro sopraggiungere, dirigendosi dal lato opposto, dopo pochi passi oltrepassava una porta a vetri; probabile accesso a uno spazio esterno. Passando oltre la porta del corridoio dalla quale era uscita Maurizia, raggiungemmo anche noi quella a vetri. Ci ritrovammo in un terrazzo grande e spoglio e nell'angolo più lontano, accanto a un cestino-posacenere da terra rigonfio e circondato di sigarette, c'era nostra madre. Si stava accendendo, ne ero certo, l'ennesima Merit Blu. Ci dava le spalle con lo sguardo perso sulle rade chiome di una pinetina che circondava l'edificio.

Io e Ros impiegammo alcuni secondi ad attraversare l'ampio terrazzo per raggiungerla. In quei pochi passi, prima che Maurizia si accorgesse di noi e ci accogliesse con uno dei suoi collaudati sorrisi, formulai (tanto per cambiare) un pensiero maligno.

Sì, lo ammetto ero prevenuto e diffidente, ma insomma, non che mi aspettassi di trovarla vestita da suora laica al capezzale di Romano a pregare per la sua guarigione, eppure quel consueto abbigliamento sgargiante, i capelli freschi di parrucchiere, le unghie perfette e lucenti che notai anche a distanza e quella sua postura sempre nervosa e scattante, più che farla sembrare una moglie in apprensione per il marito ricoverato, le davano un'aria da single spazientita in attesa della macchina al lavaggio.

Fu contenta di vederci. Esordì con un panegirico del terrazzo e di come, per quanto squallido e senza un accidente dove sedersi, l'aveva salvata dall'incubo di dover fare ogni volta due piani di scale per una sigaretta. Poi mollando il colloquiale e passando a un tono tra lo scoglionato e il drammatico, ci disse di Romano.

«Meglio… quasi.»

Le analisi non avevano dato buoni risultati e questo c'era da aspettarselo, la cosa positiva era che dopo un solo giorno di flebo e di digiuno aveva riacquistato una discreta lucidità.

«Sta dormendo?» chiesi sperandoci, sperando in una risposta affermativa.

«No, è sveglio, gli ho appena portato i giornali.»

«Ah bene! Vado» disse Rossella, e andò. Sarei potuto rimanere lì a far compagnia a mia madre e ai suoi ultimi tiri di sigaretta e intraprendere con lei una conversazione di circostanza, o potevo accodarmi a Rossella per la prevista visita all'automa risanato. Mi accodai a Rossella, in fondo ero andato lì per quello.

«Vengo con te.»

Il ricordo dell'ultimo incontro con Romano viziò le mie aspettative.

Sì, va bene, benché mia madre avesse detto che c'erano stati dei miglioramenti, ero altresì convinto che non potesse essere già uscito del tutto dalle nebbie della sua intossicazione epatica. Mi sbagliavo. Lo trovammo, seduto, e non stava affatto nuotando tra le nebbie, piuttosto in un mare di giornali sparsi davanti a sé. Lo sguardo che ci rivolse vedendoci entrare non era più quello di un automa, era quello di Romano e, seppur con un evidente retrogusto di cane bastonato, aveva anche riacquistato un certo piglio. Non abbastanza, per fortuna, da mettermi ancora soggezione. Rossella lo baciò, costringendo anche me a quella pratica affettiva che sin da bambino, nei suoi confronti, avevo sempre sentito come un'imposizione e a cui mi piegavo con molta riluttanza, a cominciare dai primi (non spontanei, costretto dalla tata) baci della buonanotte.

La prima nota positiva di quel pomeriggio fu che per fortuna a mia sorella non manca la chiacchiera. La seconda fu che Maurizia, rientrata dalla pausa sigaretta, iniziò a proporre-imporre al suo ubbidiente *toy-elder* Romano una serie di attività collaterali in cui sentiva (si capiva che lo faceva controvoglia) di doverlo assistere: «Andiamo in bagno? Vuoi bere? Cambiamo il pigiama?». Infine, la terza coincidenza favorevole: un esame diagnostico programmato in quelle prime ore del pomeriggio.

Nonostante ciò, e nonostante la mia decennale pratica d'invisibilità al cospetto di Romano, arrivò anche il mio momento. Si dimostrò informato sullo spettacolo e sul suo successo e sottolineò che mia madre gli aveva detto che ero stato bravo. Ora, se fossi paranoico, potrei dire che nei complimenti di Romano non potei fare a meno di notare quell'offensiva sottotraccia di incredulità, solita da parte sua nei miei confronti ogni volta che sembrava avessi fatto qualcosa di buono... certo, se fossi paranoico.

Con tono gioviale e al tempo stesso perentorio un'ossuta infermiera annunciò che Romano era atteso per un'ecografia addominale. Saluti, baci e alle quattro del pomeriggio eravamo fuori dalla clinica. Rossella rassicurata, Maurizia incazzata per il traffico del ritorno (io e Rossella eravamo lì in motorino) e io sollevato per aver spuntato dagli impegni della giornata quella rogna. L'unico interesse che trovai nei miglioramenti di Romano fu nel fatto che non sarei dovuto tornare a trovarlo nei giorni successivi... a che pro, stava bene.

Minchia... rileggendo queste ultime righe si direbbe proprio che fossi diventato del tutto insensibile. Ero diventato un pezzo di merda? Rispondere in modo esaustivo alla domanda non è facile, ci provo.

Ero andato a vivere da solo, mi ero allontanato da Romano e Maurizia e in quel modo avevo poi trovato la forza e il coraggio di tornare da loro e affrontarli. Ero riuscito a incanalare nel teatro buona parte di quella malsana e rabbiosa energia accumulata negli anni e il mio sforzo era stato ripagato... insomma, tutto mi aveva dato più sicurezza, più identità, maturità.

Non c'era di che lamentarsi, cose utilissime per il mio necessario ricollocamento sociale, ma sul piano emotivo, intendo il cuore, per quanto ci si fosse potuti accostare con l'orecchio al mio petto, sarebbe stato difficile percepirne il battito.

L'affetto dei miei fratellastri, e in particolare quello di Marcello, pensavo che in futuro me lo sarei probabilmente guadagnato ma, in quel momento, ero troppo diffidente per considerarlo una cosa reale. Soprattutto, non vi era nessuna certezza che sarei stato in grado di farlo. Emozioni e sentimenti veri... cosa ne avrei fatto? Ero abituato e anche bravo a simularne un'intera gamma e a gestirli, così bravo che a volte, per raggiungere lo scopo, riuscivo a ingannare anche me stesso.

Per tornare dunque alla domanda: ero diventato uno stronzo? Secondo me... sì e no.

Faccio un esempio: negli ultimi anni una serie di miei coetanei, i più borghesi, quelli con il ruolo già scritto nell'ineludibile commedia sociale, si erano "felicemente" sposati. È chiaro che per me quei matrimoni non fossero altro che gesti inconsulti. Il valore che davo a un certificato di matrimonio era pari a quello di una tessera punti del supermercato.

Comunque: «Ci sposiamo!».

«Bravi!»

Peccato che nella maggior parte dei casi, dietro quella gioiosa e perentoria affermazione non ci fosse un desiderio concreto di fondersi l'uno con l'altra, né l'impellenza di condividere emozioni, tempo, spazio, futuro... in altre parole, non c'era l'amore. Di questo non mi sento di fargliene una colpa, secondo me, quel tipo d'amore lì si può sperare di impararlo solo da grandi, e nemmeno tutti.

Agli avventati sposi, dunque, non era restato altro modo di adempiere ai loro "doveri" se non quello (e qui li volevo) di indossare delle maschere. E così, ciò che la coppia (o coppia con figli) era riuscita poi a condividere (per carità, in particolari incastri anche per anni) era stata solo una recita, solo le ruvide travi di un palcoscenico. E allora perché no? Parlo da attore. Il palcoscenico è un luogo magico, si sa, dove immaginazione e impegno possono dare ottimi risultati, ma senza quelli (in special modo l'impegno) per quanto grande possa essere il teatro, un palcoscenico resterà sempre un luogo piccolo e claustrofobico.

In molti casi si era dovuto assistere all'ignominiosa fuga dei personaggi. Scatti plateali, sempre scomposti, dove il fuggitivo/fuggitiva non si era mai fatto scrupolo, addirittura tra le lacrime, di travolgere o se necessario calpestare chiunque avesse tentato di ostacolare la sua rapida e poderosa falcata. Santa prole in fasce compresa.

Tutta questa tiritera per dire che, se avessi dovuto guardarmi intorno tra i miei coetanei e coetanee per stilare una classifica dei pezzi di merda, non sono sicuro che mi sarei messo al primo posto. Comunque, era divertente per me guardare gli altri pianificare il loro futuro affettivo comprando biglietti della lotteria, ed era ancora più divertente vederli tra le lacrime strapparsi i capelli perché poi non avevano vinto. Io, che la lotteria dei rapporti umani fosse una gran "sola", l'avevo capito da molto tempo. Ci tenevo però ad apparire normale. Facevo finta di crederci, continuavo a comprare "biglietti", a intrecciare rapporti. A differenza degli altri però ero consapevole del fatto che per quanti biglietti uno avesse potuto comprare, solo uno sciocco poteva pensare di vincere.

A proposito di rapporti. Dopo il baratro dell'estate precedente, una serie di eventi positivi, su cui mi sono già dilungato, aveva contribuito a una repentina risalita del mio umore, mi rendo conto però solo ora di non avere ancora parlato di uno dei fattori più importanti di questa risalita. Sì: la casa, *Trompe*, i nuovi amici... tutte cose belle e fondamentali, ma sarebbero state per me ben poca cosa, se a dare un senso a tutto questo non ci fossero state loro... le donne.

Attirate da una crescente sicurezza che si andava trasformando in fascino, da quelle stuzzicanti sottotrame della mia vita che le conferivano mistero, nonché da una passionalità così incongrua per una statua di ghiaccio, molte ragazze simili a indifese creature marine rimanevano impigliate nelle fitte reti della mia instancabile seduzione. Poverine. No, no... non è una battuta o il perfido scherno di un becero seduttore, dico sul serio: poverine loro e aggiungo poverissimo me.

Un cuore in inverno era un bellissimo film francese ed era anche il soprannome che mi diede un giorno, disperata tra le lacrime, un'incauta pretendente al mio. Non aveva tutti i torti e non lo negai, ciò che non riuscii a spiegarle, che non potei spiegarle, giacché non ne avevo ancora coscienza, fu che il mio cuore non versava lacrime, perché di lacrime se ne nutriva, era bulimico di quelle altrui, le sue in quel momento. Ebbi per lei solo le mie reiterate, ciniche e spietate consolazioni. Tutto sommato non era poi tanto diverso da quando prendevo a pugni qualcuno. L'annientamento totale dell'avversario.

Eppure, esaurito in me l'istinto alla violenza gratuita come risposta, mi ero convinto di aver trovato un posto, un buco nel ghiaccio ai confini della coscienza in cui ero riuscito a soffocare, seppellendola per sempre, la fiamma della mia rabbia. Un apprezzabile e ingenuo tentativo.

Altro che buco nel ghiaccio, quella prigione non era altro che una delle mie tante e perciò dimenticate grotte degli orrori, con una volta ampia, tetra e ricoperta da enormi stalattiti di rancore, di cui alcune così grandi da sfidare ogni legge di gravità.

La rabbia aveva sciolto il rancore e rimpastandosi con esso aveva ridato vita a un vendicativo esercito di spettri.

"Fate l'amore, non fate la guerra." Mi aveva molto colpito questo slogan degli anni Sessanta scandito nei cortei dai ragazzi più grandi con un fiore tra i capelli. Dovevo averlo però male interpretato o magari lo avevo solo riadattato alle mie esigenze: "Non fate la guerra ma fate l'amore... come fosse una guerra". Ed era fondamentale per me vincerla e se vogliamo anche facile, perché anche se la fama di "combattente" spesso mi precedeva, non tutte le ragazze si presentavano armate; io lo ero sempre, fino ai denti.

Ho sempre provato empatia verso il criminale e folle Grenouille di Süskind con le sue idiosincrasie o morbose passioni per gli odori. Una volta tornato a casa dopo la visita a Romano, mi dovetti fare una doccia molto lunga per togliermi di dosso l'odore della clinica e con esso le immagini di Romano.

Presi un tè, feci due accordi con la chitarra, diedi una riletta al giornale. Alle diciotto vagavo inquieto per casa senza più nulla da fare. Neanche una canna, erano vietate prima del lavoro. Se fossi uscito sarei arrivato a teatro con almeno mezz'ora di anticipo sulla convocazione... ma sì, perché no, meglio così, all'improvviso non vedevo l'ora di recitare, di essere a teatro... di sentire il suo odore, un altro odore.

"*The Phantom of the Opera is there.*" La suggestiva inquietudine di un teatro vuoto è cosa nota e da sempre ben sfruttata da letteratura e cinema, ma per un addetto ai lavori, un teatro silenzioso e addormentato prima che tutto inizi può essere uno dei luoghi più ameni e rilassanti del mondo. Mi azzardo ad aggiungere che per questa categoria di persone, poter passare del tempo sprofondati in una poltrona di platea, da soli, seminascosti nella penombra delle fioche luci di servizio, perdendosi davanti a un palcoscenico e alla sua scenografia inanimata e placida come un gatto acciambellato, ecco, per queste persone, per me, è come riuscire a rubare del tempo per riposare nascosti nella mente addormentata di un altro. Ed era ciò che speravo con il mio arrivo in anticipo all'Argot. Macché, quando mai.

Intanto, immagino gli sghignazzi di chi dopo aver letto queste ultime righe, conoscendolo, abbia ripensato all'Argot (e parlo del primo), dove in platea non c'erano poltrone in cui sprofondare, bensì sedie di legno spappolaglutei e dove, viste le non-dimensioni del teatro, anche da soli non ci si sarebbe sentiti più persi che in una cabina telefonica. A parte questo, non ero l'unico a essere arrivato in anticipo.

In teatro trovai Luca e Laura che, in uno scrupolo di perfezionismo, avevano convocato in anticipo il tecnico delle luci per delle correzioni a loro avviso fondamentali. Fui costretto a uscire di nuovo dal teatro.

Non fu difficile avere un piano B, mi era venuta fame. Ogni attore di teatro ha il suo particolare rapporto tra cibo e recitazione: c'è chi non può farne a meno prima, chi per forza solo dopo, chi se ne fotte del prima e del dopo basta che se magna e c'è anche chi, travalicando la mia comprensione sia della professione che dell'intestino umano, riesce a farlo anche durante.

Io sono tra quelli che mangiano prima... e anche dopo. Di recitare a digiuno non se ne parla, sarebbe difficile per il pubblico distinguere le battute dai gorgoglii del mio stomaco. Per cui ho bisogno di uno spuntino, nulla di impegnativo, quel poco che mi permetta di arrivare al dopo, quando lo sforzo dell'interpretazione, una volta decompresso, mi lascia di norma nello stomaco una voragine.

Nel pub-panineria a piazza San Cosimato, dove in genere consumavamo i nostri spuntini, non trovai nessuno visto l'orario, a parte una coppia di turisti dall'aria teutonica. Silenziosi, sul tavolo due pinte di birra ancora intatte, sembravano un *tableau vivant*. Volti rubizzi, iperossigenati e stanchi. Volti da turisti nei quali riconobbi i segni di un instancabile vagare, in quella fredda e soleggiata giornata di gennaio, alla difficile e caotica scoperta dei maltrattati fasti della mitica Caput mundi.

Colosseo... no, non è una tappa del giro fatto dai tedeschi, è il nome del panino che ordinai: speck e carciofini. Lo alternavo al Pantheon: bresaola e mozzarella. Il locale non era una panineria come quelle di oggi, con luci sparate, musica assordante e appariscenti loghi in franchising, no, era un posto tranquillo, alternativo, con un'illuminazione morbida, musica discreta e arredato come una casa. Nulla di che, divani e poltrone consunti, cose da rigattiere, che però dividendo il locale non in tavoli ma in salottini, creavano un ambiente intimo e rilassante. Non era certo la sperata poltrona nel teatro deserto, ma per un momento di pace prima dello spettacolo poteva andar bene... Macché.

Nell'attesa del mio panino (sempre lunga da non avere senso, anche a locale deserto), per non continuare a fissare gli stremati turisti, feci una telefonata. Chiamai Giovanna, una cara amica di Milano trasferitasi da poco a Roma per fare l'attrice (nonostante una laurea in farmacia). Mi aveva chiesto di prenotarle dei posti a teatro per lo spettacolo quella sera e io l'avevo fatto, ma mi ero dimenticato di darle conferma. La telefonata cominciò con una serie di meritati insulti per la mia svagatezza. Insulti che seppure appunto meritati mi provocarono un piccolo moto di stizza che generò una risposta da parte mia piuttosto subdola. Imputai la svagatezza al ricovero di mio padre di cui non le avevo ancora parlato e alla visita pomeridiana al suo capezzale. Già mi godevo l'attimo di silenzio prima del suo rinculo emotivo e i conseguenti toni pacati carichi di comprensione e di contrizione per quelli precedenti aggressivi, la vibrazione del senso di colpa per la sua frivola, anche se inconsapevole, contrapposizione tra la sua ansia da conferma e il ricovero di mio padre.

Ero talmente certo di avere il tempo di assaporare la sua reazione che pensai bene anche di dare un morso al mio panino che nel frattempo era arrivato. Ma non ci fu nessun silenzio e la sua replica arrivò tanto rapida quanto spiazzante e quel morso di panino per poco non mi andò di traverso.

«Pure lui?»

«In che senso?»

«Be', ieri ho incontrato Marcello a Campo e mi ha detto che la sera prima anche suo padre si è sentito poco bene e che si erano tutti preoccupati e che lui aveva passato una nottata allucinante... infatti aveva un'aria stravolta. Ma lo saprai, no?»

Mentii.

«Sì sì, lo so.»

«Per questo ho detto pure lui.»

«Ah... certo.»

«E come sta tuo padre?»

Da questo punto in poi una parte della mia mente inserì il pilota automatico e continuò a volare sulla rotta di una banale conversazione con Giovanna, dandole formali informazioni su Romano, un'altra si alzò di quota perdendosi nel cielo delle mie elucubrazioni.

Giovanna aveva detto che aveva incontrato Marci il giorno prima... e che lui le aveva detto che Mimmo si era sentito male il giorno prima ancora... quindi in pratica due giorni fa ma... era prima che io andassi a casa di Marcello.

A questo punto ci sono due scuole di pensiero. La prima vorrebbe che io adesso mi occupassi dell'aspetto (non so come altro definirlo) astrologico: una simmetria d'eventi straordinari per similitudine e concomitanza, flussi di potente energia che incrociandosi e sovrapponendosi si trasformano in paradosso.

Ecco... questo no. Il coglionamento astro-criptico alla Pesatori no. E mi scuso con chi avrebbe potuto essere più interessato a uno sviluppo in questo senso. Quello di cui mi preme parlare (ed è la seconda scuola di pensiero, la mia), quello che ho deciso fosse importante riportare in queste pagine a proposito di quei giorni e di quegli accadimenti non è stata l'astrale coincidenza dei due padri malati, o la straordinarietà di un contemporaneo cedimento di muri maestri; no, è stata senza alcun dubbio... l'idiozia. Mia e di Marcello. Sarebbe stato facile...

Rewind: «Oh...».

«Oh... Che ci fai qui?»

«Ero da Fede e ho pensato di passare a farti un saluto... ti ho svegliato?»

Domanda pleonastica, indossava una vestaglia tartan, quello che sbucava sotto era senz'altro un pigiama e ai piedi aveva le pantofole.

«Sì... sono due notti che non dormo... ieri notte papà è stato poco bene e ci siamo spaventati.»

«Ah.» Richiusi la porta e lo seguii in casa. Marcello sprofondò in una poltrona e dopo essermi tolto rapido il cappotto feci altrettanto.

«Dimmi.»

«Ieri sera a cena ha cominciato a dire che stava male, che sentiva come se a intervalli il cuore gli si fermasse e gli veniva da vomitare, capirai... mia madre ha sbroccato... e noi pure.»

«Porca puttana... e poi che è successo?»

«Niente per fortuna. Il medico ha detto che si era trattato solo di un'aritmia, bella forte ma... insomma, tutto bene, alla fine è passata.»

«Che storia... cazzo, una bella "smaltita", immagino.»

«Be' sì... da quando è stato male ogni piccola cosa butta tutti nel panico, e mi sa che io sono quello che ci va più di tutti.»

«Perché?»

«Non lo so… non ho mai avuto un rapporto facile con lui… e con la malattia non è che siano migliorate le cose.»

«A proposito di malattie, anche Romano si è sentito male e domani lo ricoverano.»

«Che dici… davvero?»

«Sì, non sta per niente bene.»

«Pure lui! Oh, che succede? E tu, sei preoccupato?»

«Be' lo sai, non è che gli sia molto affezionato. Anche se… è strano, da stamattina, da quando lo so, è come se per non pensarci mi si fosse chiuso il cervello.»

«No, a me più che chiudersi, il cervello mi è partito. Dopo la notte in bianco, anche stanotte non sono riuscito a dormire e sono venuto qui a suonare… musiche tristissime. Ne ho anche incisa una con un nuovo registratore pazzesco… se vuoi te la faccio sentire, anzi no… prima vieni in cucina a darmi una mano, stavo cercando di farmi un caffè…»

(Merda, speravo in questa nuova versione di saltare la macchina del caffè.)

Ci voleva tanto? Non sarebbe stato meglio così? Più semplice? Avremmo potuto dirci tutto (e quel tutto sarebbe stato solo un inizio) e non ci eravamo detti niente, anzi sì, qualcosa l'avevamo detta:

«Una serie di casini interni.»

«Nottatona?»

«Vieni al cinema?»

… due idioti.

È ovvio che lì per lì dopo le parole di Giovanna non pensai tutto questo. Fu solo un sussulto, un controtempo, la breve apparizione di un geroglifico mentale, l'attraversamento di un banco di nebbia senza aver avuto il tempo di accendere i fari. L'istinto, ribollendo al suo solito, mi suggerì come prima cosa di prendermela con qualcuno, che andava subito trovato il responsabile di quel rovinoso capitombolo di una neonata confidenza. Sì, ma chi? Demonizzare la reticenza di Marcello sarebbe stato guardare la pagliuzza nel suo occhio senza vedere la trave nel mio. Cedere alla stizza dell'essersi sentito preso in giro... be', idem come sopra. Così, applicando il protocollo standard per quei ricorrenti strozzamenti nei miei ragionamenti su Marcello e sull'universo a lui collegato, pensai: 'sti cazzi.

Il prolungarsi della telefonata con Giovanna aveva trasformato il mio anticipo in un ritardo. Non finii il panino (non ne avevo più tanta voglia), chiesi il conto e mi affrettai a uscire dal pub. Fuori un vento gelido e affilato di tramontana aveva iniziato a scorrazzare irriverente nella piazza alzando nugoli danzanti di foglie e spazzatura.

Quella sera dopo lo spettacolo ricevetti molti complimenti. In particolare per come, in alcune scene, avevo espresso la rabbia.

Il giorno dopo selezionai diverse volte il numero di Marcello sul telefono senza risolvermi mai a spingere invio, né quel giorno ricevetti da lui telefonate. Mi chiamò due giorni dopo. Sebbene fossi deciso a non fargli capire che covavo un certo desiderio di rivalsa, non gli diedi il tempo di dire ciao che sbottai: «Come sta TUO padre?».

Quel "TUO" così carico di chissà quali e tali significati mi uscì di certo dissonante. Silenzio. Non un silenzio vero, nella mia visione pugilistica tutto si stava svolgendo in frazioni di secondi. Uno due, montante al fegato e...

«Me l'ha detto Giovanna.» Gancio alla mascella. Bravo, fulmineo, preciso, attendevo solo il rumore del tonfo. Niente. Chiaro, Marcello non era mica una "femminuccia", anche lui sapeva difendersi e se necessario anche menare le mani, ed era facile che prima della telefonata avesse per prudenza alzato la guardia...

«Bene, bene... una cazzata, oggi è già andato in sala a registrare con Max.» Tono scevro da preoccupazioni, sdrammatizzante, bravo anche lui, una bella parata. Poi il suo attacco...

«Piuttosto, dimmi di Romano... ho incontrato Ugo (l'amico medico) e mi ha detto che è in clinica.»

Che era come dire, Mimmo è a casa, Romano no, sei tu quello che ha omesso la cosa più grave... Insomma, devo andare avanti? C'è bisogno di ripeterlo? Due idioti. Quando poi ci rivedemmo pochi giorni dopo al compleanno di un amico non accennammo nemmeno all'argomento, riprendendo da veri professionisti della vaghezza la nostra ondivaga simulazione d'intimità.

Romano fu dimesso e tornò al suo antro con una diagnosi tutto sommato positiva: in pratica, dipendeva tutto da lui. Il suo fegato era stato tagliandato e ripulito, certo, era messo male, ma con i giusti accorgimenti (dieta, riposo, eccetera), avrebbe potuto, seppur a mezzo servizio, fare il suo sporco lavoro ancora... chi lo sa per quanto.

«Signor Camilli, lei vuole vivere, no?» gli aveva domandato in un retorico commiato il dottore dopo averlo ammonito sui suoi futuri comportamenti alimentari. Lui non aveva risposto.

Ci fu l'ultima replica di *Trompe l'œil* e il meritato riposo del "gruppetto". Un riposo carico di aspettative lavorative. Grosso modo avevamo già un accordo con il teatro Colosseo per una ripresa autunnale di tre settimane dello spettacolo a Roma e si faceva sempre più concreta anche l'ipotesi di una piccola tournée invernale. Sapevamo di aver tirato nell'acqua un grosso sasso, e aspettavamo solo l'espandersi dei cerchi del nostro successo.

Massimo finì di incidere il suo disco, e il brano *Delfini*, quello in duetto con Mimmo, trasformato anche in un video, ne divenne l'asso mediatico. La strategia comunicativa dell'operazione era chiara: l'amore padre-figlio, passione e talento comune, complicità. Un gioioso (perché naturale) passaggio del testimone, anzi dello scettro. L'abdicazione in musica del re al suo principe. Risultato? A mio parere, non quello sperato.

Il piovoso inverno finì presto, costretto a lasciare il posto a una scalpitante primavera. Un'anticipata deflagrazione di calore che, inaspettata, ridiede sollievo a Roma e alle sue vetuste ossa bagnate. Cieli azzurri, dipinti, affollati dal volo inquieto e famelico di infinite rondini. Tramonti, passeggiate, invasioni straniere, orde pacifiche di uomini e donne che, disarmati e incapaci di difendersi, si lasciavano sopraffare dalla città, dalla sua esagerata bellezza.

E poi, ancora un'estate.

Se è noto che con il teatro non si diventa ricchi, è altrettanto risaputo che con il teatro Off non solo non si diventa ricchi, ma è tacito e scontato che anche con un successo, ci si rimetta. Quello che voglio dire, senza continuare a girarci intorno, è che spese in tempo reale quelle quattro lire guadagnate con *Trompe*, andai incontro all'estate del 1993, orgoglioso del mio fruttuoso inverno ma in pratica sul lastrico. Ora, conoscendo la mia disastrosa reazione dell'estate precedente a una condizione simile, si potrebbe temere il peggio e non mi offenderò per questo. Ma una cosa di me ancora non l'ho detta. Dando per lapalissiana la fallace natura del mio essere e di conseguenza del mio agire, ammesso che non sarebbe sbagliato definirmi l'uomo dei mille errori, è molto, molto difficile che io commetta due volte lo stesso. Non lo dico come un pregio, dietro quest'istinto a volte può annidarsi la dannosa paura del rifiuto, del fallimento che si può trasformare in un'orgogliosa quanto malsana privazione. Ma non era questo il caso, l'inedita rinuncia alla quale avevo deciso di sottopormi, la vera prova (per un pariolino, suo malgrado) non era un ansiogeno confronto professionale o il solito duello rusticano in famiglia, era una sfida con me stesso, al quale stavo chiedendo, attraverso l'estremo sacrificio, le prove del cambiamento. Ero o non ero diventato un uomo? E un vero uomo sa, senza tremare, guardare in faccia il destino mentre quello gli dice, perentorio, che lui (solo lui) per la prima volta nella sua vita… non farà le vacanze?

A metà giugno, dopo un paio di provini per la televisione non andati in porto, il disastroso quadro economico di quell'estate si era fatto chiaro. Contemplare però i possibili scenari di rinuncia e di solitudine estiva, per quanto strano, non mi induceva inopportuni stati d'ansia. Era per me un nuovo sentire, scevro da vittimismo, da persecutori complessi di ingiustizia cosmica, da sindrome di rivalsa del brutto anatroccolo… qualcosa era davvero cambiato.

La verità? Mi sentivo un eroe, uno dei "trecento" delle Termopili se non lo stesso Leonida, ed ero pronto all'impari scontro con le invincibili armate di Serse! Lo so che tutto questo può sembrare un'esagerazione, ma per me non lo era: da pochi anni avevo realizzato che tre mesi di vacanza a Castiglioncello potevano non essere un mio diritto di nascita.

Mentre gli altri parlavano dell'estate io li ascoltavo con ieratico atteggiamento. Quei luoghi, vicini o lontani che fossero, erano per me solo inutili percorsi esterni, troppo diversi da quelli che avrei intrapreso io nell'intimo ritiro della mia solitudine agostana.

E poi (per fortuna?) "tanto rumore per nulla".

Verso fine luglio, quando, sebbene scaglionato, stava iniziando il paventato esodo vacanziero degli amici, quando tutte le mie buone intenzioni stavano per essere messe alla prova dalla realtà dei fatti, e sentivo vacillare la sicurezza nell'affrontare e superare quella prova... Un miracolo, il miracolo della Confessione.

Non si trattò di una *bouffée* delirante (quel tipo di esaurimento nervoso non di rado a sfondo mistico-religioso) e voglio aggiungere, per facilitare in seguito la comprensione di alcune mie frasi, che non ci sarà, ammesso che qualcuno ci abbia sperato, nessun tipo di conversione religiosa in queste numerose pagine. Chiarito questo, *La Confessione* era il titolo di uno spettacolo ideato e diretto da Walter Manfré. Era chiaro che si trattava di un buco (un buco in gergo teatrale è quando in uno spettacolo salta un attore che all'ultimo momento non è più disponibile). Nonostante questo, l'operazione era interessante e la paga più che dignitosa, e io, mai come in quel frangente, per quel buco sarei stato felice di fare da tappo. Accettai, era il 20 luglio e lo spettacolo avrebbe debuttato a Taormina il 10 agosto replicando fino al 20... come facevo a non prenderlo per un regalo di compleanno?

La forza dello spettacolo era nell'originalità del testo e del suo allestimento. La drammaturgia si componeva di venti monologhi di autori contemporanei e non, su un tema comune: colpa e peccato. Venti monologhi interpretati, anzi "confessati" da venti attori-peccatori genuflessi su altrettanti inginocchiatoi, a spettatori-confessori itineranti da un inginocchiatoio all'altro. Come ho detto un'esperienza interessante per qualsiasi attore, per me... "U' miracolo!"

Dovetti impegnarmi molto per tappare il mio buco, per recuperare il ritardo di circa una settimana rispetto al lavoro che avevano fatto gli altri sui propri monologhi. Tra l'altro mi resi conto presto che il mio testo era tra i meno accattivanti, ed era stato questo il motivo della fuga dell'attore che sostituivo. Pazienza, non mi potevo permettere di guardare in bocca a un cavallo donato.

"Fai quel che puoi, con quel che hai, dove ti trovi" e io cercai di fare del mio meglio. E poi detto fra noi, non avevo accettato quel lavoro con la speranza di piantare con la mia interpretazione una pietra miliare nel teatro italiano, lo scopo era quello più modesto e vitale di svoltare l'estate, e con soddisfazione quello fu raggiunto in pieno.

Marcello, come al solito, passò l'estate dileguandosi tra Ansedonia, barche a vela e Lampedusa. L'isola ad agosto era per lui e per gli altri fratellastri un'obbligata (ma non spiacevole) tappa estiva. La centripeta prepotenza di Franca, da sempre convinta della forte valenza affettiva e simbolica di quel luogo sia per Mimmo che per tutti i Modugno, aveva preteso che lì, ogni anno, la famiglia trascorresse buona parte dell'estate (se possibile al completo). Prima della malattia di Mimmo, nonostante il generale timore reverenziale dei miei fratellastri nei confronti della madre, la loro crescita e il loro naturale e progressivo affrancarsi dai riti familiari sembravano destinati a porre fine a questa matriarcale imposizione. Dopo però, la signora Franca, rifornita (purtroppo) dal destino di una nuova arma, la più potente, quella dei sensi di colpa, era riuscita a congelare a tempo indeterminato la propensione al distacco dei figli. Non c'era discussione, a Ferragosto tutti a Lampedusa.

E ci fu anche l'estate dei Camilli. Il 1° agosto con l'impeccabile puntualità che li contraddistingueva, Maurizia e Romano si trasferirono a Castiglioncello. La salute di Romano, altalenante dopo la *débâcle* di fine gennaio, era in una fase di stallo e sia mia madre che Rossella contavano molto su Castiglioncello e sulla sua calda e cicatrizzante ritualità per un significativo miglioramento.

Non era un'idea sbagliata, Castiglioncello per i Camilli (come Lampedusa per i Modugno) era la "comfort zone" di famiglia. Pini secolari, mare di scoglio cristallino, giornate lunghe e luminose da fermare il tempo. Tempo regalato, tempo prezioso, tempo per compiangere o ricostruire ciò che un crudele inverno poteva aver mandato in pezzi. Non era una cattiva idea, peccato che non fosse affatto quella di Romano.

In virtù della ritrovata lucidità si era sperato che Romano, resosi conto appieno delle circostanze che lo avevano condotto al suo ricovero, si fosse convinto a porre fine al suo autodistruttivo regime alimentare. E in effetti l'aveva fatto. Per un po', per poco.

Sotto l'attento e costante controllo di Maurizia e Pablita, divenute sue irremovibili guardiane, la salute di Romano era migliorata a tal punto che era tornato al lavoro. Solo mezza giornata, fino all'ora di pranzo quando (incredibile ma vero) inforcando ancora il suo immarcescibile vespino arancione se ne tornava a casa ad affrontare, all'apparenza senza troppi sforzi, il suo ascetico pranzo. Ottimo, una parvenza di normalità, Maurizia non aspettava altro. Fino all'ultimo titubante se accettare o no un certo lavoro a Milano, incoraggiata da Romano stesso e dal suo rinnovato scorrazzare in vespino, aveva deciso di accettare. Poi, dopo aver passato le consegne e la responsabilità della vigilanza nelle mani di Pablita, aveva fatto al volo le valigie ed era saltata sul primo pendolino Roma-Milano.

Se è vero che Maurizia non vedeva l'ora di potersi di nuovo allontanare da Romano, dalla malattia, dalle medicine, da quell'inquietante puzza di vita senza futuro, è senz'altro anche vero che Romano non vedeva l'ora di togliersi dalle palle Maurizia.

Devo riconoscere a Romano che anche non essendo stato mai capace di opporsi e ancor meno di reagire (se non teniamo conto della manesca triangolazione su di me) al doloroso e gelido incedere della Dea Kalì, da lei non ha mai pietito nulla, men che meno durante la malattia. Tutte le attenzioni, le cure e l'assistenza che Maurizia aveva fornito a Romano in quei mesi, erano dovute solo al senso del dovere di lei, inteso come l'obbligo di rispettare quei comportamenti consoni e utili per rimanere nell'ambito della normalità. Voglio dire che se nella nostra cultura gli uomini anziani e malati nel loro fine vita si comportassero come gli elefanti, mia madre sarebbe stata più contenta, ecco.

A fine giugno Rossella, che durante l'assenza di mia madre si era premurata di passare almeno due volte a settimana a via Chelini, aveva dato l'allarme: Romano aveva ricominciato a dare segni di cedimento. Stanchezza eccessiva, dimenticanze, capogiri, annebbiamenti...

La fortuna volle che a pochi giorni da quel preoccupato monito di mia sorella, Maurizia, terminato il suo lavoro a Milano, fosse rientrata a Roma.

La prima a essere messa sotto accusa era stata Pablita. Mia sorella si era convinta che la poverina, una volta lasciata da sola, non fosse stata in grado di resistere alle sicure e insistenti richieste di cibo di Romano, finendo per cedere (in segreto) a continue e devastanti deroghe alla sua ferrea dieta. Rossella sobillando mia madre con questa teoria, l'aveva convinta a mettere all'angolo Pablita. La sventurata, molto religiosa come tanti filippini, prima aveva scomodato buona parte della sacra famiglia e poi aveva giurato e rigiurato sulle teste di tutti i suoi parenti che non aveva concesso a Romano neanche una goccia d'olio in più sulle patate lesse. «Io voglio bene signor Romano...» Ed era vero, Pablita era una brava ragazza e si era integrata subito nella famiglia, non c'era che da crederle... e le avevano creduto.

Però, durante "l'interrogatorio", tra le scagionanti argomentazioni snocciolate da Pablita, una in particolare non era sfuggita, per la sua incongruenza, all'orecchio attento di mia madre e Rossella.

La ragazza aveva ripetuto più volte che non era stato necessario cedere alle richieste di cibo di Romano, perché quelle richieste non c'erano mai state! Possibile? Maurizia non aveva indugiato oltre e aveva messo sotto torchio il diretto interessato... niente. Niente cibo nascosto, niente blitz notturni in cucina o al mobile-bar, niente, così giurò anche lui... sulle ruote del suo vespino. Bene... oppure male, cosa bisognava pensare? Era un bene che la recrudescenza epatica di Romano non fosse dipesa da lui o dalla negligenza di qualcun altro, però... era anche un male, perché allora... bisognava prepararsi al peggio? Per questa volta no, il barometro della salute di Romano si riportò sul bello. Come mai? Era lecito dubitare che quei miglioramenti fossero imputabili al ritorno della sua adorata moglie e al salvifico potere del loro amore. Vabbè, si trattava di miglioramenti e tutti se ne rallegrarono. E, cosa più importante, si poteva andare a Castiglioncello.

Dei pini, dell'acqua cristallina, dei cieli azzurri, di quella sospensione del tempo... a Romano, in quel momento (come avrebbe detto lui) "nu' je ne poteva fregà de meno". Non che non avesse apprezzato tutto ciò in passato. Il suo corpo era grato per quei trent'anni di sole e di mare, e soprattutto la sua anima era ancora grata per quelle brevi simbiosi estive con Maurizia. Pillole di olografica parvenza di normalità che avevano lenito per tanti anni le sofferenze del suo malandato orgoglio. Ma adesso, mare, sole, orgoglio, normalità... per Romano, solo parole. Insiemi di lettere di cui un cervello ischemico e una coscienza retroflessa verso un percorso primordiale, sembravano voler lasciar svanire il significato. Ma non era proprio così. Se era vero che dalla mente di Romano qualcosa stava svanendo, era anche vero che qualcos'altro stava prendendo il sopravvento.

Fu un brutto imprevisto per le vacanze di Maurizia l'improvviso risveglio del mostro degli abissi, l'inopportuno rialzarsi in volo di una malefica araba fenice, il ritorno dagli inferi di un demone innominabile... che ahimè un nome l'aveva: "Bramadicibo".

Non tutte le parole avevano abbandonato i pensieri di Romano, alcune si erano illuminate e lampeggiavano come gli special di un flipper: frittura mista, gamberoni, pasta con le vongole, calamaro in guazzetto, antipastino, Vermentino, spumantino...

Va detto che, se a Roma la vita sociale dei Camilli non era in generale molto fitta e ancor meno lo era stata nell'ultimo periodo tra l'assenza di Maurizia e i problemi di salute di Romano, a Castiglioncello il loro carnet era di norma sempre pieno e quell'anno, con Romano che aveva fatto stare tutti in pensiero, gli amici non vedevano l'ora di rivederli.

Per mia madre si tramutò in un incubo. Romano, a ogni cena in casa o al ristorante, faceva sempre in modo di sedersi a tavola dalla parte opposta alla sua. Lei sgamò subito il suo puerile stratagemma, quello di farle perdere durante la cena, tra la distanza e la confusione della tavolata (sempre numerosa), la percezione della sua effettiva alimentazione. Lo affrontò. A poco valsero le sue rimostranze, che ricevettero in risposta da Romano solo indignate negazioni di colpa. Un incubo. Da metà agosto l'arrivo di Rossella a Castiglioncello migliorò la situazione. Romano, molto più sensibile alle sue suppliche che a quelle di mia madre, pur continuando a negare, nei fatti, decise di interrompere la sua mortale "cura ricostituente". Mogio e rassegnato, alle cene ricominciò a sedersi accanto a Maurizia e lei riuscì a godersi gli ultimi giorni di vacanza.

Il 1° settembre mia madre fu contenta di tornare a Roma, di riportare Romano alla base, non dico migliorato ma se non altro, per come si era messa, non peggio di come era partito. Anche Romano fu contento di tornare al suo bunker, da quando mia madre e Rossella l'avevano costretto a rinfoderare le posate, la permanenza a Castiglioncello ridotta allo sfruttamento delle sue meraviglie non-culinarie, come si sa... nu je ne poteva fregà de meno.

Solo di una cosa era contento, solo una dal suo punto di vista era andata come doveva andare. Il sole, ignaro di tutto, anche per quell'anno aveva fatto il suo incandescente dovere e lui era nero... nero come la notte.

Notte buia, profonda, silenziosa come un segreto. Notte delusa e stanca, notte a capo chino che di nascosto s'incamminò solitaria nello scosceso viale del suo tramonto.

18

Quando fu tutto chiaro, fu troppo tardi. Alle 7 del mattino del 13 novembre, in seguito a un blocco intestinale occorso nella notte, soffocato dal vomito, Romano fu trovato morto nel suo letto da una scioccata Pablita. Pablita in lacrime chiamò mia sorella. Rossella in lacrime chiamò prima mia madre a Milano e poi me. Io chiamai Fabio e mi precipitai a via Chelini.

A settembre tutto sembrava tornato come prima. Romano migliorato, vespino, Sistina... normalità! E via, Maurizia a Milano. Il 10 novembre Rossella ricevette una strana e inquietante telefonata. La chiamò Guia, la sua migliore amica (dall'infanzia, il suo Fabio per intenderci). Guia, da poco separata dal marito, era tornata a vivere con la madre nell'ex casa di famiglia, a poche centinaia di metri da via Chelini. L'argomento della telefonata fu questo: il giorno prima Guia era scesa di buon'ora a fare colazione nel bar sotto casa. Appena entrata, sebbene il locale fosse affollato e lui di spalle, aveva riconosciuto tra i clienti la nota sagoma di Romano. L'educazione e l'istinto le avevano suggerito di avvicinarsi e salutarlo. E l'avrebbe fatto... se Romano in quel momento non si fosse rivolto al barista urlando «Un altro bombolone al cioccolato, grazie» infilandosi poi in bocca l'ultimo pezzo di quello precedente. L'incongruenza di quella scena (Guia conosceva bene le condizioni di salute di Romano) e l'imbarazzo di assistervi, uniti alla consapevolezza di non avere nessun titolo per un rimprovero, avevano fatto desistere Guia dai suoi saluti. Si era confusa tra la folla e aveva aspettato che uscisse... non ci volle molto, giusto il tempo che Romano ingoiasse rapido la seconda bomba.

La povera Rossella, a metà di quel surreale racconto, non era riuscita a trattenere delle silenziose lacrime. Ma la crudele (suo malgrado) delatrice aveva dell'altro in serbo per lei. Guia aveva molta confidenza con i proprietari di quel bar, l'avevano vista crescere lì, dai lecca-lecca dell'asilo ai caffè doppi dell'università, pertanto una volta alla cassa, tra una chiacchiera e l'altra, aveva chiesto loro se per caso vedevano spesso quel signore abbronzato che era appena andato via. «Come no... a volte viene pure a pranzo a farsi un "Peroncino" e un paio di panini con la salciccia» era stata la devastante risposta. E tutto fu chiaro, tanto chiaro che a qualcuno si oscurò il cielo. Si oscurò a Rossella. Non so cosa disse al padre, se un ultimo disperato rimprovero o l'ennesima inascoltata supplica. Si oscurò quello di Maurizia, che lo prese come un dispetto, una trappola di Romano, che dopo averla incoraggiata ad allontanarsi, ora rimarcava la sua assenza. Si dispiacque anche Pablita... rallegrandosene: «L'avevo detto che non era colpa mia».

Quando Rossella me lo aveva raccontato, benché incredulo, mi era venuto da ridere... ma mi trattenni. Sapevo bene che per lei l'immagine di Romano con un krapfen in bocca era uguale a quella di lui in piedi su una sedia con un cappio al collo; e non aveva tutti i torti. Sì, mi sarei messo a ridere, ma non per la solita insensibilità nei confronti di Romano, avrei voluto ridere della nostra ingenuità. O sarebbe più giusto chiamarla capacità di rimozione. Diciamolo... non era difficile da capire. Che i saliscendi della salute di Romano fossero legati al cibo si sapeva. Una volta esclusa la distrazione o collusione di Pablita, escluse le riserve segrete in casa, i bar interni del Sistina dove sarebbe stato segnalato... ecco, non era così difficile. E invece sì, lo sarebbe stato. Sarebbe stato difficile per chiunque parlando di Romano pensare fuori dagli schemi, pensarlo fuori dai "suoi" schemi, quelli di una macchina. Da A a B, da B ad A e poi di nuovo B e poi di nuovo A... per anni. Per noi tutti la vita di Romano si era sempre dipanata in segmenti chiusi, precisi e invariabili. Un treno sulle rotaie. Chi mai avrebbe potuto immaginare che quel treno un giorno potesse scendere dalle rotaie per andare al bar a farsi un panino con la salsiccia? Nessuno di noi, purtroppo. Ma poi, se per assurdo qualcuno l'avesse intuito, cosa avrebbe potuto fare mai di fronte a un autoannientamento che avrebbe fatto impallidire quello di Trelkowski ne *L'inquilino del terzo piano*?

In una telefonata fiume da Milano mia madre aveva compiuto la sua ultima arringa, fatta di insulti, preghiere, minacce e imbonimenti. Romano aveva ascoltato lo sfogo di Maurizia in silenzio, sprofondato nella poltrona del suo ufficio al Sistina e alla fine le aveva risposto... niente.

Poi aveva salutato Franchina, la sua segretaria da trent'anni ed era corso via dal Sistina. La telefonata con Maurizia era stata davvero lunga... "Le 13 passate... ci sarà ancora la salsiccia?"

La prima ad arrivare a via Chelini dopo l'allarme disperato di Pablita fu Rossella, poi Fabio e infine io.

Fabio trovò Rossella abbracciata a Pablita, singhiozzante e smarrita sul da farsi. Dopo essersi affacciata nella camera di Romano era inorridita e l'aveva richiusa. Fabio, presa visione lui stesso del cadavere e del suo immondo stato, si fece procurare da Pablita stracci, asciugamani e guanti di plastica. Poi disse soltanto «Ci penso io», e accompagnato dagli sguardi increduli delle due donne, si introdusse nella camera di Romano richiudendosi la porta alle spalle. Pochi minuti dopo arrivai io.

Rossella mi venne incontro e accolsi le sue lacrime disperate tra le mie braccia. Mi strinse forte e io altrettanto.

«Ho pensato di avvertire Fabio... sta arrivando.»

«No... Fabio è arrivato.»

«Come, arrivato...»

«Sì... tuo amico è arrivato... dentro con tuo padre», disse Pablita.

«Eh?»

Realizzai che non avevo ancora aperto la porta che si trovava alle mie spalle. Mi girai ed entrai in camera di Romano. Non dimenticherò mai quello che vidi, ma faccio fatica a rievocarne il ricordo. Il corpo di Romano come un pesante pupazzo di stoffa sporco di vomito con la bocca aperta e la lingua a penzoloni. Un sacco nero della spazzatura pieno di lenzuola, asciugamani e stracci sporchi di fluidi corporei di cui si percepiva il nauseabondo odore, e in mezzo a tutto ciò Fabio con dei guanti da cucina rossi e negli occhi una luce abbagliante... da eroe. O forse era solo lo sguardo di un folle.

So di aver visto questa scena, ero lì, eppure non sono molti i dettagli che ricordo. Come se avessi visto un quadro di Bosch, abbastanza a lungo da ricordarne l'infernale atmosfera, ma non a sufficienza, anche sforzandomi, per riviverne tutti i mostruosi e truculenti dettagli. Ed è probabile che sia meglio così.

«Fabio... cosa fai?» Lui mi rivolse quello sguardo che ho descritto prima.

«Ah, bene, sei arrivato... stai con Rossella... arrivo subito.»

Imbambolato dall'assurda scena, non mi mossi. Fabio mi si avvicinò e mi sospinse in modo delicato ma deciso verso la porta.

«Vai, vai... qui ci penso io, esci.»

Ci pensa lui... io esco? Ubbidii senza capire, e ammetto che fui ben felice di farlo.

Non ricordo dopo quanto tempo Fabio venne fuori dalla camera di Romano e ancora adesso se devo pensare a un viso stravolto ripenso al suo in quel momento. Romano era pulito e sistemato con dignità nel letto.

Negli anni ho chiesto molte volte a Fabio: «Perché?». Non ha mai saputo darmi una risposta. Amicizia, certo, senso del dovere in lui sempre molto forte e, perché no, magari anche un pizzico di spacconeria. Capimmo solo dopo quanto quel gesto "enorme" di Fabio fosse stato inutile. Tutto quello che aveva fatto lui, bastava aspettare, lo avrebbero fatto dietro lauto compenso quelli delle pompe funebri. Ciò non toglie che quella folle idea di Fabio di voler rendere Romano "presentabile" a noi e alla morte, è stato e rimane tutt'oggi uno dei gesti d'affetto più grandi che abbia mai ricevuto.

Maurizia tornò in aereo da Milano la sera stessa. Fu più umana e generosa che nei confronti di Pia e Romano ebbe un funerale come si deve.

Il 15 novembre, sotto un tiepido sole invernale, l'intero mondo dello spettacolo italiano si radunò nell'incompiuta basilica del Sacro Cuore Immacolato di Maria a piazza Euclide per l'estremo saluto. IN MEMORIA DELL'INDIMENTICABILE INGEGNER CAMILLI, era scritto sulla banda viola di una delle numerose corone funebri. Non so se chi l'aveva mandata si fosse reso conto fino in fondo dell'ambiguità di quelle parole, ma sono le uniche che ricordo e che sentii in cuor mio di condividere.

Maurizia, Rossella e io dopo la funzione ricevemmo molti abbracci, baci e strette di mano, finché la suggestiva e mondana folla non si dileguò alla spicciolata dal sagrato e dalle scalinate della chiesa. Solo Fabio, Guia, e un piccolo gruppo di amici miei e di Rossella rimasero con noi. Com'era successo a Pia, nessuno accompagnò Romano al Verano per essere tumulato accanto a lei. Io e Rossella non ne sentimmo l'esigenza e nostra madre, anziché ritrovarsi davanti a una fila di loculi dove per completezza sarebbe rimasto ad attenderla solo il suo... be', prima si sarebbe fatta sparare.

«Verano? Non ci penso proprio. Tutti da noi a pranzo... a festeggiare!»

Non disse così, ma la sostanza fu quella e lo stupore generale. Ora mi rendo conto che farò storcere il naso a qualcuno per quello che sto per dire, e che sarebbe meglio non dirlo, ma non importa, voglio essere onesto e lo dico lo stesso: fu il più bel pranzo della mia vita. Ecco, l'ho detto.

Nel breve tragitto dalla chiesa a via Chelini (duecento metri circa), l'atmosfera funebre si rivelò superflua e scivolò dalle spalle di ognuno lungo la strada, perdendosi come un inutile posticcio. Il pranzo fu ben poca cosa, quello che c'era: pane, affettati, formaggi, birre e poco altro e non mangiai niente, non ne avevo voglia. Eppure non patii la fame anzi, per una volta in quella sala da pranzo riuscii ad abboffarmi. Nutrendomi di altro però, di qualcosa nell'aria, come un'impalpabile manna che aveva un sapore buono e tra i miei preferiti... quello del cambiamento.

A proposito di cambiamenti, Maurizia (tempo una messa) si era scrollata di dosso tutta la cupezza e il malumore dei mesi passati. Muovendosi da un ospite all'altro con il più largo dei sorrisi, frizzante "Locandiera", dispensava birra e battute volteggiando sul parquet come pattinasse sul ghiaccio; e lei del ghiaccio era la campionessa, e senz'altro era dal ghiaccio che sarebbe rinata.

Rossella durante il funerale qualche lacrima vera l'aveva versata e uscita dalla chiesa si era fumata la sua sequela di sigarette tirando su ogni tanto col naso per ricacciare dentro la tristezza. Poi Maurizia aveva cambiato la musica e tutti intorno a lei si erano messi a ballare. Be', lei non si era messa a ballare, ma non se l'era sentita nemmeno di staccare la spina al juke-box... e si era adeguata.

«Hai visto in chiesa Marcello... o qualcun altro di loro?» domandai a Fabio che aveva appena addentato un pezzo di pizza con la mortadella. Il boccone rese la sua risposta incomprensibile, il gesto che aggiunse con la testa tuttavia fu sufficiente. Chiesi allora in giro, ma nessuno aveva visto Marcello o un altro dei miei fratellastri. Acclarata l'assenza, non riuscii a trattenere un'interna e frettolosa delusione. Per quanto interna, quella delusione non sfuggì a Fabio: «Be'... mica pensavi sul serio che venissero... meno male, ti immagini se lo avessero fatto?».

Provai a immaginare la scena. Come investita da un potente getto di aria calda la mia mente appannata si sbrinò all'istante. I fratelli Modugno al funerale di Romano? Che sciocchezza. Le sfacciate condoglianze dei figli dell'amante di Maurizia tra i bisbigli maligni della folla? La nostra somiglianza *coram populo* come piccante diversivo alla noiosa contemplazione del feretro? E perché no, per finire, un piccolo simposio sul sagrato sui misteri del DNA. Che sciocchezza.

Fabio, come al solito, aveva ragione. I miei fratellastri, senz'altro più lucidi di me, avevano fatto la scelta giusta, quella più discreta e sensata. Chissà se Marcello avrebbe voluto esserci...

Forse ventiquattr'ore prima, nell'apparente bucolica calma di via Appia antica...

«Allarme... questa non è un'esercitazione!»

Appena letto il necrologio di Romano, mamma Franca aveva convocato d'urgenza il consiglio di famiglia (Mimmo compreso?) annunciando l'apertura della crisi. Niente panico, la situazione era ancora sotto controllo, sotto il suo controllo, non c'era ancora bisogno di indossare le mimetiche e imbracciare le armi ma da quel momento in poi i Modugno dovevano considerarsi in stato di allerta gialla. La muta e passiva truppa aveva ascoltato e annuito in silenzio. Infine, il Generale Franca, prima di far rompere le righe aveva dispensato a tutti un ultimo spassionato "consiglio":

«Se qualcuno mette piede a quel funerale lo spello vivo... e lo diseredo!»

Quando rividi Marcello, intuii nei suoi occhi l'imbarazzo e l'esigenza di giustificarsi per la sua assenza, ma glielo impedii come chi, avendo capito tutto (in realtà niente), dall'alto del suo magnanimo e avvenuto perdono, non esigeva ulteriori e inutili dettagli. Sembrò essermene grato... e te credo, gli risparmiai il fastidio di rifilarmi un sacco di cazzate.

Affinché qualcosa nasca, è necessario che qualcos'altro muoia. Non lo so... questo assunto l'ho sempre considerato più uno stereotipo da "National Geographic" che una dritta sul senso della vita. Troppe volte ho visto la morte nella sua irreversibilità fare terra bruciata dietro e davanti a sé. Detto ciò, è innegabile che dalla morte di Romano cominciò per me una nuova vita.

Ci fu uno splendido Natale... sì, non è un refuso. Ma neppure del tutto vero. Battute ciniche a parte, ci fu un pranzo (da lì in poi un'abitudine) il 24 dicembre: io, mia madre, mia sorella, Pablita e l'adorata nonna Primavera. Vera si era trasferita da noi come al solito il 1° dicembre per i suoi tre mesi in cui avrebbe svernato a Roma. Mia madre non se l'era sentita di farla venire al volo da Trieste per il funerale di Romano, perché sarebbe comunque dovuta tornare a casa per coordinare il successivo trasferimento, e fare tre volte Roma-Trieste in due settimane sarebbe stato per lei stancante. Tuttavia, non credo che mia nonna se ne rammaricò più di tanto.

Non ci furono brindisi, addobbi natalizi al centro tavola o *Jingle Bells* cantata da Bing Crosby come sottofondo alle modeste portate. Non ci fu un gioioso scambio di doni né una bella tombola finale. Quello che non mancò furono i comprensibili momenti di tristezza di Rossella e quelli incomprensibili di commozione di Maurizia. Non mancò l'ironia di Vera e qualche spruzzata del mio sarcasmo e non mancò lo smarrimento della povera Pablita, che non sapendo più se ridere o piangere, finì in balìa della sua mimica impazzita. Di questo particolare pranzo, più che le contraddizioni emotive, o il fatto che, nonostante tutto, vi aleggiò qualcosa di simile all'armonia, mi è rimasta impressa un'altra cosa: che per la prima volta, trovandomi in famiglia non desiderassi essere da un'altra parte.

Ci fu la ripresa di *Trompe* a Roma che ne fece riecheggiare il successo portando alla conferma della tournée invernale. Nell'ultima e più importante tappa di questo breve giro, due settimane a Milano, lo spettacolo non andò molto bene (non so, credo che parlando di cocaina, fosse un pubblico propenso ancora all'uso più che alla catarsi). Non me la presi, avevo l'umore alto e le tasche piene (l'eredità di Romano) e inoltre, a coronamento di un sogno infantile, avevo iniziato una sensuale, di certo precaria, relazione con Laura. Una nota di servizio sullo spettacolo: dovemmo sostituire un attore (un buco) e Pasquale Anselmo, un altro amico, sostituì (in modo egregio) Luca Zingaretti. Il pusher interpretato da Luca nel nostro spettacolo aveva così colpito Marco Risi che lo aveva voluto come protagonista del suo nuovo film *Il branco*.

Per un attore impegnato a fare l'attore, al di fuori del suo ambiente, non è mai facile alimentare altre amicizie. Le tournée poi, per quanto brevi, sono delle vere e proprie cesoie di rapporti. Tornato da Milano mi detti quindi da fare per recuperare un po' d'amici. Ne avevo voglia.

Il giorno stesso del mio rientro feci un giro di telefonate: Fabio, Ugo, Marcello. Ci incontrammo tutti dopo cena da Gianco, un nuovo bar da poco in voga, aperto in centro durante la mia assenza. Un locale minuscolo a piazza delle Coppelle a pochi passi dagli altri noti. A dire il vero Gianco era azzardato chiamarlo locale... ecco, direi che sembrava più il garage di Barbie trasformato in un bar. Fu una serata piena di voglia di rivedersi e divertente. Mi misi al centro dell'attenzione raccontando episodi divertenti della tournée. Trovai Marcello un po' ingrassato, ma tutto sommato in forma e di ottimo umore.

Era martedì, verso mezzanotte gli amici "lavoratori" si congedarono e Marci e io ci ritrovammo soli, seduti sugli scalini di un portone nella piazza semideserta.

"Era ora!" avrei voluto dire. Era un bel po' che non succedeva e di certo non era ancora successo dalla morte di Romano. Ne avevo accumulate di cose da dirgli... credevo. Da un punto di vista "geo-affettivo" la scomparsa di Romano aveva comportato un cambio di equilibri, un rimescolamento di rapporti e di confini. Un'opportunità che, ero certo, io e Marcello avremmo colto insieme per stracciare le vecchie mappe e conquistare nuovi territori. Avevo l'urgenza di raccontargli non solo di come avevo chiuso con il passato, con Romano, ma ancora di più di quanto fossi convinto che lui, proprio lui, Marcello, facesse parte del mio futuro.

Se avessi avuto la forza... se lui avesse trovato il coraggio. Ma io ero debole, i miei pensieri senza parole e le sue parole... inesistenti.

Parlammo di niente, un'altra volta. Anelli di fumo sospesi nell'aria, speranzosi solo di una corrente che incanalandosi li avrebbe salvati, portandoli via da quella piazza.

Nulla di nuovo, dunque. Neanche la morte di Romano era stata in grado di dare un senso o almeno una scossa al nostro vagare come in un quadro di Escher, senza una prospettiva e una direzione. Ciò nonostante, faccio risalire a quei giorni l'inizio di una piccola rivoluzione.

Per cominciare, i nostri amici si mischiarono. Certo non per mettere su un circolo letterario o filosofico, la condivisione del tempo rimase sciocca e ludica, tra movida, partite interminabili di Risiko a casa di Marcello e bagni notturni in piscina all'Appia. Ma il passaggio del nostro rapporto da casuale a ordinario, non c'è dubbio che rappresentò un salto di qualità e per me come minimo una speranza... per tutto il resto. Un passo in avanti? Per chi non sapeva di avanzare sulle sabbie mobili.

19

Estate 1994, i presupposti c'erano tutti, quella sì che doveva essere una splendida estate.

Tra tutti gli amici di Marcello (e di Massimo) avevo legato con Francesco, per tutti Checco. Un tipo strano e molto simpatico, non alto, proporzionato, dai tratti gradevoli e mediterranei. Checco, tra gli amici di Marcello, era uno dei pochi che per vivere era costretto a lavorare. Di vocazione dj, doveva gestire inoltre la pellicceria di famiglia a via Sistina, "cadutagli" sul groppone da poco con la prematura scomparsa del padre. Ed è probabile che fosse per questo che era uno dei pochi del gruppo di Marci senza la puzza sotto al naso.

Una sera di giugno, all'affiorare dei primi programmi estivi, durante una festa in cui suonava come dj, tra un vodka tonic e l'altro, Checco l'aveva buttata lì: «Perché ad agosto non ce ne andiamo a Panarea?».

Agosto 1994, Panarea.

Che cazzo ci andavo a fare io a Panarea... non era posto per me. Prima di partire mi ero già pentito, ma poi partii lo stesso. Tutto sommato... meglio del previsto. L'impatto con l'isola, grazie al suo splendore, era stato meno traumatico. L'assenza di macchine, i fiori abbacinanti, le spiagge dorate e il mare da sogno avevano contribuito ad ammortizzare le molestie della musica incessante e delle pipinare di ventenni (il 10 del mese avrei compiuto 32 anni, mi sentivo il nonno di tutti loro) fulminati che andavano a zonzo per l'isola fino alle 7 del mattino.

Quando io e Checco ci eravamo fatti promotori del progetto Panarea nei rispettivi gruppi di amici, non avevamo ricevuto molte adesioni. Alla fine, riuscimmo a reclutare solo Ugo e Madì, un'amica di Checco. Poco male, nessuno aveva voglia di fare la comitiva (ho sempre odiato le comitive). Avevamo provato a coinvolgere anche Marcello...

«Agosto a Panarea?... magari, però lo sapete che ad agosto... (i Modugno tutti a Lampedusa!) vediamo un po' che aria tira... ma la vedo dura... casomai vi raggiungo, sarebbe fico.»

«Sì, fico... però, Marci, ti posso dire una cosa? Perché lo sai che non mi piace nasconderti i miei stati d'animo.»

«Certo, dimmi.»

«Be'... sarebbe molto più fico se mi invitassi a Lampedusa. Vedi Marci, da quando è morto Romano non faccio che pensare a Mimmo... a nostro padre. È come se un terremoto avesse fatto crollare un gigantesco ecomostro che prima mi ostruiva l'orizzonte, facendo sì che un punto dietro quel mostro, che finora avevo solo immaginato, si fosse reso tutto a un tratto visibile, concreto, reale e a un'accessibile distanza. Lo capisci, no? Non posso permettermi che riaccada con lui quello che è successo con Romano. Questa volta non posso accettare che siano l'orgoglio o la paura a rispondere alle mie domande. Non sono uno sciocco e vedo bene che questo breve tratto è ancora un guado profondo e non è scontato che io lo possa attraversare. Perciò speravo che tu dopo essere stato per tanti anni un "fine", avessi voglia ora di essere per me un "mezzo". Voglio dire... chi meglio di te potrebbe condurmi in quel guado? Chi saprebbe scegliere meglio il momento giusto per attraversarlo? Dai, Marci, dammi una mano... fammi conoscere nostro padre!»

Non ci casca più nessuno, immagino. Se avessi avuto la sfrontatezza e il coraggio di sfogarmi così con Marcello, è probabile che avrebbe spinto un pulsante nascosto e una task force in breve mi avrebbe prelevato ficcandomi un cappuccio in testa tipo Brazil.

Per mia fortuna, a parte Ugo, che pur avendo 34 anni se ne sentiva 18 ed era sempre pronto alla caciara, Checco e Madì (che si rivelò molto simpatica) si erano mostrati come me più propensi a godere degli aspetti naturalistici della vacanza.

Il 3 agosto approdò sull'isola una barca a vela con a bordo Riccardo, Dindi e Gatto, tre ragazzi di Roma. Erano passati a salutare Checco e Madì. Non bene, ma li conoscevo quei ragazzi, erano amici dei miei fratellastri, Riccardo soprattutto era molto legato a Massimo.

Seguirono due giorni di "vera" Panarea: sole, barca, bagni, canne, birre, ragazze e cene al Raja. All'apparenza non ci sarebbe null'altro da segnalare in quei due giorni, tranne un piccolo particolare (dalle conseguenze abnormi): Ugo si fidanzò con Maria Grazia (per gli amici Mary), una ragazza di Catania, ex giocatrice professionista di pallacanestro dalla bellezza statuaria... e chi se ne frega, si potrebbe dire fin qui. Se non fosse che... Mary mi presentò la sua migliore amica, Gaia. Ebbi una storia con Gaia. Finì la storia con Gaia. Mary si trasferì a Roma e si sposò con Ugo, testimoni di nozze: io e da Catania arrivò Gaia. Gaia tornò a Catania e si mise con un fotografo. Mary e Ugo divorziarono dopo quattro mesi. Gaia rimase con il fotografo per otto anni. Mary si mise con un altro, Alessandro, ci fece un figlio e una figlia. Gaia si lasciò col fotografo, venne a trovare Mary e io e lei ci incontrammo per caso. Ebbi una storia con Gaia. Finì la storia con Gaia. Poi un autunno Gaia si trasferì a Roma. Poco dopo tra noi l'ennesima storia... finì prima dell'estate. Dopo l'estate sentivo la sua mancanza... però no, stavolta non ebbi un'altra "storia" con lei. Le chiesi di venire a vivere con me e dopo dieci meravigliosi anni di diventare mia moglie.

6 agosto 1994.

L'appuntamento per uscire in barca di solito era al porto

verso le 11, con calma. Io, Ugo, Checco e Madì arrivammo al bar, sempre affollato, alle 10.45. L'odore del porto, fatto di corde bagnate, nafta e alga marina si mischiava con quello del caffè, delle brioche e delle creme solari spalmate in abbondanza su giovani ragazze avvolte da trasparentissimi parei sopra bikini variopinti grandi come coriandoli. Non avevo una gran voglia di un altro giro in barca con Ricca, Dindi e Gatto. Erano stati piacevoli quelli precedenti, solo che un'altra giornata di musica a palla, canne e birra temevo mi sarebbe risultata claustrofobica. Per questo ero l'unico non agitato quando alle 11.45 dei ragazzi non se ne vedeva ancora traccia. Un dettaglio: anche se ormai tutti avevamo il cellulare, li tenevamo spenti in valigia perché riuscire a prendere la linea (parlo di linea telefonica, internet sul telefono ancora non esisteva) da una piccola isola era ancora molto difficile, per non dire impossibile.

Nei giorni passati eravamo arrivati al bar sempre prima noi di loro, il risveglio dei giovani nottambuli era più laborioso, in genere però a quell'ora stavamo già veleggiando fuori dal porto.

«Che dici?»

«Boh...»

«Chissà che cazzo hanno combinato ieri sera.»

«Andiamo a vedere?»

Gli altri rimasero ad aspettare fuori dal bar, e io e Checco ci incamminammo verso la banchina dov'era ormeggiata la barca, a un centinaio di metri da lì. Non ne avevamo percorsi una ventina, però, che vedemmo Gatto venirci incontro. Ci sedemmo su due grosse bitte da ormeggio aspettando che ci raggiungesse. Quando Gatto fu vicino notammo subito in lui un'aria insolita, assorta, nervosa e preoccupata. E una volta giunto di fronte a noi ci fu chiaro che sarebbe andato oltre senza fermarsi se Checco non l'avesse afferrato per un braccio.

«'A Gatto... dove cazzo vai?»

Gatto, fedele al soprannome, sobbalzò soffiando e ci mancò poco che graffiasse Checco, poi riabbassò il pelo.

«Oh... Checchì, m'hai messo 'na paura... pensavo ch'eri 'na guardia.»

«Ma quale guardia, 'a Gatto... so' du' ore che v'aspettamo al bar... gli altri?»

«No, me dispiace Checchì, stamo a partì de corsa... Riccà sta a pagà er conto ar Raja, io devo sistemà co' la capitaneria e Dindi sta a preparà la barca.»

«Ma che cazzo stai a di', Gatto... Riccardo m'ha detto che stavate qui altri due giorni.»

«Lo so, lo so ma vole tornà de corsa che deve andà a 'n funerale.»

«A un funerale? Chi è morto?»

Gatto, fino a quel momento concentrato su Checco non riuscì a trattenere uno sguardo in tralice verso di me.

«Il papà di Massimo... Domenico Modugno.»

«Porca puttana...» disse Checco.

"Porca troia" pensai io.

«Oh... ragazzi, devo scappà in capitaneria... salutatemi gli altri» e Gatto rapido si allontanò.

Calò un gran silenzio, il che non è possibile visto che ci trovavamo nel porto di Panarea a mezzogiorno del 6 agosto. A me parve così. Fu una strana coincidenza quella di trovarmi su un molo quando una parte della mia vita stava prendendo per sempre il largo. Una grossa parte, che senza avermi dato il tempo di conoscerla se ne andava e non mi aveva nemmeno salutato. No, dolore no; come avrei potuto.

«Mi dispiace Fabbié.» La mano di Checco si posò sulla mia spalla un po' per affetto un po' per esortarmi con dolcezza ad alzarmi dalla bitta doveva aveva intuito sarei potuto restare a lungo. Ma il brutto di quella mattinata doveva ancora arrivare, non avevamo incontrato Riccardo.

Tornati al bar comunicammo agli altri la notizia e assistemmo a reazioni stupite, «No! È morto Modugno?» e imbarazzate: «Fabio, mi dispiace...».

In seguito furono in molti a sussurrarmi «Mi dispiace...», ma nessuno mi disse «Mi dispiace per papà».

Inopportuno e fuori luogo per un bastardo? O senso del

ridicolo? Perché senz'altro lo sarebbe stato, ripetermi le condoglianze per mio padre solo otto mesi e ventitré giorni dopo la morte di Romano.

Ugo dopo il suo «Mi dispiace...», saltata la gita in barca decise di trascorrere la giornata in *tête-à-tête* con la sua nuova conquista Maria Grazia. Madì disse che ne avrebbe approfittato per dedicare la mattinata a casalinghe cure di bellezza e io e Checco ci tornammo a sedere ai tavolini del bar e ordinammo una granita per prendere tempo e decidere sul da farsi. Sebbene ostentassi disinvoltura, dopo dieci minuti Checco si accorse che la mia granita di gelsi non l'avevo nemmeno assaggiata.

«Vorresti andare al funerale?»

In effetti pensavo a quello. No, non volevo. Al di là delle difficoltà logistiche, così come avevo razionalizzato e accettato l'assenza dei miei fratellastri al funerale di Romano, in egual modo sentivo ora che la mia presenza a quello di Modugno sarebbe stato un inutile e provocatorio cortocircuito...

«Direi proprio di no» risposi.

«Ah... guarda c'è Riccà!»

Riccardo, come Gatto, trafelato e scuro in volto, stava venendo verso il bar. Gli andammo incontro. Se prima Gatto per distrazione ci avrebbe oltrepassato, era invece chiaro che se avessimo provato a fermare Riccardo ci avrebbe travolto. Checco ci provò lo stesso.

«Riccà, ma che succede... ahó, fermate 'n attimo.»

«Come che succede? Non avete incontrato Gatto?»

«Sì, sì... ma dicci qualcosa in più. Come l'hai saputo? Sei riuscito a telefonare... hai sentito Massimo?»

«L'ho sentito prima, qui dal fisso (riferendosi al telefono a scatti del bar).»

«Ah... e come sta? E Marcello? Erano tutti a Lampe...»

Riccardo lo interruppe bruscamente: «A Checchì, ma come voi che stanno? Nun te preoccupà. Famme andà, va', che devo riuscì a prenotà 'n aereo».

E quasi ci scansò per entrare nel bar.

Checco volle insistere: «Il funerale è a Roma?».

E vinto dalla curiosità mi aggiunsi anch'io: «Sai quando lo fanno?».

A quel punto Riccardo si rivolse solo a me: «Ahó! Ma che, nun ce senti... nun te preoccupà... lascia perde'... te devi fa' i cazzi tuoi!».

Solo molti anni dopo capii questa reazione. Boh... pensai lì per lì: gelosia da amico del cuore? Mancanza di fiducia nella mia discrezione? No, nulla di emotivo da parte di Riccardo. Solo militari regole di ingaggio: il nemico va tenuto a distanza a tutti i costi, se ce ne fosse bisogno anche tramite un gentile invito, non rifiutabile, a farsi i cazzi suoi.

«Mi dispiace Fabbié.» Checco mi diede un'altra pacca sulla spalla.

Per tutto il giorno e quello successivo provai a chiamare uno dei miei fratellastri, trovando solo telefoni staccati. La notizia divenne ufficiale e riempì le pagine dei giornali. La mattina dell'8 agosto in contemporanea sulle tre reti di radio Rai andarono in onda le note di *Nel blu dipinto di blu*, mentre nel pomeriggio quelle di *Meraviglioso* fecero da sottofondo all'ultimo saluto al grande Mimmo di una folla commossa e curiosa nella chiesa di San Sebastiano fuori le mura.

Non riuscii a leggere tutti gli articoli, sull'isola arrivavano solo pochi giornali. Su "la Repubblica" del 9 agosto ce ne fu uno che mi rimase impresso a lungo: "... ha il volto rigato di lacrime ora, Franca Gandolfi. Perché dall'organo spuntano d'incanto le note di *Meraviglioso*, e il primogenito Marco cerca le mani della madre; e la madre cerca, con gli occhi, gli occhi dei figli. E per un attimo nella basilica, stipata di gente, non ci sono che loro quattro. Anzi loro cinque. Il resto del mondo è altrove". Mica male se "Restodelmondo" fosse stato il mio nome.

Uno sveglio, come si dice, l'avrebbe stoppata lì. E io sotto molti aspetti lo ero. Eppure, era servita a poco fino ad allora una mente vigile contro un'affettività sempre in debito e oltremodo fragile. Troppe volte, per quanto "sveglio", avevo preferito dormire, anche per anni. Era stato meglio sognare il ritorno di mia madre, piuttosto che vivere la sua assenza. Solo un'anestetizzante sonnolenza mi aveva fatto sopportare le botte di Romano.

Questa volta no, questa volta sarei rimasto sveglio... ero certo che sarei rimasto sveglio... sarebbe stato molto meglio se fossi rimasto sveglio... ma cazzo, quel silenzio fu troppo profondo e lungo (per tutto agosto i miei fratellastri rimasero irraggiungibili) e buonanotte, mi ero riaddormentato.

All'inizio di settembre, per quanto in narcolettica attesa, non potei fare a meno di pormi delle domande. È chiaro che il mio inconscio aveva avuto tempo per preparare molte risposte, ma l'esigenza di dare un senso e un nome al comportamento dei miei fratellastri, a quel silenzio (che non volevo chiamare rifiuto) e al suo prolungarsi (rifiuto prolungato), si era fatta ineludibile.

Andando oltre l'"amichevole" invito di cui si era fatto interprete (o brutale messaggero?) Riccardo, io stesso ritenevo giusta e quindi accettabile una sostanziale distinzione tra il mio dolore (che non era certo tale) e quello dei miei fratellastri. Ed era altresì comprensibile un'esigenza da parte loro di uno spazio distinto e autonomo di elaborazione del lutto. Dove per Marco, Marcello e Massimo lo smarrimento e il dolore per la morte del padre significava affrontare uno dei grandi archetipi della vita e della crescita, per me la scomparsa di Modugno e ciò che stavo provando dopo quello che avevo (non) provato per Romano, era la conferma che quel tipo di dolore (utile? Non utile?), di certo non lo avrei mai provato.

Detto questo, fatta la tara di tutto, se i miei fratellastri non erano ancora riusciti a condividere con me nemmeno una parola sulla morte di Mimmo, era perché senz'altro, qualcosa o qualcuno glielo aveva impedito. Cosa? Quale forza era riuscita a ostacolarli? Cosa poteva essersi frapposto nel breve tratto tra un telefono e una mano? Giovani, aitanti e dall'aria indomabile, non sarebbe stato facile per nessuno provare a fermarli, ci sarebbero volute temerarietà o incoscienza anche solo per provarci. Chi era riuscito a creare un guinzaglio tanto forte da tenerli a bada? Quale materiale aveva usato per renderlo a tal punto resistente? Piombo? Ferro? Acciaio? Titanio?

Se fosse stato per me, sarei ancora lì a elucubrare all'infinito su materiali ed elementi, ma per fortuna...

«Tu in che rapporti sei con la madre? La signora Modugno» mi chiese un giorno Ugo mentre fumavamo su una panchina a Villa Torlonia. Questa volta sentii il suono della sveglia.

Sì, era un guinzaglio, almeno su questo ci avevo azzeccato, molto più esile di quello immaginato, di fatto invisibile, ma non per questo meno vincolante e resistente. Capace di opporsi a ogni forza fisica e a qualsiasi strappo, opponendo la sua forza, atavica e primordiale: quella di un mai reciso cordone ombelicale.

Non fu la scoperta dell'acqua calda, intendiamoci. Le parole di Ugo non furono per me un'epifania o una catartica presa di coscienza di chissà che. La madre dei miei fratellastri, la signora Franca, era uno di quegli argomenti che "A furia di pensarci... me l'ero dimenticato". Quel richiamo alla realtà ebbe però i suoi effetti. Come polvere di ferro sparsa nell'aria, attirata all'improvviso e senza scampo in un unico punto da un potente magnete, quel pulviscolo si ricompattò mostrandosi nella sua forma visibile, materica... bellica: quella di un cannone. Puntato contro di me.

Avevo incontrato la signora Gandolfi solo in rare e fuggevoli occasioni: un passaggio al volo all'Appia con Marcello, un mio arrivo in anticipo a via Giulia e poco altro. Anche in quel poco però, a una sensibilità come la mia, specializzata nel captare segnali di rifiuto, non era sfuggita la natura dei suoi sguardi: rapidi, indagatori e non meno ostili. Non c'era da stupirsi: ero pur sempre il figlio della maliarda Dea Kalì e non avevo certo sperato che mi buttasse le braccia al collo. Però della signora Franca non mi ero troppo preoccupato, l'avevo collocata con Romano a condividere l'incazzatura e un posto d'onore sull'innocuo carro dei vinti.

Mi rendevo conto ora che non c'era nulla di innocuo in un cannone puntato.

Era dunque questo? La signora Modugno e il suo rancore stavano ora tentando di ostacolare la "storia"? Era per lei a tal punto insopportabile l'ipotesi di un rapporto tra me e i miei fratellastri (i suoi figli) come evoluzione da quel catino di menzogne dove per una vita i Camilli e i Modugno avevano tentato di lavare senza riuscirci i loro luridi panni? Ebbene sì, lo era, e sforzandomi potevo ancora arrivare a capirlo. Quello che non capivo, non dubitando ancora del materiale affettivo (Marco a parte) accumulato con i miei fratellastri in quegli anni, era quali fossero stati gli argomenti o i mezzi con cui era riuscita a ostacolare una cosa semplice come una telefonata. Insomma, al di là di ogni mia pseudo e arbitraria indagine psicologica, in pratica, come cazzo aveva fatto?

La spiegazione me la diede Marcello, quando si ripresentò con il capo ricoperto di cenere (neanche troppo) a inizio settembre.

La morte di Mimmo era stata improvvisa e molto dolorosa. Ne era seguito un periodo caotico e snervante, con la villa dell'Appia tempestata di telefonate e assediata dai giornalisti e da processioni di fan addolorati. Avevano tentato di chiudersi a guscio staccando telefoni e citofoni per salvaguardare quel minimo di privacy, ma vista l'insistenza degli assedianti, per fuggire al caos non vi era stata altra soluzione che tornarsene tutti a Lampedusa. Lì i tre neopromossi uomini di casa si erano dovuti occupare della madre, vedova inconsolabile e annientata dalla perdita.

«Credimi, Fabio, è stato pesante.»

Non trovai esaustive le sue giustificazioni e, per quanto non vedessi l'ora di esprimere a Marcello il disappunto per quel lungo silenzio per niente "fraterno" e poco inclusivo, c'era qualcosa nei suoi toni di ambiguo e distraente che inibiva le mie recriminazioni.

Al di là della logica tristezza che permeava il suo racconto, non potei non notare un'incongrua e spiazzante tendenza a minimizzare. Non la morte del padre in sé, o il dolore condiviso con madre e fratelli, ma il quadro generale. Malgrado parlasse di fatti importanti e appena accaduti, era evidente il tentativo, sgrammaticato ed emotivo, di voler prendere da quei fatti una distanza ancora inesistente. Avrei osato dire che, rispettando il prima, non vedesse l'ora di un dopo che lo portasse via da lì. Per la prima volta sentii che la pensavamo allo stesso modo: la soluzione era andare oltre. Chi se ne frega della mamma castrante e vendicativa o di quella assente e negazionista, chi se ne frega delle malsane figure paterne dai comportamenti esecrabili o dalle glorie irraggiungibili. Chi se ne frega... di tutti. Io e Marcello saremmo andati avanti.

Ora ci si aspetterebbe un mio commento sarcastico a contraddire queste ultime affermazioni, e invece no. Se la morte è un punto fermo nel tempo, andare a capo non è mai scontato... ci furono davvero dei progressi.

Tuttavia, per noi il miglior modo di andare avanti fu quello di tornare indietro. Può sembrare involutivo per un rapporto, ma io e Marcello, in accordo, mandando affanculo somiglianze, fratellanze, scandali e recenti decessi, in pratica gli ultimi nove anni, ricominciando da "Piacere, Fabio", "Piacere, Marcello" ripartimmo "solo" come amici. E per il resto? Il tempo non sarebbe mancato.

Quando sentii mia madre, mi rispose in lacrime. Dalla morte di Mimmo non smetteva di piangere e di pensare a me. Travolta dalla tristezza e dal senso di colpa, si era resa conto all'improvviso di tutto quello di cui mi avevano privato la sua paura e il suo egoismo e non vedeva l'ora di sentirmi, di parlare con me, di abbracciarmi e chiedermi scusa. Le sue parole mi toccarono e avrei voluto dirle che per quanto fosse vero che quella perdita aveva lasciato dentro di me un buco freddo e profondo, sentivo ora che la copiosità delle sue lacrime lo stava riempiendo.

Quando davvero sentii mia madre...

«Ah... bimbo, sei tornato. Sei stato bene a Panarea?»

«Sì, bello.»

«Hai sentito che è morto Modugno?»
«Be' sì, l'ho sentito.»
«Poveraccio... mi faceva molta impressione e pena vederlo sulla sedia a rotelle dopo la malattia. Uno come lui... vabbè, pace all'anima sua. Domani vieni a pranzo?»

Non parlammo di Mimmo neppure di persona, illudendoci che l'argomento potesse esaurirsi lì.

In Sicilia la zona del Ragusano viene chiamata la provincia "babba", che in siciliano vuol dire scema. Il soprannome non ha nulla a che fare con l'intelligenza dei suoi abitanti, si riferisce al fatto che nel Ragusano non è mai stata registrata la presenza invasiva di grosse famiglie mafiose, come nel catanese o nel palermitano, rendendo da sempre quella zona più tranquilla; con meno conflitti, guerre intestine e ammazzamenti. Ecco, gli anni che trascorsero fra il 1994 e ciò che accadde tra me e Marcello, penso si possano definire la nostra zona "babba", tranquilla... o scema?

Partimmo alla grande. In verità, partii alla grande, fui io come al solito a coinvolgere Marcello. Non per questo voglio sminuire il risultato: recitammo insieme a teatro.

La mia amica attrice Mirta Pepe e il suo amico regista Paolo Zuccari stavano preparando la messa in scena di un testo di Jean Marie Besset, *Le cose che accadono e quelle che si aspettano*. Per completare la compagnia mancavano ancora degli attori, tra cui il protagonista maschile. Mirta parlò di me a Paolo che decise di incontrarmi. Quando mi vidi con Paolo venne fuori però che il ruolo era una "sola". Per me intendiamoci, non in generale. L'attore interprete doveva suonare bene il piano. Mirta si scusò, era convinta che io lo sapessi suonare... e no, pazienza, suonavo a malapena la chitarra. Paolo per "consolarmi" mi offrì uno dei ruoli coprotagonisti, corale, molto meno interessante anche se dignitoso. Lo ringraziai e per non essere scortese rifiutando subito, presi tempo dicendo che ci avrei pensato. Fumando però una sigaretta con Mirta prima di salutarci, mi si concretizzò in testa un'idea. Era un'idea che aveva iniziato a formarsi da subito, dalle prime cose che Paolo mi aveva detto sul protagonista: Marcello era perfetto. Certo, per Paolo sarebbe stata una scelta azzardata: io avevo fiducia nel potenziale di Marci come attore, ma dal suo punto di vista, del regista, quel potenziale senza esperienza non avrebbe dato nessuna garanzia di malleabilità e utilizzo. Il piano, però, Marci lo suonava da Dio, ed ero convinto che il suo cognome, così altisonante e appetibile su una locandina, avrebbe potuto incoraggiare non poco e fugare i legittimi dubbi...

«Perché non lo chiedete a Marcello Modugno?» dissi a Mirta. L'idea piacque, e mi chiesero di metterli in contatto.

Quando ne parlai a Marcello, solo all'idea fu colto da ansia da prestazione, poi si calmò ed entusiasta accettò l'incontro. Fece un discreto provino. Le *physique du rôle* era perfetto, il piano che ve lo dico a fa'... sì, la recitazione come ci si aspettava era un po' acerba ma (per quel cognome?) ci si poteva lavorare.

Fatta, Marcello fu preso. La sera festeggiammo. Prima di lasciarci a tarda notte...

«E tu? Mica mi lascerai da solo?»

Marcello si riferiva a quel ruolo minore che mi era stato offerto e per il quale non avevo ancora dato a Paolo una risposta. Non mi servivano soldi e non mi andava di interpretare quel piccolo ruolo, ma poter condividere con Marcello l'universo lavorativo e il suo potere di accelerante sull'intimità, pensai fosse un'occasione che non andava sprecata... e non lo "lasciai da solo".

Ogni spettacolo è un mondo a parte, e a raccontarlo, lo so, finirei troppo lontano. Come sempre si soffrì, ci si divertì, si litigò, si fece pace... e poi andò tutto bene. Lo spettacolo piacque, le critiche furono discrete e il pubblico sufficiente e generoso.

All'ultima replica dello spettacolo Marcello mi confessò che interpretando il suo personaggio, gli unici momenti che era riuscito a godersi e nei quali si era sentito davvero a suo agio in scena, erano stati quelli in cui aveva suonato. Sperimentando sul palcoscenico l'alternanza dei due modi espressivi, aveva capito che la musica, molto più delle parole, sarebbe stato il suo. Non era proprio ciò che avevo sperato, ma non importa.

«Scriveremo dei musical.»

Il lavoro come le ciliegie, uno tirò l'altro, e il mio riprese di slancio: cinema, televisione e poi ancora teatro (scrissi con Fabio un altro testo, *Panama*) e poi di nuovo televisione.

Non riuscii più a coinvolgere Marcello (mai più), come ho detto preferì rimettere in moto il suo (benedetto) progetto musicale, anziché insistere come attore. Gli impegni però non indebolirono più la nostra amicizia. Un'amicizia fraterna... la più fica che c'era... che neanche tutta la merda del mondo avrebbe potuto in alcun modo fermare.

Anche il *Titanic* salpando da Southampton, era convinto di essere il transatlantico più fico e che tutto gli sarebbe dovuto rimbalzare.

20

Roma 1999, primavera, studio della dottoressa A.H., psichiatra, psicoterapeuta.

Vagare con lo sguardo tra i tetti e le esotiche chiome dell'orto botanico inquadrate nel finestrone davanti al mio lettino era un modo tutto sommato piacevole di vivere l'imbarazzo dei miei silenzi. Ciò nonostante di cose ne avevo dette ad A. nei sei mesi di terapia precedenti. Lei parlava sempre poco, ma quando lo faceva, il più delle volte il peso delle sue parole mi induceva a lunghi e riflessivi silenzi. Mi aveva appena fatto una di quelle sue domande all'apparenza innocue, banali, ma che, per nulla colloquiali, si rivelavano il più delle volte utili a stimolare in me importanti processi di sintesi. Prima di entrare nel merito di queste domande è doveroso dare altre informazioni.

La prima volta che mi ero seduto davanti alla dottoressa H., convinto che essere andato da lei fosse stato da parte mia un eccesso di scrupolo (come consultare un ortopedico per un callo), al suo classico e introduttivo «Dimmi tutto», per pudore e ignoranza, tentai di sminuire le mie problematiche:

«Mah... niente di grave dottoressa (come dire, tranquilla, non ti farò perdere tempo, non sono mica uno di quei poveri pazzi che ti si siedono davanti) solo un problema... sentimentale.»

A., dopo aver sorriso, non so se per la mia terminologia o per quel puerile tentativo di fuga, rispose: «Caro Fabio... quelli che tu chiami problemi "sentimentali" in psicoanalisi si chiamano problemi affettivi e... tranquillo, è il motivo per cui vengono qui tutti».

«Ah...»

«E dimmi, quale sarebbe questo problema?»

«Non riesco ad amare.»

Be'? Sai che novità, avrebbe detto chiunque. Non eri quello che della incapacità di amare ne aveva fatto una dote e dell'amore una chimera?

Nel 1996 ero approdato a uno stato di grazia e soddisfazione professionale, prima con un ruolo da coprotagonista nel riadattamento cinematografico de *Il principe di Homburg* di von Kleist diretto da Marco Bellocchio, che mi aveva regalato anche la magia di una fugace camminata in smoking sulla montée des marches a Cannes, e poi vincendo il ruolo di protagonista in *Irma la dolce,* una commedia musicale prodotta dal teatro Stabile del Friuli Venezia Giulia con Daniela Giovanetti (Irma) e la regia di suo marito Antonio Calenda. Questo esaltante *tourbillon* professionale si era rivelato dispendioso di energia e fagocitante, ripagandomi tuttavia con ricostituenti e appaganti iniezioni di autostima e compiacimento. La sfera sentimentale nonché sessuale era giocoforza passata in secondo piano.

Fino a quando, a un paio di settimane dal debutto di *Irma la dolce,* non avevo avvertito un cedimento in quel monastico equilibrio e un conseguente calo di umore. Non trovando altra spiegazione, l'avevo imputato a una questione di "dieta". Per quanto l'onanistica soddisfazione professionale rappresentasse una nutriente alternativa, c'era il caso che non fosse più sufficiente a soddisfare, oltre al palato, la pancia di un ego per sua natura carnivoro. Va bene, avevo pensato, se quello era il problema... per uno come me non era un problema.

Durante le lunghe giornate di prove a Roma, e poi nella splendida Trieste, il mio istinto di cacciatore aveva individuato nel corpo di ballo, per poi ignorarle, due plausibili prede: Maria e Michela. È ovvio che la mia non voleva e non doveva essere una vera *rentrée* nel mondo del sesso, prima di tutto per come ancora lo concepivo, compulsivo e seriale, mancava poco al debutto e non potevo permettermi di sprecare forze. Solo un blitz per ribilanciare la dieta e fare il pieno di energia.

Per un blitz la scelta migliore era senz'altro Maria. Triestina, un anno più giovane di me, una bella donna, alta, capelli lisci e castani come i suoi occhi, un po' tristi. Una vera ballerina. Così compresa nel suo ruolo da essere a volte oltremodo seria, anche se al momento giusto sapeva spezzare la sua rigidità lasciandosi andare con battute e ammiccamenti; con chi voleva lei. A essere sinceri avevo legato più con Michela, Michi, com'era chiamata da tutti: 25 anni, di Perugia, anche lei ottima ballerina, carina, buffa e di una simpatia irresistibile. Michi però era troppo ingenua e sensibile, ed erano per me intuibili i danni che avrebbe provocato su di lei un mio eventuale atteggiamento mordi e fuggi. No, era perfetta Maria per il blitz.

L'avventura era andata male. Non parlo di piacere fisico (che se ci fu, penso fu solo mio), intendo come risultato globale dell'operazione, lo strategico cambio di "dieta", il cazzo di blitz. La mattina dopo ero stanco, pentito, nauseato e incazzato. Non era certo il risultato sperato. Com'era possibile? E la dieta? Se il mio cibo preferito, quello che fino a ieri era stato per me un nutrimento... non era più un nutrimento... cos'era diventato? Cosa stava succedendo?

Vabbè, non volevo e non potevo farmene un cruccio, il debutto dello spettacolo era imminente.

Accantonato il sesso occasionale, per esorcizzare quella che temevo potesse diventare una frattura con l'universo femminile, rivalutai il rapporto con Michela. Io e Michela ci divertivamo come due dodicenni e da amici avevamo cominciato a passare insieme la maggior parte del tempo extra lavorativo. Ciò detto, non avevamo 12 anni e come prevedibile, dopo un po' tra uno scherzo e l'altro era iniziata a circolare tra di noi una brezza sempre meno goliardica e sempre più sessuale. La brezza si era fatta venticello e poi era diventata vento che mi spingeva ogni giorno sempre più forte verso il corpo sinuoso e il profumo dei capelli ricci, lunghi e corvini di Michela. Come ho detto, c'era da aspettarselo. Quello che nessuno si aspettava era che alla spinta di quel vento, restio come un cane a entrare dal veterinario, mi ci opponessi.

Per quanto avessi tentato di rimuovere l'esperienza con Maria, il ricordo di quel successivo malessere mi si era piantato dentro come un chiodo, e con esso il terrore di riprovarlo. Per la prima volta in vita mia avevo avuto paura che il sesso potesse rovinare tutto. Avevo tergiversato... e poi tergiversato... così a lungo che tempo dopo Michi confessò di aver considerato l'ipotesi di una mia omosessualità.

Poi era accaduto. Il giorno dopo niente nausee, nessun pentimento, nessuna incazzatura e mi ero sentito appagato e "nutrito" come non mi sentivo da tempo e allora... era accaduto di nuovo, e poi ancora, ancora... ed era iniziata la nostra storia. Quando poco dopo iniziò la lunga tournée invernale di *Irma la dolce*, io e Michela eravamo una coppia.

Attraversando l'Italia nei lunghi tragitti in macchina con Michi da una città all'altra, cantando insieme o ridendo delle nostre battute, mi ero gongolato della nostra felicità ripensando ai commenti, che non erano certo mancati, degli scettici o ricordando gli sguardi di coloro che, pur senza dirlo avevano trovato la mia felicità... senza senso e immeritata.

Intendiamoci, capivo gli scettici, ne avevo fatte di cose da non crederci. Mi rendevo conto che per le loro menti poco elastiche (più che le menti, i cuori. Ancora li confondevo) il mio tentativo di rimbalzare *d'emblée* da uno status di single perenne a uno di coppia, poteva essere un presuntuoso azzardo (per quelli educati) e una cazzata senza speranza (per tutti gli altri), ma per me no. Per me era tutto chiaro. Peggio per loro. Le loro menti non erano elastiche? La mia era da bungee jumping.

L'avevo detto io! Una questione di "dieta"! L'episodio di

Maria non aveva segnato l'inizio di un'intolleranza alimentare o peggio ancora di un'allergia all'universo femminile (grazie a Dio), era stato solo un chiaro avvertimento che era arrivato per me il momento di cambiare il modo di entrarci in relazione.

Possibile allora che nessuno se ne fosse accorto? Che nessuno si fosse rallegrato che il destino, per una volta, era stato magnanimo con me?

Ti sei stufato di fare sesso in cambio solo di future e garantite protrusioni discali? Ti sei stufato di svendere la tua vita a pezzi come inutili lotti senza licenza di costruzione? Che problema c'è? Ecco qua per te Michela: la condivisione, l'onestà, la tenerezza, la progettualità e il sesso... anzi pardon l'amore! Be' che c'è... troppo facile? E allora? Non era lecito sperare che per una volta mi avesse detto "culo"?

Un anno e otto mesi dopo erano state ben chiare due cose: la prima che no, non era ancora lecito coltivare quella speranza, il tipo di catarsi affettiva che avevo tentato di compiere al volo, è probabile che neppure un Fregoli dell'anima sarebbe riuscito a portarla a termine. La seconda cosa era che fui senza dubbio molto fortunato a incontrare Michela. Michi fu una medicina per il mio cuore, dal sapore buono, senza avvertenze, controindicazioni o effetti collaterali. Che nonostante un felice sovradosaggio, non riuscì a guarirlo.

La mia separazione da Michi si era svolta con "rito classico", il mio collaudato iter di fine rapporto: autoindotto progressivo calo del desiderio, claustrofobia, fibrillazioni, smanie verso il mondo esterno, rammarichi da occasioni perdute a cui poi erano seguiti "Ho tanti problemi", discorsi del cazzo, pianterelli... "Saremo sempre amici... mi dispiace tanto, ciao". Quando Michi affranta aveva lasciato casa mia per l'ultima volta, però, asciugandomi in volto i resti delle lacrime finte appena versate, quelle vere, senza preavviso avevano annegato i miei occhi.

Va bene, per quanto non fossi uno incline a fermarmi all'apparenza delle cose, quell'evento così eclatante non poté che banalizzare i miei ragionamenti nonché le conclusioni: ho lasciato Michela e piango come un vitello? Se mi rimetto con Michela smetterò di piangere. L'inconscio inferocito mi era saltato alla gola.

No, no! Cosa stai facendo? Sei scemo? Non è questo l'iter. Ripensamenti o strascichi non ne hanno mai fatto parte, sarebbero un'onta... o una cazzata come minimo.

Ma io piango.

Senti, lasciamo perdere il fatto che per un anno e otto mesi ti sei mangiato la stessa minestra, come uno qualsiasi, ma ora ti prego, dimmi che non te la vuoi mangiare riscaldata!

Ma io piango.

Che vuoi che sia! Un calo di tensione, hai lavorato troppo.

Ma io piango.

Dammi retta non fare di testa tua, segui il protocollo.

Ma io piango, piango, piango, piango.

Ho capito, ho capito basta... non c'era bisogno di esagerare... cosa credi, che non me ne fossi accorto che è da un po' che scalpiti... che lo vuoi dire? Avanti, su, dillo, smetti di frignare e dillo. Come dici? No, te lo scordi, non lo dico insieme a te... lo dici tu. Credimi, va bene lo stesso... (bugiardo).

«Michi, mi sono sbagliato... l'amore esiste! Ti amo.»

Non erano state queste le parole, ma ci eravamo rivisti.

La faccio breve: un disastro. Ero stato a tal punto rozzo e ottuso, che a corto di argomenti sufficienti a cancellare i precedenti, convinto che "le parole fossero nani e le azioni giganti", le ero saltato addosso per risolvere tutto con una bella scopata. In pratica, uno stupido animale che per istinto aveva tentato di oltrepassare un recinto elettrificato. Risultato? Fulminato. Dopo un'ora di umilianti tentativi per rimediare a una mia ancor più umiliante *défaillance*, Michela, straziata, si era convinta che quella fosse la conferma di ciò che più aveva temuto, che non fossi più attratto da lei e trovò pure crudele da parte mia quel disastroso tentativo di volerle ancora far credere il contrario. Ne era seguito un secondo e ancor più doloroso distacco. Una volta tornato a casa triste e confuso tra le lacrime ('nata vota), ne avevo dovuto prendere atto. Quell'idea che avevo di me come di un eroe che volendo avrebbe conquistato ogni cosa nella vita (compreso l'amore), si stava frantumando e tutto stava diventando inafferrabile, e siccome ero io stesso a negarmelo... ancora più lontano. E giù pianti.

«Pronto... dottoressa A.H.?»

Ero arrivato sul lettino di A. Prima di entrare con lei nel vivo del mio percorso analitico, affinché la dottoressa potesse farsi su di me un quadro completo, c'era stato bisogno di un altro po' della mia goffaggine.

«Ah... c'è una cosa che ancora non ti ho detto, non c'entra niente con i sentimenti e con Michela, tuttavia è una questione sulla quale mi piacerebbe avere un tuo parere... sono il figlio "segreto" di Domenico Modugno.»

«Alla faccia del papà! (aveva detto, anche se era tedesca) Ma Fabio... sei proprio sicuro che questo non c'entri niente con Michela?»

«Dici?»

«Sì, dico... anzi, Fabio, ti dirò di più: se la tua storia con Michela la possiamo definire un bel frutto avvelenato... sono certa che abbiamo trovato ciò che avvelena l'albero.»

Avevo raccontato ad A. i miei travagliati anni di "giardinaggio". Non erano state solo critiche. Aveva lodato il coraggio, l'ironia e trovato un miracolo il mio discreto ottimismo sul futuro. Aveva apprezzato persino i miei sforzi con Marcello, seppure un po' ingenui e a tratti patetici. Insomma, per quanto le strane potature gli avessero dato un aspetto così originale che l'avrebbero fatto spiccare in qualsiasi giardino, la dottoressa H. aveva reputato positivo che a quell'albero fossi riuscito a dare una forma.

Quello che ad A. non era piaciuto era stato l'ingrediente principale con cui in tutti quegli anni l'avevo concimato: l'orgoglio. Era lui l'elemento tossico che secondo lei avvelenava i frutti. Quell'ostentata superiorità e noncuranza usata da me nel gestire ogni problematica, quel presuntuoso, benché liberatorio, "'Sti cazzi al mondo" usato fin lì per archiviare, sorvolandolo, tutto il brutto della mia vita,

A. non aveva dubbi: se poteva essere stato utile una volta, adesso non lo era più, andava eliminato.

Bene, in linea di principio ero d'accordo... ma come? «Fabio... l'orgoglio è stata la tua nobile risposta ai tanti rifiuti (madre, padri ecc.), questa risposta d'altronde non poteva compensare ciò che quei rifiuti avevano minato sin dall'inizio, ovvero il tuo diritto a esistere, la tua identità. E questo diritto appartiene a ogni essere umano dal momento stesso in cui viene al mondo, tra l'altro non per sua volontà. Fabio, solo chi esiste ama e può essere amato.»

«Ho capito... e quindi?»

«Devi riaffermare questo diritto, il tuo diritto all'esistenza, e non per quello che sei stato o per quello che gli altri vorrebbero che tu fossi, ma per quello che sei.»

«Sì... ma in pratica?»

«Te lo dico io... convochi una conferenza stampa o vai in un programma televisivo e dici a tutti che sei il figlio di Modugno.»

«Eh?»

Meno male che non si può svenire da sdraiati ed ero sul lettino. Lo so che non sarebbe stato carino dare a una psichiatra della pazza, ma ne fui tentato. Una conferenza stampa? Televisione? Che cazzo stava dicendo... che c'entrava ora quello sputtanamento? Come avrebbe potuto giovare alla mia vita affettiva risvegliare i "cani"? Ci avevo messo una vita a farli addormentare per non sentirne più i latrati. Senza contare che se li risvegliavo con le trombe del giudizio, mi sarebbero saltati tutti addosso; compresi i morti. No, non ero d'accordo, sarebbe stata una scemenza... una botta da matto senza senso... una micidiale cazzata... no, nun se po' fa'.

«Bah... boh... ma... no... che hai detto?»

A. si divertì per la reazione convulsa, e senza insistere passò ad altro.

Dopo un po': «Scusa A... diciamo che per assurdo io facessi la conferenza stampa ('sta cazzata), poi mi rimetto con Michela e sarò in grado di amarla?».

«Fabio... no. Ma il tempo è scaduto, ne parliamo la prossima volta.»

La volta dopo A. aveva argomentato la sua nefanda previsione. Era stata sincera quando mi aveva fatto i complimenti per cosa e per come ero diventato quello che ero, tutto considerato. Sebbene a guardarla non si capiva bene come facesse a star su, la cubistica dimora affettiva che mi ero costruito l'aveva colpita. L'aveva trovata sbilenca ma "carina", ed era certa che con il suo intervento psicoingegneristico saremmo riusciti a renderla solida e duratura. Però, ed era un però per niente trascurabile, la mia vera bravura non era stata nel costruirla, bensì nel riuscire a farlo (e da qui i suoi complimenti) nell'unico modo possibile.

Per capirci: se con il materiale a mia disposizione ero riuscito a mettere in piedi per miracolo una catapecchia, se l'abbattevo e la ricostruivo da capo, con quel materiale, sempre al massimo una catapecchia ci facevo, non certo una villa con piscina. Lei, A., se avessi seguito i suoi consigli (tutti, compreso lo sputtanamento) avrebbe potuto fornirmi i mezzi per trascorrere nella catapecchia una vita appagante, divertente e a tratti emozionante, piena di "momenti di trascurabile felicità".

«Fabio... i danni fatti... sono fatti. Per cancellarli bisognerebbe avere la bacchetta magica e tornare indietro nel tempo, e io non sono la fata turchina (nonostante gli occhi azzurri e i capelli biondi). Mi dispiace, del tutto liscia non ti poteva andare... l'amore? No. Ma devi essere contento, quello che hai ottenuto è un ottimo risultato, sei un anaffettivo fortunato.»

«Ah, ecco» e dovetti usufruire di nuovo del lettino anti svenimento. Eh sì, l'aveva buttato lì così. Dal suo punto di vista capivo l'uso disinvolto e professionale di quel termine e sapevo che A. contava sulla mia intelligenza e capacità di interpretarlo ma... ANAFFETTIVO, era abbastanza invasivo come marchio da stamparsi sulla fronte. E poi, "anaffettivo fortunato", come faceva a essere "un ottimo risultato" cazzo... era una contraddizione in termini.

La storia dirà che in parte A. si sbagliava, prova ne sono oggi Gaia, compagna e poi moglie da sedici anni meravigliosi, Rossella... mia sorella, l'unica sino a oggi a meritarsi questo titolo, gli amici fraterni come Fabio che non mi fanno rimpiangere i fratelli, finti amici. E c'è anche Etna, una gatta di tre colori, una palla di pelo per cui mi butterei nel fuoco. Ecco, nella mia vita c'è amore. Comunque sia chiaro che questo non vuole e non può essere un rimprovero alla brava dottoressa H., perché come ho detto si sbagliava solo in parte e ciò su cui non si sbagliava era che nulla nella mia vita sarebbe accaduto se non avessi seguito la maggior parte dei suoi consigli.

"Fabio... hai deciso come far sapere a tutti che sei figlio di Modugno" e "daje - nun - se - po' - fa' - oh" nei mesi successivi (e poi negli anni) diventarono il tormentone delle nostre sedute.

Oltre all'aiuto (importante) della dottoressa H. per uscire dal pantano Michela, ero anche ricorso al conforto degli amici. In parte mi era toccato subire gli impietosi "Te l'avevo detto" che mi aspettavano al varco, ma ricevetti al tempo stesso anche molta solidarietà, tra cui quella di Marcello.

Marcello aveva conosciuto Michela e come tutti non aveva potuto fare a meno di cedere alla sua simpatia, che unita a una vitalità atomica rendevano impossibile non volerle bene. Sorprendendomi, però, non si era limitato come la maggior parte a banali e consolatori commenti. Aveva intuito il vero motivo del mio sconforto, aveva capito il dolore per il fallimento dell'ambizioso progetto generale, quello più ampio, quello dell'amore. Mi aveva fatto piacere, lo avevo trovato molto da fratello. Se non fosse stato che una morbosa insistenza per i dettagli e alcune domande oltremodo mirate, avevano finito per tradirlo costringendolo a scoprire tutte le sue carte, fino all'ultima: Praxilla!

No, Praxilla non era il nome di una futuristica fotocopiatrice, come si potrebbe pensare vista la passione di Marcello per i gadget, si chiamava così una ragazza di cui Marci si stava innamorando. Cioè, stava valutando l'opportunità di innamorarsi. Praxilla era una bella ragazza molto giovane dai tratti anglosassoni: bionda cenere, grandi occhi azzurro liquido e trentadue denti smaglianti da pubblicità che tuttavia non mostrava mai, celandoli dietro un perpetuo ed enigmatico sorriso da santa o da Maddalena. Non posso dire altro su di lei... non ebbi il tempo di conoscerla.

Svelato il mistero Praxilla, capii che al di là del fraterno interesse di Marcello per i miei patemi, c'era da parte sua nei confronti di tutta la "faccenda Michela" un interesse più scientifico. Il mio tentativo di rapporto con Michi era stato (temo in assoluto, senza dubbio in quel secolo) il primo esperimento di rapporto monogamo da parte di un Modugno, maschio, adulto. E come Marcello aveva temuto, non avevo vinto la sfida con i miei cromosomi. Non solo, guardandomi poteva toccare con mano le disastrose conseguenze di quel tentativo, e quindi si domandava se valesse la pena tentare. Non so come si risponderebbe oggi, so che allora, poco più di un anno dopo, la sua risposta fu molto eloquente: fece un figlio con Praxilla.

A proposito di madri e figli, durante l'inverno a dicembre Maurizia aveva perso sua madre, e noi l'adorata nonna Vera.

Dopo la morte di Romano, Vera, restituita la casa di Trieste ai massoni, si era trasferita a Roma. Le aveva spezzato il cuore lasciare la sua casa e quell'amata città, d'altro canto quel dolore le era stato ricompensato con la gioia di non dover più aspettare quei miseri tre mesi l'anno per passare un po' di tempo con la figlia e gli adorati nipoti. Per un po' tutto era andato bene. La pacata e solare presenza di Vera al posto di quella buia e mortifera di Romano, l'umore di Maurizia tornato a livelli adolescenziali, la presenza più frequente di me e mia sorella a via Chelini, la stessa Pablita che non più inibita dai severi sguardi di Romano sbrigava le faccende di casa cantando, avevano trasformato il bunker in un luogo luminoso e a tratti anche gioioso. Il destino, benché benevolo, aveva voluto però spezzare quel felice equilibrio.

Rossella, conclusasi anni prima la storia con Dory, si era imbarcata poi in una serie di rapporti più o meno soddisfacenti ma burrascosi e sbilanciati. Dopo di che era tornata a stazionare da un po' di tempo in un'indesiderata e nevrotizzante condizione di single. Un bel giorno, durante un pranzo, lasciando me, mia madre e Vera a bocca aperta aveva annunciato: «Io ed Ernesto ci amiamo e mi sono trasferita da lui». Ernesto era il nostro dentista. Una bella persona (oltre che un grande dentista), che dopo essersi preso cura della bocca di Rossella per vent'anni aveva deciso di prendersi cura di lei, del suo cuore bistrattato e di quel caratterino indomito da peste con i capelli rossi. Felici e stupiti, ci eravamo congratulati con lei. La coinvolgente esclusività di un amore appena sbocciato però non aveva più lasciato a Rossella tempo da dedicare a via Chelini e alle "Pore vecie" come amavano definirsi scherzando in vernacolo triestino Vera e Maurizia.

La stessa cosa era successa a me, per tutt'altri motivi è ovvio, motivi legati al lavoro, che nella nostra famiglia è considerato sacro. Basti ricordare che Romano l'aveva usato come scusa per non essere presente al funerale di sua madre Pia. Con le visite di Rossella e mie a via Chelini ridotte all'osso, Vera e Maurizia si erano ritrovate molto tempo da sole.

Nessuno ha mai capito cosa sia successo in quella solitudine (e adesso non c'è più modo di saperlo), se ci sia stata e di chi una frase o un gesto, che rievocando chissà quali spettri di una vita passata, aveva dato inizio a quei battibecchi che via via sempre più feroci si erano rivelati al dunque una vera e propria resa dei conti. Dopo circa un anno di convivenza, le "Pore vecie" avevano iniziato a detestarsi. Quando poi mia madre si era vista costretta a occuparsi del declino fisico di Vera, ritrovandosi non molto tempo dopo quello che era successo con Romano a fare la spola tra casa e ospedale, le cose erano precipitate, e dal fastidio nei confronti della madre Maurizia era passata all'odio. Sfogandosi con noi figli, imprecava contro di lei e l'infame destino che l'aveva condannata ad accudire vecchi per il resto della sua vita utile, e chiedendo preventiva assoluzione "Che Dio mi perdoni" augurava a Vera, come già per Romano, una rapida e non dolorosa morte. Conoscevo bene quelle scioccanti esternazioni di mia madre e le avevo interpretate negli anni come un eccesso di zelo del suo cinismo, un imbarazzante riflesso condizionato acquisito nella sua drammatica storia d'infanzia e personale. Non sapevo ancora che la pragmatica Maurizia aveva reso utile anche la morte facendone con disinvoltura la risolutrice di tutte le sue controversie.

Per concludere sulla morte di Primavera, escludendo Pia e Romano, che non avendo ottemperato ai loro ruoli non si erano meritati un vero coinvolgimento emotivo nella loro dipartita, la scomparsa di mia nonna fu per me il primo vero dolore per una perdita in famiglia. Pochi mesi dopo la morte di Vera, mia madre aveva messo in vendita via Chelini.

Per rialzarmi dopo il capitombolo Michela, oltre ad A.H., agli amici e alle donne... mi venne in aiuto anche Padre Pio... alias Michele Placido, che affiancai come coprotagonista nella fiction di Rai Uno "Tra cielo e terra" nel ruolo del fedele amico del santo di Pietrelcina, il medico Guglielmo Sanguinetti.

La gioia per la conquista di quel ruolo importante e il successivo impegno per affrontarlo mi fecero dimenticare in fretta le mie traversie amorose. Finalmente capivo le parole della canzone di Ivan Graziani quando dice che in amore sarai un signore dal momento in cui conosci i tuoi limiti. A. era stata fin troppo chiara nell'indicare i miei limiti ed era arrivata per me l'ora di diventare un "signore". Usando per una volta l'orgoglio non più come insana risposta al rifiuto degli altri bensì come fiera accettazione di me stesso, sarei entrato in possesso senza più inibizioni del mio vero potenziale: quello di un "anaffettivo fortunato" bastardo.

21

2001. La mia entrata nel nuovo millennio, senza temere bug, era stata trionfale. Lo strepitoso successo di "Tra cielo e terra" (la serie su Padre Pio) mi aveva traghettato oltre il traguardo dell'ultimo secolo. Seguì un altro prestigioso progetto in cui fui coinvolto, il debutto alla regia teatrale di Marco Bellocchio. Il testo da lui scelto per il suo atteso esordio era stato niente meno che l'innominabile "dramma scozzese". Il ruolo per me fu quello di Banquo. Quando Marco me lo aveva proposto ne ero stato entusiasta, nell'originale di Shakespeare Banquo è un personaggio importante e corposo, ma nel suo riadattamento scoprii (troppo tardi) che Bellocchio aveva privato il ruolo di gran parte della drammaturgia, trasformandolo in un pressoché muto orpello di contorno. È ovvio che non si era trattato di un dispetto nei miei confronti, aveva mutilato altri noti personaggi della tragedia per seguire la sua idea di messa in scena dal sapore cinematografico, fatta di sfondi sfocati e primi piani solo sui protagonisti: la sanguinaria regina interpretata da una rigorosa e brava Sandra Toffolatti e il folle Re interpretato da "lui", ancora lui, sempre lui... lo smemorato, istrionico, super vendibile attore di quegli anni, l'onnipresente Michele Placido. Peccato, la vissi un po' come un'occasione mancata. Mi accontentai di farne curriculum e della risonanza.

Lo confesso, cominciai a crederci. A cosa? A tutto.

Alla linea ascendente della mia carriera a cui nulla sembrava più impedire di raggiungere la vetta. Al mio equilibrio affettivo ed emotivo, regolamentato da A.H. e dai suoi consigli (a parte il "nun se po' fa'"), e tra la ritrovata serenità di mia madre (ahimè) senza Vera e quella di Rossella con l'equilibrato Ernesto, c'era da avere fiducia pure in una pax familiare meritata e finalmente raggiunta. Ero a tal punto pieno di fiducia nel futuro e in me stesso che avrei creduto a tutto, anche agli asini che volano… o a Marcello.

Approfittando del silenzio di un cuore appagato da Praxilla, Marcello aveva liberato la creatività e… rullo di tamburi: era quasi pronto il suo disco.

Lo so che questo "quasi", trattandosi di Marci, potrebbe essere scambiato per la solita clausola di inconcludenza, e invece no. Per bypassare le discrepanze creative con i suoi precedenti produttori, che a detta di Marci erano state fino a quel momento il principale scoglio tra lui e l'uscita del suo disco, aveva deciso con notevole impegno economico di prodursel da solo. I contatti non gli mancavano e cooptati i migliori musicisti su piazza, aveva cominciato a incidere brani. Che brani? Quanti? Non era dato saperlo e neanche era possibile ascoltarne uno.

Finché un giorno: «Devo decidere ancora una cosa e poi ho finito».

«Fantastico… cosa ti manca?»

«Ho un ultimo dubbio su un brano. È uno dei primi che ho scritto e secondo me come musica e arrangiamenti è uno dei migliori, però non mi ha mai convinto il testo: non lo so, penso che per quanto mi sia sforzato non mi siano mai venute le parole giuste. Non metterlo nel disco mi roderebbe… quindi ho pensato, boh non lo so… così per cazzeggio, se non hai niente da fare… vuoi provarci tu?»

Dovetti fare uno sforzo per rispondere con lo stesso tono disinvolto della sua proposta.

«A scrivere un testo?… Mmh… sì, perché no… ci provo.»

Il giorno dopo mi consegnò la cassetta con la musica e il giorno stesso, felice, cominciai il "cazzeggio". L'entusiasmo era esagerato, in fondo non era successo niente di che, non a caso aveva parlato di cazzeggio che, in quanto tale, probabilmente sarebbe stato fine a se stesso. Non si vedeva perché mai sarei dovuto riuscire io dove lui, che aveva più esperienza di me, aveva fallito. Ero sicuro che al dunque Marcello si sarebbe accontentato dell'ottima farina del suo sacco.

Un mese dopo consegnai a Marci *Fatto di te*. Il testo che avevo scritto sulla sua bella musica, divertendomi moltissimo, parlava con ironia della sfrenata passione per una donna-droga e giocava sull'ambiguità di quel "fatto". In breve: a Marcello piacque molto, ai suoi collaboratori moltissimo e *Fatto di te* divenne il brano nonché il video di lancio del disco. E a me scoppiò il cuore di felicità. Mi sembrò un passo gigantesco da parte di Marcello, un impavido sconfinamento nella parte buia e ambigua del nostro rapporto. La sua decisione di affiancare i nostri nomi pubblicamente, alla faccia di madri, padri, fratelli... in un progetto creativo, in più specifico e profanatore come quello cantautoriale, era un gesto così moderno e rivoluzionario da assumere ai miei occhi qualcosa di epico.

Dopo pochi giorni, quando immaginavo Marcello già chiuso in sala a registrare il pezzo, mi chiamò. Aveva provato a incidere ma non aveva funzionato. Il testo della canzone era risultato troppo ironico. Non in assoluto, il pezzo continuava a piacergli e non c'era dubbio che girasse alla grande. Si era solo reso conto di una forte discrepanza con gli altri brani del disco, per niente ironici e dal mood romantico pop sanremese. Conoscendo Marci pensai si trattasse di una sua paranoia da elucubratore seriale, tuttavia ci poteva stare. Ero cosciente delle nostre differenze espressive, e non dubitavo che potessero esserci delle discordanze. Detto ciò, quelle discordanze (la natura "meticcia" del pezzo) ero convinto che potessero essere al contempo la sua forza. Era comunque il suo disco, e io, per quanto bene accetto, un ospite. Feci buon viso a eventuali cambiamenti.

E no! Troppi! Le modifiche che proponeva Marcello, se

applicate, avrebbero stravolto la canzone. L'avrebbero banalizzata, annacquata, trasformandola in qualcosa in cui avrei fatto davvero fatica a riconoscermi. Ne nacque una pacata discussione. Dopo un certo numero di incontri, su alcuni punti non c'era verso di trovare una dialettica condivisa. Iniziai a indispettirmi, non capivo. Avrei voluto chiedergli: "Che senso ha prendere il mio testo che funziona e modificarlo a tal punto che sembri uno dei tuoi che già non ha funzionato?". Non sarei stato così brutale, ma anche se avessi voluto, Marcello non me ne diede il tempo, e da un giorno all'altro sparì.

Credo si possa immaginare la mia sorpresa, lo sconcerto, la rabbia e lo smarrimento. Che cazzo era successo? Lo ripeto, non mi aveva dato il tempo di inasprire i nostri scontri, non c'erano stati né scazzi né momenti di tensione tra noi. Interpellai alcuni amici comuni ricevendo da tutti la simile laconica risposta: «Marcello? Boh... è un po' che non lo sento... sta incidendo il disco, no?».

Grazie ad A. e a una provvidenziale infilata di nuovi impegni di lavoro (un cortometraggio, una fiction e poi un altro cortometraggio) evitai lì per lì inutili arrovellamenti sull'accaduto.

Marcello, come se niente fosse, si rifece vivo due mesi dopo... anzi no, magari come se niente fosse, si ripresentò euforico.

Dopo essersi scusato in modo frettoloso e poco convincente, bruciando sul tempo gli insulti che covavo, mi investì di parole.

Il testo l'aveva sistemato lui (non dovevo preoccuparmi però perché la firma sarebbe rimasta la mia. Pure.), dopo di che aveva inciso il pezzo. Nel frattempo, sempre da solo, aveva pensato e ideato un video... e l'aveva girato. "Bellissimo, fantastico!" Ne era entusiasta, soprattutto per aver avuto quella che definiva "Un'idea geniale!" che avrebbe reso il video unico e indimenticabile. Smuovendo amicizie di famiglia era riuscito a far interpretare la conturbante donna di *Fatto di te* niente meno che a Gina Lollobrigida.

"A chi?" La Lollobrigida? Una signora di 73 anni l'irresistibile femme fatale del mio testo? Porca puttana... fino a che punto l'aveva stravolto? Senza nulla togliere al glorioso passato della Lollo, quello che in pratica Marcello mi stava dicendo era che aveva trasformato il mio racconto da una passionale e ribollente "dipendenza" per una donna in un'edipica dichiarazione d'amore per la mamma? Ero basito. E ancora le sorprese non erano finite. Aveva riflettuto a lungo sulla sua immagine e relative strategie di comunicazione ed era arrivato alla conclusione, Dio solo sa come e perché, che il suo nome e cognome gli sarebbero stati d'intralcio. Pertanto, per rimediare all'"inconvenienza" di chiamarsi Modugno, gli era venuta un'altra idea "geniale": «Mi chiamerò soltanto... Mercuzio!». E se prima ne avevo solo il sospetto, questa notizia ne fu la conferma: stavo parlando con un matto.

Il livello e la quantità di assurdità e a mio avviso di scempiaggini che avevo appena sentito, dandomi un quadro eloquente dell'illogicità dei suoi ragionamenti, mi fece intuire l'inutilità di una critica razionale alle sue "pensate", e poi la canzone non l'avevo ancora sentita, il video non l'avevo ancora visto... chissà, magari aveva ragione lui. Concluse dicendo che il giorno dopo mi avrebbe dato la cassetta con il video e non vedeva l'ora di avere un mio commento.

Peccato... trovai il video spaventoso.

Se fosse stata solo la delusione per il risultato "artistico", se si fosse trattato di esprimere disappunto per le arbitrarie manipolazioni del testo, che come temevo era stato ridotto a un banale brano pop, se si fosse trattato di sfogare il mio sarcasmo su Mercuzio e quel ridicolo look post medievale... se fosse stato solo questo, non sarei stato contento ma... ci poteva stare. A malincuore, me ne sarei fatto una ragione di un'incompatibilità creativa, certo che nulla avrebbe tolto al nostro solido affetto. Ma il peggio Marcello (e qui era stato bravo e originale da un punto di vista drammaturgico) l'aveva tenuto per i titoli di coda.

Non è una metafora, sto parlando di veri titoli di coda, quelli del video musicale. Quella sfilza di nomi che aveva messo in fondo senza tralasciare nessuno, mostrando, cosa che gli faceva onore, un non sempre scontato rispetto professionale per ogni categoria. Anche per l'aiuto dell'aiuto... di un aiuto, Marcello aveva trovato uno spazietto. Non aveva dimenticato il nome di nessuno. Anzi sì uno sì... ops, il mio. Lo chiamai furibondo e tralasciando ogni commento sul video gli chiesi spiegazioni di quella "strana" dimenticanza. Cadde dalle nuvole:

«Come? Davvero? Com'è possibile... sei sicuro?»

Sicuro? Avrei potuto recitarglieli a memoria quei cazzo di nomi sui titoli di coda per quante volte incredulo li avevo mandati avanti e indietro.

«Sì, sono sicuro.»

Come al solito, seguendo una comprovata strategia che con me aveva sempre funzionato, tentò di minimizzare imputando la dimenticanza alla distrazione o alla fretta di un tecnico. Non era un problema però, il mio nome sarebbe stato inserito con il giusto risalto... al prossimo giro.

«Prossimo giro... in che senso?»

Eh sì, avevo tutta la sua comprensione, le mie proteste erano legittime e al mio posto anche lui si sarebbe arrabbiato ma... per il momento, per quelle cento videocassette stampate e pronte per essere spedite a tutte le emittenti musicali italiane, purtroppo non c'era più niente da fare.

«Col cazzo.»

«Mi dispiace davvero... come faccio adesso?»

«Col cazzo.»

«Sono più di cento cassette... ci vorrebbe un sacco e costerebbe un botto rifarle.»

«Non mi interessa... col cazzo che le mandi in giro così. Se lo fai pianto su un casino.»

Il mio tono perentorio lo spiazzò e il suo divenne gelido e tagliente, schegge di ghiaccio nella pioggia prima che diventi grandine.

«Va bene, vedrò cosa posso fare.»

Una settimana dopo mi chiamò, aveva la nuova videocassetta con il mio nome. Ci incontrammo a Campo de' Fiori.

Mi presentai all'appuntamento pronto allo scontro, certo di trovarlo infastidito per lo spreco di tempo e per il surplus di lavoro e denaro. Questa volta fu Marcello a spiazzarmi. Nessuna traccia in lui di stizza o di rancore, piuttosto si sarebbe detto che aver soddisfatto il mio "capriccio" gli avesse alleggerito la coscienza da quella, ancora a sua detta, inspiegabile dimenticanza. Me ne rallegrai moltissimo, riuscimmo pure a scherzarci su e quando ci salutammo era come non fosse successo niente. Eppure era successo.

Il video passò in televisione e la canzone nelle radio. Mercuzio e *Fatto di te* non se li filarono in molti. Mi dispiacque, ma c'era da aspettarselo. Anche dai feedback di alcuni amici a cui avevo fatto vedere il video, sfogandomi poi con loro delle mille traversie, avevo capito che non ero l'unico a pensare che il risultato fosse discutibile.

Mi ero sfogato con gli amici, sì... è una novità. Non avevo mai condiviso più di tanto gli step del mio rapporto con Marcello. Non avevo mai voluto mostrare a nessuno fino a che punto fossi fragile e confuso su quell'argomento. Ma non mi sentivo più così fragile, e a dirla tutta non credo nemmeno che mi stessi sfogando in cerca di facili compatimenti. Direi invece che mi stavo compiacendo. Il clou del racconto, infatti, non era il deludente risultato artistico del video, bensì il mio "Col cazzo", la testimonianza della mia ribellione.

A. fu orgogliosa di me.

«Bravo Fabio, almeno da vecchio non spingerai per strada un carrello pieno di stracci gridando al mondo che sei il figlio di Domenico Modugno.»

Anche se non mi sembrava un'ipotesi plausibile, quell'immagine (o profezia?) di A. si stampò per sempre nel mio ippocampo. Poi, a sorpresa, la dottoressa H. spezzò una lancia in favore di Marcello. Il suo tentativo traballante, goffo e arrogante era stato pur sempre un tentativo e andava apprezzato e perché no, incoraggiato. Trovai la sua interpretazione buonista, e per quanto riguardava l'incoraggiamento, mah... più facile a dirsi che a farsi.

Primavera 2001.

Un viaggio a Corleone, per una piccola partecipazione nel film *I cento passi* di Marco Tullio Giordana, concluse una stagione lavorativa piena e appagante in ogni suo aspetto. Tornato dalla Sicilia...

"'Na sera 'e maggio."

Dopo una giornata molto calda, avevano risposto in molti al mio invito serale in terrazza. Pressoché tutti: Fabio, Federico, Ugo, Laura, Rocco... tranne Marcello. No, non si trattava di rancorosi strascichi di quella storia passata, anche se dopo ci era venuto spontaneo prenderci una pausa l'uno dall'altro. Quando ci eravamo risentiti, circa tre settimane dopo, il suo rilancio era stato talmente forte e spiazzante da annullare ogni attrito pregresso: Praxilla era incinta! E lui era felice. Non avevo potuto che condividere la sua felicità. Da lì in poi Marci, ligio al ruolo di padre in attesa, ogni fine settimana portava Praxilla ad Ansedonia a respirare la sana aria di mare dell'Argentario fantasticando con lei al tramonto sulle gioie future della genitorialità.

Non c'erano solo vecchi amici in terrazza da me quella sera, ce ne erano anche di nuovi. Tra questi Pierluca, un giovane account della Saatchi & Saatchi conosciuto un paio d'anni prima durante una vacanza a Ginostra. Tarantino trasferito a Roma, alto, capelli scuri mossi, viso quadrato, lineamenti regolari e un paio d'occhiali da vista che completando il quadro gli conferivano un'aria da professorino. Un ragazzo sveglio, dotato di grande ironia e in carriera, che però vessato dall'età di 15 anni da una malattia tra le più invalidanti come la cefalea a grappolo (detta fino al secolo scorso cefalea del suicidio), si era visto costretto (come spesso dal dolore) a crescere più in fretta. Senz'altro una sventura per Pierluca, ricompensata però da una sensibilità matura che lo avevano reso più interessante dei suoi rampanti coetanei. E a proposito di suoi coetanei, quella sera Pierluca ne aveva portati due. Una ragazza molto simpatica che già conoscevo, la briosa e fascinosa Cecilia Dazzi, giovane attrice sulla cresta dell'onda, e un ragazzo che, all'apparenza più giovane ancora di Pierluca e Cecilia, al loro arrivo sul terrazzo avevo scambiato per un bambino. L'amico di Pierluca si chiamava Pierluigi e non era un bambino, era un ragazzo brillante dallo sguardo curioso e intelligente con cui si rivelò molto piacevole parlare. La vera sorpresa fu il nostro argomento di conversazione: Pierluigi sapeva di me e Marcello. Non fu questo a stupirmi, ormai non era strano e nemmeno raro trovare qualcuno "informato", ma il modo in cui io e lui ne parlammo. Sorvolando i fattarelli pruriginosi del come e del quando, per me fastidiosi da riassumere ogni volta, Pierluigi si mostrò subito molto più interessato al risultato privato di quegli eventi e al loro impatto psicologico sulla mia vita. Le sue domande mai banali e la sua rara capacità di ascoltare e capire le risposte, ebbero il potere di creare tra noi una parentesi di empatia che ci isolò dagli altri per tutta la serata.

Il giorno dopo mi sentii con Pierluca per commentare.

«Simpatico Pierluigi… quando sei arrivato con lui pensavo fossi stato costretto a fare da babysitter al figlio di una vicina… ha una bella testa il pischello, che fa, studia?»

«No, no, lavora… fa il giornalista, scrive su "Il Foglio".»

Se fossimo stati in un film di guerra avrei sentito un *clic* e avrei detto "Fermi tutti!", la pattuglia si sarebbe arrestata e tutti mi avrebbero guardato con apprensione. "Allontanatevi… ho messo il piede su una mina." Pierluca interpretò bene il mio silenzio: «Tranquillo è un amico».

8 agosto 2001: alzai il piede.

Un 8 agosto in teoria come tanti. Roma deserta, vapori d'asfalto traballanti, serrande abbassate, silenzi irreali e cicale agonizzanti. Non c'erano state strisce di sangue nel cielo all'alba, eclissi improvvise o inquietanti movimenti tellurici. Nulla che si sarebbe potuto interpretare come avvisaglia di stravolgimento o segno di un'irreversibile catastrofe…

Ore 18.30. Squillò il telefono… numero sconosciuto.

Oggi come oggi non risponderei, visto che i call center spaccano le palle pure ad agosto. Allora però non c'era ancora questo stato di permissiva invadenza della privacy e in quegli anni una telefonata "anonima" aveva buone probabilità di essere una telefonata di lavoro. Quindi risposi.

Al telefono era l'amico di Pierluca, Pierluigi Diaco, non più nella veste informale di loquace pischello, ma in quella ufficiale di giornalista de "Il Foglio". Pierluigi aveva avuto un'idea e me ne voleva parlare.

Aveva ripensato molto alla nostra chiacchierata, la mia storia l'aveva colpito. Vi aveva riscontrato tante e tali distorsioni da ricordargli i grandi archetipi del dolore e dell'ingiustizia della tragedia greca. Pertanto aveva trovato doveroso scrivere un articolo in cui rivelava al mondo la mia esistenza. Quella di un frutto, non per sua volontà caduto lontano dall'albero, da un albero così speciale però che quel frutto (per quanto nascosto) non poteva essere ignorato.

È vero, ci poteva stare benissimo un'altra versione: era l'agosto del 2001, quello che seguiva il tragico luglio del G8 di Genova con la morte del povero Carlo Giuliani. Un periodo denso di eventi e notizie che avevano fatto spremere al meglio (e al peggio) le meningi del giornalismo italiano. Non sarebbe stato strano se l'esausto Diaco fosse stato in cerca di un accattivante diversivo agostano con cui riempire senza troppa fatica le ultime righe dovute allo stipendio, per poi chiudere bottega e prendersi una meritata vacanza... come no, ci poteva stare.

Anche se non obbligato, per amicizia nei confronti di Pierluca e rispetto e stima verso di me, Pierluigi aveva deciso di annunciarmi la sua iniziativa. Mi lesse (almeno in parte) l'articolo che aveva scritto e che avrebbe pubblicato il giorno dopo, e concluse dicendo che gli avrebbe fatto più piacere pubblicarlo con il mio consenso. Ho passato un intero pomeriggio a cercare le parole che rendessero chiaro il mio stato d'animo successivo, non avendole trovate, mi affido a un esempio.

Non mi sentivo in quel modo dai tempi di Marilia, l'eroica ragazza delle ripetizioni di latino che aveva avuto il coraggio di affrontare Romano. Certo ne capivo bene le differenze, un giornalista anche ergendosi a paladino di qualcuno ha sempre il suo tornaconto nel pubblicare un articolo, l'eroismo di Marilia era stato solo un gesto umano fine a se stesso, ma la cosa importante era che qualcuno ancora una volta aveva il coraggio di mettersi in gioco per me.

Dopo il silenzio udii la mia voce: «Caro Pierluigi, che dirti... sono onorato e come puoi immaginare parecchio spaventato dal tuo articolo, comunque... va bene, hai il mio consenso... sì dai, vediamo che succede».

La prima cosa che vidi appena conclusa la telefonata con Diaco fu il volto di A. che mi sorrideva materna, amorevole e soddisfatta, la seconda... non c'è, solo il nero di un devastante attacco d'ansia.

Che cazzo avevo fatto? Com'è che avevo detto? "Dai, vediamo che succede?" Che succede? Lo sapevo io cosa stava per succedere; sudavo, tremavo, era certo un infarto. Mi sentivo come un giocatore di poker che bluffando aveva appena fatto un all in scriteriato e senza copertura, e non avevo dubbi che una volta scoperte le carte gli altri giocatori non avrebbero avuto pietà. Era finita. O stava cominciando? Cosa poi? Cosa sarebbe accaduto? Chi? Come? Quando?

Dopo una ventina di minuti o venti secondi non lo so, con grande sforzo riuscii a interrompere la carambola impazzita delle ansie e dei pensieri... calma, calma. Ripresi il controllo della respirazione. Era vero, ero stato un giocatore folle e avventato... ma non ero un baro. Se avessi lasciato a Diaco e al suo articolo l'onere di scoperchiare out of the blue quella pentola dal fondo bruciato, dove per ignavia e quieto vivere ero rimasto a mollo come in una Jacuzzi per anni, sarebbe stato da vigliacchi e io non lo ero più; non me lo potevo più permettere.

Sperando in un approccio morbido provai prima di tutto a mettermi in contatto con mia sorella, senza successo. Era già in vacanza e a spasso per le Eolie sulla barca di un amico di Ernesto, e alle mie ripetute chiamate risultò irraggiungibile. Non avevo tempo di aspettare che avesse campo. Mi feci coraggio e telefonai a mia madre. Andai senza preamboli al dunque. Mia madre ascoltò in silenzio. Quando smisi di parlare, il silenzio si prolungò a tal punto che pensai avesse riattaccato, poi: «Ah... ho capito... su che giornale hai detto?».

«"Il Foglio" di Giuliano Ferrara.»

«È nuovo?»

«No, c'è da quattro o cinque anni.»

«Ah... non sapevo che avesse pure un giornale quel ciccione.»

«Eh già.»

«Bene... che vuoi che ti dica, se ne sei convinto... leggerò. Non dovevi andare a Pantelleria?»

«Sì, il 16.»

Wow... la nonchalance di mia madre mi lasciò di stucco. Per un attimo dopo aver chiuso la telefonata mi venne il dubbio che non avesse capito. No, è chiaro, lei aveva capito benissimo, d'altronde non c'era stato nulla di criptico nelle mie parole, ero io che non avevo capito, o meglio, avevo dimenticato quanto fosse brava Maurizia a dissimulare ogni emozione.

Comunque, a me sembrò che fosse andata bene e ne presi coraggio per la mia terza e più temuta telefonata, quella con Marcello. Se la reazione di mia madre era stata sorprendente, quella di Marcello fu inverosimile.

Mai e poi mai avrei pensato di sentirmi rispondere queste parole: «Be'... sai che ti dico? Sono contento, era ora... ormai lo sanno tutti... che vuoi che cambi?».

Ma pensa un po'. Mi sentii di colpo uno sciocco. Iniziai a provare vergogna per aver dato per scontata una sua reazione ostile, per aver dato per scontate chissà quante altre cose sulle quali, se incoraggiato (come aveva detto A.), Marci non mi avrebbe deluso. Una delusione tuttavia rimane tale solo se si rinuncia a un secondo tentativo, e di fare quel tentativo, come aveva detto Marcello "Era ora...".

Apro una parentesi. Sebbene gli accadimenti futuri dimostreranno il contrario, non ho mai dubitato della sincerità di Marcello in quel frangente. Al di là di tutto (e parlo di quello che sarebbe accaduto e non di quello che era stato) sono rimasto legato a quelle parole come all'unica prova dell'esistenza in Marcello di un pensiero affettivo autonomo, che preso alla sprovvista aveva risposto in maniera emotiva e sincera. Peccato che quella spontaneità non avesse ancora fatto i conti con una volontà soggiogata.

Concludemmo la telefonata parlando della salute di Praxilla e della sua pancia, dove cresceva suo figlio... nonché il mio primo nipotino.

Bene, ora che avevo alzato il piede poteva esplodere la mina, non rimaneva che aspettare il botto.

Il giorno dopo, 9 agosto 2001, uscì l'articolo di Diaco... *BOOM*!

A metà mattinata il mio telefono di casa e il cellulare cominciarono a squillare impazziti all'unisono, mentre io attonito senza rispondere fissavo sui display di entrambi l'impressionante sequela di numeri sconosciuti. Poi, per fortuna, alcuni numeri noti.

Mi chiamarono Fabio e Federico entrambi già in vacanza, uno a Cortona a casa della fidanzata e l'altro ad Ancona in procinto di partire per la solita vacanza in barca. Dissero pressappoco le stesse cose... un commento divertito, qualcun altro di sorpresa e per finire espressero la loro solidarietà e il loro sostegno, benché a distanza. Mi chiamò anche Ugo che, bloccato in ospedale, non avrebbe potuto raggiungermi e pure lui, *in absentia*, si schierava con lo spirito al mio fianco.

Poi, grazie al cielo, chiamò Pierluca.

Era a casa di Cecilia (anche lei tra gli ultimi superstiti in città). Non che fosse proprio il suo campo, ma era più avvezzo di me alle pubbliche relazioni e intuito il mio stato d'animo si offrì di aiutarmi. Se lo avessi raggiunto a casa di Cecilia, avrebbe risposto lui al mio cellulare, facendo da filtro tra me e quell'assalto.

Non me lo feci dire due volte e dieci minuti dopo ero nella bellissima e deserta piazza delle Cinque Scole, al ghetto.

L'intervento di Pierluca e il supporto di Cecilia in quello strano pomeriggio si rivelarono fondamentali. Pier, dispensando garbati e irremovibili no comment, in meno di un'ora riuscì a smaltire la gragnuola di telefonate e Cecilia, con un po' di umorismo mai inopportuno, riuscì a strappare più di un sorriso alla mia faccia tesa e preoccupata. Fui molto grato a entrambi.

Passai con i ragazzi il resto della giornata e poi la cena. Era tardi quando tornai a casa. Ero stremato, non avevo sonno e faceva caldo, mi sedetti in terrazza a fumare. Non volevo fare bilanci, solo sfuggire ai pensieri in cerca di silenzio, ma una striscia di fuoco squarciò il cielo di fronte a me... Wow! Una mega stella cadente... mi distrassi... e altrettanto folgoranti due pensieri tra i più molesti mi raggiunsero. Che ore sono? Mezzanotte passata, è il dieci agosto... il mio compleanno! E poi... il secondo pensiero: in tutto questo, mia madre e Marcello... si può sapere dove cazzo stanno?

La mattina dopo, interrompendo una notte di sonno agitata e frammentata, alle dieci chiamò Rossella. Esordì con un allegro «Tanti auguri!» da cui intuii che non doveva averla presa troppo male. Ciò nonostante la seconda cosa che disse fu: «Porca puttana... chi è 'sto Diaco? Ti ha fatto un bel "regalo" di compleanno... sapevi dell'articolo?».

«Sì, Pierluigi è un amico. Mi ha avvertito che stava per pubblicarlo. Ho provato ad avvertire anche te, ma eri sempre non raggiungibile...»

«Sì sì, lo so, eravamo in navigazione in mare aperto... poi ieri notte siamo arrivati qui a Salina. Stamattina con Ernesto siamo andati a comprare i giornali e per poco non svengo tra le braccia dell'edicolante... sei in prima pagina.»

Il giorno prima tutte le agenzie di stampa avevano ripreso e divulgato l'articolo di Diaco e quella mattina, ancora non lo sapevo, la notizia era su tutti i giornali.

«E mamma lo sapeva?»

«Sì, l'ho avvertita.»

«E che ha detto?»

«Mah... era tranquilla all'idea, poi non so se ha letto l'articolo... non l'ho più sentita.»

«Ah… lo starà digerendo… vabbè tra poco chiamerà per farti gli auguri, preparati. E tu come stai?»

«Boh… credo di essere anch'io in fase digestiva.»

«Immagino… mi dispiace di non essere lì con te. Tieni duro fratellino, e non dimenticare che anche da quaggiù sono sempre tua sorella… e ti voglio bene.»

«Anche io te ne voglio… grazie Ros.»

Tra il mio compleanno e la seconda ondata di giornalisti, la mattina si trasformò in un'altra bolgia di telefonate. Mi soccorse di nuovo (un santo) Pierluca, questa volta venendo lui da me. A fine mattina grazie al suo aiuto avevamo smaltito la seconda ondata. Pensai fosse arrivato il momento di cercare un buon ristorante (sempre che ne avessimo trovato uno aperto) per invitare Pier a pranzo e ringraziarlo e perché no… fare un brindisi a quello strano compleanno?

Feci la mia proposta… Pier (cazzo) storse la bocca. Non è una metafora, storse la bocca nel vero senso della parola. Sapevo fin troppo bene, purtroppo, cosa voleva dire sul volto di Pierluca quella smorfia, non l'aveva nemmeno sentita la mia proposta, stava per venirgli un attacco di cefalea a grappolo. Non ci fu bisogno di spiegazioni. Ci salutammo in fretta. Da quel momento Pier aveva giusto il tempo di correre a casa a spararsi in fretta una delle sue salvifiche punture che gli avrebbe bloccato sì la cefalea, ma lo avrebbe lasciato catatonico per tutta la giornata. «Appena mi riprendo… ti chiamo» e corse via.

22

Nel silenzio agostano, un grosso orologio da muro, scandendo i suoi *tic tac* come fossero martellate, mi costrinse a guardarlo. Era da quando ero sveglio che evitavo di farlo, che evitavo di osservare lo scorrere delle ore, di tutto quel tempo che stava passando senza notizie; né di mia madre, né di Marcello.

Possibile… neanche dei banali auguri di compleanno? Adesso, certo, è facile per chiunque dire che avrei dovuto capire che c'era qualcosa che non andava, allora no. Dopo aver ricevuto l'ok da entrambi e l'incoraggiamento a portare a termine la corsa, non capivo come mai una volta tagliato il traguardo non fossero lì a festeggiare. Per come la vedevo non c'era motivo… appunto, per come la vedevo io, un canario orbo.

Squillò il cellulare… finalmente era Marcello. Il cuore mi balzò in gola.

«Marci, era ora. Pensavo…»

Mi interruppe. «Ci sei?»

«Sì.»

«Bene. Sono dietro casa, posso passare?»

«Certo, vieni, ti aspetto.»

Eccoci al dunque. A quel punto tante volte immaginato. A quel "dunque" sperato e temuto. Come un chirurgo che, dovendo estrarre un proiettile a pochi millimetri dal cuore di un paziente, si domandi se toglierlo non possa fare più danni che lasciarlo lì. Ora, tra pochi minuti, mi sarei ritrovato in sala operatoria e il cuore dal quale si sarebbe tentato di estrarre il proiettile era il mio.

Certo, anche ammesso il buon esito dell'operazione, sarebbe stato sbagliato considerarlo l'arrivo, la fine; tuttavia era chiaro che un'accelerazione iperbolica degli eventi stava portando la storia a un punto cruciale, di svolta. Si potevano avere dubbi su questo?

Era difficile contenere l'emozione. Dopo aver passato tredici anni in uno spazio indefinito, lugubre ma rassicurante come la cella di un ergastolano; dopo aver osservato la vita reale scorrermi accanto con l'indifferenza di un "fine pena mai"... colpo di scena! La grazia! Meritata, immeritata, per giustizia, per caso, per culo. Non importa, non era più importante il "come", ora era il "cosa" che mi faceva tremare le gambe.

Cosa stava per succedere? Come sarebbe andata da quel momento in poi? Sfrattato senza preavviso dalla mia cella mi vedevo costretto a guardare in faccia la realtà, ma quali garanzie avevo che la realtà, da cui fino a quel momento non avevo avuto ancora un segnale, avesse voglia di guardare la mia di faccia e le sue imbarazzanti novità? E il segnale era arrivato. Come un regalo (d'altronde era il mio compleanno) che avevo sperato di ricevere ma che non avevo dato per scontato. Era un regalo che richiedeva un bel po' di coraggio ed ero felice che Marcello l'avesse trovato e stesse venendo da me.

Be'? Dove cazzo era finito? Erano passati venti minuti (percepiti come un'ora), aveva detto che era qui dietro casa... casa di chi? Il 10 agosto a quell'ora in venti minuti si poteva attraversare tutta Roma. Pensai: doveva fare benzina... ha finito i sigari... voleva bere un caffè e si è fermato al bar perché sa che qui non c'è, io non lo bevo... il parcheggio? Ma quale parcheggio... è il 10 agosto! Boh... *beep*, il citofono... oh, ci siamo.

L'arrivo.

Spinsi il pulsante del cancello, aprii la porta di casa e mi misi ad aspettare Marcello sulla soglia. Aspettare sulla soglia i miei ospiti era un'abitudine che avevo preso per due motivi, uno perché, sprovvisto di campanello, preferivo anticipare la bussata, un tipo di annuncio che mi ha sempre inquietato e infastidito e due per il vantaggio del piano in più. Mi spiego. Abitando in un sottotetto, per giungere nel mio appartamento una volta usciti dall'ascensore, bisogna fare altre due brevi rampe di scale. Un piccolo tragitto in sostanza, diventato però, con l'esperienza, a me sufficiente per valutare (il più delle volte non visto, la maggior parte delle persone sale le scale a testa bassa), attraverso il linguaggio del corpo, l'umore e lo stato d'animo di chi sopraggiunge. Quello che mi comunicò Marcello, nel suo modo di salire le scale, non era certo quello che mi aspettavo.

Fece i gradini a due a due, rapido ma non atletico. Pesante, rigido, marziale e al tempo stesso buffo e grottesco... un burattino di legno. Mi passò davanti, entrò in casa e andò a concludere la sua ridicola marcetta al centro della stanza, richiusi la porta. Auguri di compleanno? Niente. Qualcosa mi diceva che avremmo rimandato gli abbracci.

Marcello era sudato e trasudava agitazione. Ho detto che si era fermato al centro della stanza, be' più che fermato si era bloccato per mancanza di spazio, perché era evidente che non riusciva a stare fermo ed evitando di incrociare il mio sguardo roteava il suo per la stanza come se stesse cercando preoccupato qualcosa... cosa?

Prima che io riveli cosa stesse cercando Marcello, voglio sfidare chiunque a fare delle ipotesi... io non ci sarei mai arrivato. Ancora un attimo, però, prima di questa chicca.

Ci tengo a dire che per quanto mi sforzassi di essere ottimista, non l'avrei trovato strano il bisogno da parte di qualcuno di ulteriore tempo e dialettica prima della vera catarsi. Che ne so... un rigurgito ostativo di Marco, primogenito difensore dell'integrità materna e della famiglia... un moto di stizza da parte di Massimo, per non averlo coinvolto in tempo reale negli eventi come avevo fatto con Marcello...

un crollo emotivo della signora Franca sopraffatta dalle reminiscenze. Quello che voglio dire è che se ce ne fosse stato bisogno, ero pronto ad altre parole difficili, pesanti o addirittura dolorose. Le avrei ricordate e raccontate volentieri in queste pagine come prova e memento che, seppur a brandelli, ce l'avevamo fatta. Quello a cui non ero preparato, e che ora mi imbarazza scrivere, sono le bugie, le meschinità e l'enormità di idiozie che riuscì a dire il mio fratellastro in quei pochi minuti.

Il colloquio.

Marcello continuava a guardarsi intorno... a cercare... sempre più agitato, poi quando ero certo che avrebbe iniziato a spostare anche i mobili...

«Dove sono i microfoni? Mi stai registrando? Stai riprendendo tutto con una telecamera nascosta? È questo il vostro piano?»

«Come?»

«È stato il tuo avvocato a consigliarti quest'attacco a sorpresa in pieno agosto, vero? Ha pensato che i nostri sono in vacanza e crede di coglierci impreparati... giusto?»

«Di che parli, sei impazzito?»

«Be' vi sbagliate... da mo' che siamo preparati. I nostri avvocati stanno già tornando e siete dei pazzi voi a sfidarci.»

«Senti, datti una calmata... qui nessuno vuole sfidare nessuno e non ci sono né avvocati né attacchi a sorpresa... ti ho persino avvertito e hai detto che eri contento.»

«Non c'entra niente (?) tu non hai capito che casino è scoppiato... mi si sono mangiati vivo... mia madre è una furia e Marco è andato fuori di testa e continua a gridare che è un complotto e che ci vuoi fregare... è così?»

«No. Te l'ho già detto... e se non mi credi non so cosa posso farci.»

«Te lo dico io cosa fare.»

«Cioè?»

«Tu adesso vieni con me all'Appia dove c'è un nostro avvocato che ha preparato un foglio in cui dichiari di rinunciare a tutto il patrimonio, lo firmi e poi chiamiamo i giornalisti e ci facciamo fare un bel servizio fotografico con intervista in piscina tutti insieme come fratelli Modugno... eh, come ti pare?»

Mi si accapponò la pelle e mi sentii invadere da una tristezza e un senso di squallore mai provato prima. Squallore e tristezza però per Marcello non erano abbastanza, mancava un "pizzico" di umiliazione e visto che, basito, tardavo a rispondergli, interpretando il mio silenzio per assenso aveva proseguito.

«E sai qual è un'altra cosa che possiamo fare, sempre dopo che hai firmato? Tu potresti dire... "Be' certo, io ho firmato... però vivo in quaranta metri quadri..." A quel punto intervengo io e sono sicuro che li convinco a regalarti una casa... una bella casa... dai non sarebbe male, no?»

Mi sentii un cretino, un ingenuo, uno sfigato, un allocco. Erano quattordici anni che non mi sentivo in quel modo. Era dai tempi dell'ospedale militare, della telefonata con Silvia e delle scimmie urlanti che non provavo quella brutta e mortificante sensazione: quella che l'intero universo stesse ridendo di me.

Come nel gioco della "pignatta", quando all'ultimo colpo ben assestato esplode spargendo in aria il suo prezioso contenuto tra le urla gioiose e selvagge dei bambini, allo stesso modo il mio mondo pieno di parole e concetti a me cari, come sincerità, amicizia, fiducia, complicità... fratelli, alla mazzata di Marcello volò via frantumandosi e dopo aver sparso quelle parole e quei concetti per tutta la stanza come fossero caramelle, ricadde a terra ridotto a una carcassa di carta colorata.

E non era poi così variopinta quella carcassa, anzi era di un colore solo: quello del tesoro, della roba, del conquibus, dei soldi... "*L'argent c'est la vie. Monnaie fait tout.*" Eh, già.

Per carità, lo capisco, sin dalla notte dei tempi la miseria umana è piena di squallide faide familiari sull'argomento. La storia parla chiaro, l'"Oro" ha sempre brillato di più di un sentimento. Comunque, non riuscivo a evitare di sentirmi un imbecille.

Quindi per loro le cose stavano così. La disperata fuga di un'anima affamata da un territorio arido e ostile, l'esosità di quel percorso nella terra di nessuno, il suo espandersi per conquistare la sopravvivenza... per loro, tutte cazzate. "Ma de che", quale anima in fuga, quale esosità emotiva, quale sopravvivenza. Solo un piano studiatissimo, nient'altro che un paziente appostamento di un subdolo bastardo che si era illuso di mettere le mani sul tesoro di Re Mida. Chissà se Re Mida sarebbe stato più furbo di loro, intuendo che in quel momento avrebbe potuto salvare il suo regno al misero prezzo di un abbraccio.

Non so se mi ferirono di più le sue parole o l'entusiasmo che voleva trasmettermi per la sua aberrante soluzione.

«Mah... mi domando se davvero ti rendi conto di quello che stai dicendo, e mi domando anche se questa "bella pensata" l'hai fatta da solo o vi ci siete spremuti tutti e quattro... ma avete capito male... anzi, malissimo.»

Dissi così, anche se mi resi conto, dicendolo, che non aveva più senso attribuire a Marcello il libero arbitrio di un pensiero autonomo.

«Io non ho mai voluto i vostri soldi e mi fa schifo l'idea che tu (mi corressi), che voi abbiate potuto pensarlo e che è addirittura "Da mo'" che eravate preparati... preparati per cosa? Per chi?»

«Non importa, tu non conosci mia madre... credimi, è pronta a tutto. Dici che non sei interessato all'eredità (ed era la prima volta che tra noi compariva quella parola)? Bene, quale miglior modo di dimostrarlo, vieni e firma. Fallo, ti conviene.»

Ero stanco e nauseato.

«Guarda Marci, l'unica cosa che sono certo convenga adesso è che tu te ne vada. E riferisci che io non devo dimostrare un bel niente a nessuno, e il servizio in piscina fatevelo voi.»

Detto questo aprii la porta di casa invitandolo ad andarsene.

L'uscita.

Una rabbia stupita colorò il volto di Marcello, trasformandolo in una maschera paonazza e madida di sudore. Poi, per la prima volta mi guardò in faccia. Nei suoi occhi brillò per un attimo la tentazione di provare un'ultima persuasione, nei miei il gelo di una determinazione che non gli lasciò scampo. I fili si tesero rimettendo in moto la marionetta, che in pochi sgraziati scatti attraversò la soglia e iniziò a scendere le scale ballonzolante. Arrivato al pianerottolo prima della seconda rampa si voltò.

«Sei un pazzo, non vedrai mai una lira... te ne pentirai.»

Non gli risposi, ma pensai... vedremo. Marcello scese la seconda rampa scomparendo e io richiusi la porta. Il rumore dell'ascensore, poi lo scatto dell'apricancello. Mi avvicinai a una finestra. Bellissima e fiammante, la Jaguar blu cabrio di Marcello spiccava nella via deserta come un'astronave in un lago salato. Marcello la raggiunse, fece rombare il motore, si accese un sigaro e sgommò via.

Dopo quel giorno, non lo rividi mai più.

Ci fu ancora qualche strascico mediatico...

"La Repubblica." Franca Gandolfi: "L'ho sempre detto, mio marito girava il mondo, ha avuto tante avventure. Chissà quanti ce ne sono che dicono di essere suo figlio. Comunque Fabio è un amico di Marcello, ci è venuto a trovare tante volte, mio marito conosceva benissimo suo padre. Ma che Fabio dicesse di essere figlio di Mimmo non l'avevo mai saputo". Marcello Modugno: "Ma poi ci siamo parlati, va tutto bene, l'amicizia è inattaccabile, abbiamo anche scritto una canzone insieme, *Fatto di te*, la canterà nel prossimo disco". Risposi con un'unica richiesta alle bugie di Marcello e alle insinuazioni di mitomania della signora Gandolfi: "Dite la verità". Richiesta ignorata. Poi il silenzio.

E parlando di silenzi, non fu da meno quello di Maurizia. Mia madre scelse la chiusura totale con la stampa, a cui negò qualsiasi commento (che speravano piccante) della famigerata Dea Kalì. E quel giorno non mi chiamò, né per l'articolo di Diaco né per gli auguri di compleanno. Non lo fece neanche il giorno dopo, né quello dopo ancora... né quello successivo.

Ne chiesi conto a mia sorella, che riportando con imbarazzo le sue parole disse che nostra madre, colpita dalla "cosa" più del previsto, aveva sentito l'esigenza di un non quantificabile tempo di elaborazione, finito il quale senz'altro avrei avuto sue notizie.

«Magari... tra qualche giorno prova a chiamarla tu» disse Rossella. Fu l'ultimo tentativo di un affettuoso cerchiobottismo, in cui si vedeva bene che non credeva più neanche lei, e infatti non si stupì affatto della mia risposta: «See, come no... ciao».

Non rividi né sentii mia madre per un anno.

Alla faccia dell'elaborazione (avrebbe detto A.). Ora lo dico scherzando, ma allora non lo trovai affatto divertente.

Il 16 agosto andai a Pantelleria. Per quanto possibile fu una buona vacanza, consolato dall'affetto e dalla solidarietà degli amici. Quando tornai a Roma... Roma era ancora lì, immobile, pesante e come se niente fosse ancora una volta indifferente. Una gigantesca pietra sepolcrale, che convinta della rapida agonia di un'anima ferita a morte, si mise in bilico, pronta a cadermi in testa non appena avessi finito di scavarmi da solo la fossa.

Ma non cadde. E questa volta reagii in tempi relativamente rapidi (considerando che ci avevo messo cinque anni per dire a mia madre che sapevo che Romano non era mio padre), seppur di buona lena scavai solo per un anno. Finché un giorno smisi di scavare, scagliai lontano la pala e uscii fuori da quel buco incazzato nero.

Il silenzio di Marcello (dei Modugno), il silenzio di mia madre, il silenzio di quel buco scavato a forma di tomba... basta, mi ero davvero rotto i coglioni del silenzio, dell'understatement, del low profile del cazzo. Dovevo essermi spiegato male, la mia non era stata una richiesta retorica... volevo la verità! Non quella sussurrata tra i pettegolezzi o strombazzata d'estate sui giornali un'altra volta, per quella non c'era più tempo e non volevo più ascoltarla. Volevo una verità inattaccabile, solida, concreta e certificata... come solo poteva esserlo un esame del DNA.

Al grido della mia determinazione rispose un coro unanime:

«Parla con il tuo avvocato!».

«Quale avvocato?»

Ah, certo... come ho fatto a non pensarci, il mio famoso avvocato, quello con cui avevo ordito il diabolico piano per fregare i Modugno. Peccato che io non avevo un avvocato, non l'avevo mai avuto e non sapevo da dove cominciare per trovarne uno. Mi venne in soccorso Federico, che conosceva un'ottima civilista esperta di diritto di famiglia e a "portata di mano": Anna, sua madre.

Avevo conosciuto la madre di Fede in veste di padrona di casa quando era andato ospite da lui ad Ancona nella villa sul Conero. Mi era parsa una signora brillante, elegante e gentile ma quando la rincontrai si dimostrò in più una donna eccezionale e di un'umanità straordinaria.

Al di là delle utili delucidazioni tecniche, nelle quali Anna fu meticolosa ed esaustiva, quello per cui ancora oggi le sono grato è un lungo e caloroso preambolo che mi fece. Mi parlò del mio diritto alla conoscenza, ad affermare la mia esistenza e del fatto che non dovevo aver timore né vergogna, perché non c'era niente di male nel voler lottare per la propria identità e felicità. In pratica, era tutto quello che la dottoressa H. mi ripeteva da anni, argomenti a me noti, ma il modo in cui disse quelle stesse cose la madre di Federico (tutto sommato una sconosciuta), il suo tono pacato, dolce, assolutamente materno, ebbe il potere di disarmare ogni mia ritrosia e di convincermi che affrontare una causa sarebbe stata la cosa più giusta. Giusta, purtroppo, non voleva dire semplice. Se ripenso ai miei ragionamenti in materia giuridica di quel tempo, un po' me ne rammarico e un po' mi vergogno. Il concetto di diritto che avevo sino ad allora si basava solo su un indottrinamento televisivo e cinematografico, ero convinto che con un buon avvocato... in due ore, toh due ore e mezzo se il film era lungo, la giustizia trionfava sempre.

In realtà ecco come stavano le cose. Se volevo arrivare

alla fatidica prova del DNA con il mio presunto padre, prima di avere il diritto di confrontare i miei alleli con quelli di Domenico Modugno avrei dovuto confrontarli con quelli di Romano, per dimostrare a priori di non avere nulla a che fare con lui dal punto di vista genetico. Pertanto non ci sarebbe stata un'unica causa da affrontare bensì due: una di disconoscimento di paternità e una di riconoscimento di paternità, entrambe tra l'altro possibili da intraprendere solo previa decisione di un giudice. Minchia. Altro che due ore.

Anna non poté fare a meno di leggere nel mio occhio sgranato lo sconcerto e si affrettò a rassicurarmi.

«Lo so, Fabio, dà l'impressione di una cosa enorme, ma credimi, ne faccio in continuazione di queste cause, il segreto è non farsi sopraffare dalla visione d'insieme e procedere concentrandosi su un passo alla volta. La prima parte, il disconoscimento da Romano è una causa "semplice", interna, che non coinvolgerà i Modugno e in cui avrai bisogno solo del consenso (in termine tecnico, della non opposizione) della tua famiglia, tua sorella e tua madre (ahia) e penso tu ce l'abbia, no?»

Mentii.

«Certo.»

«E una volta appurato che Camilli non era tuo padre, ci sarà sufficiente fumus giuridico perché la seconda causa non incontri ostacoli. A quel punto...»

A quel punto la mia mente sopraffatta da informazioni difficili da assorbire e da spaventose immagini di riesumazioni di cadaveri, vacillò e con lei buona parte della mia determinazione. E non era finita lì.

«Purtroppo, Fabio, come tu ben sai io vivo qui e il mio foro di competenza è quello di Ancona; quindi, l'avrei fatto molto volentieri, ma non potrò essere io il tuo avvocato.»

Merda. Dopo essermi sentito per un attimo un fortunato naufrago a cui qualcuno impietosito aveva lanciato un salvagente, mi sentii di colpo il più sfortunato... il salvagente che mi avevano tirato era bucato. Deluso ma grato per il suo tempo, mi congedai da Anna ringraziandola e accettando di buon grado il numero di Gianfranco Dosi, un avvocato di Roma da lei molto stimato e che senz'altro sarebbe stato felice di assistermi.

«Tranquillo. Vedrai, Fabio, che andrà tutto bene, in quattro o cinque anni al massimo ne verrai fuori. Ricordati... un passo alla volta.»

Ora posso dire che aveva ragione quasi su tutto, sul fatto che ne sarei venuto fuori, che sarei impazzito se non l'avessi affrontato un passo alla volta, ma... quattro, cinque anni? No, purtroppo no... di anni ce ne sono voluti venti.

Anna non aveva diminuito gli anni per indorarmi la pillola e men che mai per incompetenza, era solo che non poteva immaginare con chi avrei avuto a che fare.

Rientrato a Roma, scivolai di nuovo in un limbo d'incertezza. Rigirandomi ogni giorno tra le mani il numero dell'avvocato Dosi, non trovavo il coraggio di fare la telefonata.

Come una canzone troppo orecchiabile il discorso di Anna mi invadeva i pensieri con il suo ritornello "Un passo alla volta... un passo alla volta...". Sì, certo, io avevo capito bene il potere strategico di quel consiglio, ma ciò che (per mia vigliacca omissione dei fatti) Anna non aveva capito era che il primo passo, quello che lei addirittura aveva dato per fatto, per scontato... era quello che mi bloccava e che mi pesava di più. Com'era possibile che la mia ribellione, la mia emancipazione fossero vincolate al consenso, all'approvazione o come cazzo aveva detto lei... alla "non opposizione" di mia madre? Non riuscivo a farmene una ragione. Sprecai dell'altro tempo, macerandomi curvo tra dubbi e insicurezze, e un io avvezzo alla scoliotica postura tentò, senza riuscirci, di farmi perdere di vista l'orizzonte, un'altra volta. Scricchiolando però raddrizzai la schiena e con lei si raddrizzò il mio sguardo.

Mi resi conto di due cose: la prima era che non avevo più nessuna voglia di scavare tombe, buche, fosse... tutta quella roba lì. La pala l'avevo scagliata parecchio lontano... e la seconda era che molto più vicina c'era casa di mia madre.

Rossella fu come sempre disponibile e accettò di buon

grado di intercedere per un nostro incontro. Fu un incontro breve (poi proficuo), come sempre anaffettivo e trattandosi di Maurizia, come è ovvio, dagli imprevedibili risvolti.

Andai io da lei, nella sua casa nuova, dove si era trasferita dopo la vendita di via Chelini. Un attico di novanta metri quadri nel quartiere Salario sul quale era ricaduta la sua scelta anzitutto per la vicinanza a casa di mia sorella.

Era un anno che facevo ipotesi e proiezioni su un nostro riavvicinamento e a furia di supporre e immaginare ero convinto di essere pronto bene o male a tutto: atteggiamenti arroganti o strafottenti, domande e risposte incongrue, frasi taglienti. A tutto... tranne a quello che disse lei.

Ci salutammo con un bacio sulla guancia ostentando senza enfasi una mondana normalità. Con un sorriso mi fece "accomodare", facendomi sentire un piazzista col suo campionario di pentole. Da quel sorriso, se fossi stato smaliziato come un vero venditore di pentole, avrei dedotto che non sarei riuscito a venderle nemmeno un padellino. Seduti uno di fronte all'altra ci studiammo per qualche secondo, io aspettando le parole, lei la campanella del primo round.

Questo me l'aspettavo e da ex rissaiolo conoscevo bene le regole di strada, chi mena per primo mena due volte. Se fossi caduto nella rissa, però, avrei perso di vista il mio scopo, e non ero lì per fare a botte... lei sì, ed era sempre stata più veloce di me. Persi l'attimo e feci l'errore di scoprire il fianco con un banale «Come va?». Per lei fu il suono della campanella... un diretto fulmineo e micidiale mi colpì in piena faccia.

«Be', adesso che ti vedo meglio. All'inizio è stata un po' dura... non sentirsi, non vedersi... poi no, mi sono messa l'anima in pace e ho fatto come se fossi... MORTO.» Fu solo grazie all'abilità a incassare acquisita negli anni che evitai un umiliante KO alla prima ripresa. Traballai di brutto, questo sì, ma ancora più determinato a non lasciarmi coinvolgere dalla sua depistante dinamica da teppista, feci un bel respiro (come un vero resuscitato) e iniziai a parlare.

Le dissi del mio non più rimandabile bisogno di verità, dell'incontro con la madre di Fede, del lungo iter giuridico che avrei dovuto affrontare e infine, sforzandomi, che avrei avuto bisogno di lei per dare inizio a tutto questo. Mi fece dire ogni cosa senza mai interrompere e già mi sembrò un buon risultato, inoltre mentre parlavo, abbandonato via via il sorriso ambiguo e formale di prima, aveva trasformato il suo volto in un'espressione seria e concentrata. Sembrava... capirmi? Quell'espressione inusuale mi distrasse, facendomi pensare che alla sua età era ancora molto bella. È probabile che lo scopo di quell'accattivante maschera fosse quello, quello di distrarmi così da non accorgermi che Maurizia, per quanto fosse bella, teneva la mano ancora serrata in un pugno... ed era pronta a scattare.

«Caro Fabio, io non mi opporrò a questa tua scelta, ormai sei un uomo e sai tu cosa è meglio per te. Ma sei davvero sicuro di volerlo fare? Perché ho paura che potresti rimanere molto deluso.»

Giuro che pensai si riferisse allo scontro con i Modugno, ai loro avvocati, alla loro potenza di "fuoco" e invece: «Sei ancora convinto di essere il figlio di Modugno, ma te l'ho già detto, io non lo so se è vero. C'è il cinquanta per cento di possibilità che tu non lo sia. Amavo Mimmo ma andavo a letto con tutti e due».

Non potevo crederci, non era possibile... dopo tutti quegli anni? Non potei far altro che serrare anch'io i pugni.

«Ancora? Ancora insisti con quest'atteggiamento, con questa ottusa negazione? Non ne posso più dei tuoi finti dubbi... arrenditi! Almeno alla logica!»

«Quale logica?»

«Come quale logica, cazzo... quella dell'evidenza! Non lo capisci?»

«No, non lo capisco... l'hai detto tu, sono ottusa. Me lo spieghi lei... professore.»

L'uso del sarcasmo e della strafottenza mi fecero salire il sangue al cervello ma riuscii a controllarmi e a stare al gioco.

«Va bene te lo spiego io: una donna per un certo periodo della sua vita va a letto con due uomini, un marito e un amante. In quel periodo la donna rimane incinta e dopo nove mesi le nasce un bambino uguale all'amante. Secondo te di chi è figlio il bambino, del marito o dell'amante?»

«Tutto qui? È questa la tua grande logica? Non vuol dire niente che il bambino è uguale all'amante... può essere benissimo... è come la voglia di cocomero.»

Pensai di aver sentito male.

«Cosa? Cocomero... quale cocomero? Di che parli?»

«Le donne quando sono incinte hanno le voglie, no? E se non le soddisfano può succedere che quelle voglie diventano delle macchie sui bambini, anche in viso poverini... voglie di fragole, di cocomero, di caffellatte... io quand'ero incinta di te ero innamorata di Mimmo, avevo tanta voglia di lui e non lo potevo avere... quindi è probabile sia per questo che gli assomigli tanto.»

Sebbene non scherzasse, finsi una gran risata. Poi me ne andai sbattendo la porta. Non avevo più dubbi, sarei andato fino in fondo.

Tornato a casa ero talmente stanco che mi sarei messo a letto, ma erano le cinque del pomeriggio. Allora andai in bagno, pensando che se mi fossi sciacquato il viso con dell'acqua fresca mi sarei ripreso. E in effetti l'acqua fresca funzionò e mi diede sollievo. Risollevandomi però dal lavandino per asciugarmi la faccia... la incrociai nello specchio:

«Ehilà... come va? Dico a te... faccia da cocomero!»

Questa volta non riuscii a ridere, neanche per finta.

Epilogo

Sono a corto di metafore per commentare le "teorie" di mia madre e per continuare a lamentarmene servirebbero ancora troppe pagine. Dico solo che Maurizia non si pentì mai delle sue parole e l'argomento (chi fosse secondo lei mio padre) tornò nel suo limbo per altri quattro anni. Nel gennaio 2006 una prova genetica tra me e Romano stabilì che non era mio padre. Maurizia si trovò di fronte all'ultimo bivio: ammettere che ero figlio suo e di Mimmo o continuare a negarlo tentando... con l'immacolata concezione? Grazie al cielo non se la sentì di aprire nuovi e più inquietanti scenari. Si arrese... a modo suo: "Non ho mai detto che fosse impossibile, sono sempre stata onesta, ho sempre detto il cinquanta per cento... quindi è ovvio se non è testa... è croce".

A proposito di croci. La guerra:

2002: senza più indugi contattai Gianfranco Dosi, l'avvocato consigliatomi da Anna, la madre di Fede.

2003: iniziò la causa di disconoscimento.

Tre anni dopo, il 27 gennaio 2006, il tribunale di Roma dichiarò che Romano Camilli non era mio padre biologico. Dovetti prendere il cognome di mia madre e divenni Fabio Calì.

2006: iniziò la causa di riconoscimento.

Sono troppe e troppo complicate da raccontare le anomalie che avvennero in questa fase che durò ben otto anni... magari un'altra volta.

Alla fine il CTU (Consulente tecnico d'ufficio) dott.ssa Vecchiotti dell'Istituto di medicina legale dell'Università di Roma riuscì a fare le sue analisi e presentò la relazione: "Le indagini eseguite hanno consentito di accertare la compatibilità tra le caratteristiche genetiche di Fabio Calì e le caratteristiche genetiche di Domenico Modugno... La percentuale di probabilità di paternità è risultata pari al 99,9999 per cento che statisticamente è il valore della certezza. Pertanto Domenico Modugno è il padre biologico di Fabio Calì".

Il tribunale di Roma con sentenza depositata il 21 gennaio 2014 dichiarò: "Fabio Calì è figlio di Domenico Modugno".

Nonostante la scientificità di tali conclusioni, la sentenza venne impugnata nel febbraio del 2014 dalla famiglia Modugno.

La Corte d'appello fissò l'udienza per una decisione in merito il 6 ottobre 2016... rinviata al 9 marzo 2017 e poi... si perse il fascicolo (come se non bastasse) e l'udienza venne rinviata nuovamente.

Il 4 luglio 2017 la Corte rigettò l'appello e confermò la sentenza di primo grado: "Fabio Calì è figlio di Domenico Modugno".

Finita lì? È ovvio che no. La sentenza andò in Cassazione.

Il 13 agosto 2019 la Corte di Cassazione rigettò il ricorso confermando: mio padre era Domenico Modugno.

Ringraziamenti

Voglio cominciare ringraziando i cari amici, che leggendo le prime pagine di questo libro, mi hanno incoraggiato, lodato e criticato, e senza i quali non sarei andato avanti: Linda Brunetta, Claudio Francia, Gianluca Pignatelli, Francesco Zecca, Margherita d'Amico, Isabella d'Amico, Fabio Pagani, Roberto Gastaldi, Dario De Luca, Fabiola Banzi, Paolo Zuccari, Elodie Treccani, Fabio Ferrari, Alessandra Acciai, Giorgio Magliulo. Tra questi aggiungo un grazie particolare a Lucrezia Lante Della Rovere per la sua amicizia di qualità superiore e a Francesca d'Aloja, amica d'infanzia generosa, disponibile e competente.

Grazie alla dottoressa A.H., credo che non ci sia bisogno di dirne il motivo.

Grazie a Silvia De Santis per la sberla che mi ha aperto gli occhi.

Grazie a Giovanna Nodari, lei sa perché.

Grazie al professor Mario Scardino, uomo e psicoterapeuta eccezionale, che dopo A.H. si è preso cura del mio inconscio (della mia anima) e della sua evoluzione dandogli la forza di vivere e di amare, nonché il coraggio per scrivere questo libro. Se a proposito di padri valesse la regola del "non c'è due senza tre" sceglierei senz'altro lui per un ultimo tentativo. Gli voglio bene e gli devo molto.

Ringrazio un'altra parte di amici a cui ho rubato stralci di vita rendendoli a vario titolo personaggi di questa storia, spero che non se ne abbiano a male: Ugo Angeloni, Federico Cagnoni, Annamaria Pelamatti, Laura Martelli, Alessandro Petracca, Alessandro Giachetti, Pierluca Tagariello, Pierluigi Diaco, Cecilia Dazzi,

Benny Jacovoni, Federica De Denaro, Sergio Laccone, Maria Grazia Ursino, Alessandro Viola, Rocco Papaleo, Silvio Vannucci, Liliana Eritrei, Luca Zingaretti, Pasquale Anselmo, Mirta Pepe, Guia Farinelli, Michela Minciotti, Checco Bartoletti e Madì (anche per il ciondolo che mi hanno regalato in quella vacanza a Panarea e che tutt'oggi porto al collo).

Ringrazio lo staff medico di Ematologia di via Benevento del Policlinico Umberto I di Roma per avermi tenuto in vita, perché per assurdo devo ringraziare anche il linfoma di Hodgkin che "fermandomi" mi ha dato tempo e modo di riflettere.

Ringrazio tutto il team di Mondadori, che ha condotto in porto questo libro, e Beppe Cottafavi, sapiente editor che ha creduto in me.

Mille grazie all'avvocato Francesco Ruscio per la sua preziosa e impeccabile assistenza.

Un grazie anche a Isabella d'Amico e Valeria Frasca per la loro esperta collaborazione.

Ringrazio mia sorella Rossella di esistere e per il suo amore sempre incondizionato, senza il quale mi sarei sentito perso.

Grazie a Etna, la mia gatta calico, per la sua pelosa compagnia durante la scrittura.

E, anche se le ho già dedicato questo libro, vorrei ringraziare un'altra volta l'amore della mia vita, Gaia, mia moglie. Alla sua forza nel dolore devo la mia felicità. E se si deve a qualcuno la felicità, gli si deve tutto, compreso questo libro.

Inoltre vorrei dedicare questo libro anche a chi non potrà leggerlo perché non c'è più: come gli amati Rosaria e Alberto Uzan, zii acquisiti che mi sono stati vicini in alcuni momenti cruciali delle mie tormentate vicende. E poi a Gianfranco Dosi, un avvocato, un amico, un compagno di battaglia per quasi vent'anni e di cui mi mancheranno i consigli e la saggezza come mancano, ne sono certo, a tutti quelli che l'hanno conosciuto e che gli hanno voluto bene.

E un grazie di cuore anche a tutti quegli amici che senz'altro ho dimenticato di nominare ma che sicuramente mi hanno supportato e sopportato in questi anni.

Mondadori Libri S.p.A.

Questo volume è stato stampato
presso ELCOGRAF S.p.A.
Stabilimento - Cles (TN)

Stampato in Italia - Printed in Italy